Gotthard Günther

GRUNDZÜGE EINER NEUEN THEORIE DES DENKENS IN HEGELS LOGIK

Zweite Auflage

FELIX MEINER VERLAG
HAMBURG

1. Auflage 1933

2., mit neuem Vorwort erweiterte Auflage 1978

CIP-Kurztitelaufnahme der Deutschen Bibliothek

Günther, Gotthard
Grundzüge einer neuen Theorie des Denkens in Hegels Logik. – 2., unveränd., mit neuem Vorw. erw. Aufl. – Hamburg : Meiner, 1978.
ISBN 3-7873-0435-5

 Neusatz durch Einhorn-Druck, Schwäbisch Gmünd. Druck: Proff, Bad Honneff. Printed in Germany.

MEINEN ELTERN
UND FRAU JULIE HENDEL
GEWIDMET

INHALTSVERZEICHNIS

VORWORT ZUR ZWEITEN AUFLAGE

Wenn zwischen der ersten und zweiten Auflage eines Buches etwa 45 Jahre verflossen sind, so bedarf es einer besonderen Rechtfertigung, wenn die Aufmerksamkeit des philosophischen Publikums noch einmal auf diese Frühharbeit des Verf. gelenkt werden soll. Der Verf. hat schon einmal einen Versuch unternommen, die Tatsache, daß die „Grundzüge . . .“ überhaupt geschrieben worden sind, dadurch zu rechtfertigen, daß er in der Einleitung der ersten Ausgabe (S. 2, Anm.) darauf hinwies, daß Nicolai Hartmann in seinem Hegelbuch von 1929 schlechthin festgestellt hatte, daß wir überhaupt noch nicht gelernt haben, den einfachen Wortsinn Hegelscher Sätze zu begreifen. Daran hat sich bis heute sehr wenig geändert. Wer versteht wirklich, was gemeint ist, wenn Hegel in der Enzyclopädie der philosophischen Wissenschaften (Meiner, 1923) schreibt: „Die Wärme ist das sich Wiederherstellen der Materie in ihre Formlosigkeit, ihre Flüssigkeit, der Triumph ihrer abstrakten Homogeneität über die spezifischen Bestimmtheiten; ihre abstrakte, nur *an sich* seiende *Kontinuität* als Negation der Negation ist hier als Aktivität *gesetzt*“ (S. 263)? Im Verlaufe seines Lebens hat man dem Verf. sein später wiederholtes Bekenntnis, daß er Hegel immer noch nicht zu lesen verstehe, mit der Bemerkung entgegengehalten, er solle seine persönliche Inkompetenz nicht zum allgemeinen Maßstabe machen. Ein solcher Vorwurf läßt ihn heute sehr gleichgültig. Um so mehr, als er weiß, daß er in den wenigen Jahren, die ihm noch für wissenschaftliche Arbeit bleiben, auch nicht mehr lernen wird, Hegel zu lesen. Überdies findet er seine in den „Grundzügen . . .“ angedeutete Überzeugung, daß die neue transklassische Rationalität, die bei Hegel zu Worte zu kommen sucht, die Grenzen der bisherigen Sprachgewohnheiten sprengen muß, bestätigt durch das vielleicht noch mehr provozierende Phänomen der Heidegger-Sprache.

Wenn wir etwa in „Sein und Zeit“ (5. Aufl.) lesen: „*Verstehen ist das existenziale Sein des eigenen Seinkönnens des Daseins selbst, so zwar, daß dieses Sein an ihm selbst das Woran des mit ihm selbst Seins erschließt.*“ (S. 144), so bedeuten solche Sätze neben anderem auch eine Bankrott-Erklärung der hergebrachten philosophischen Sprache. *Dieselbe reicht nicht mehr aus, weil in* ihr etwas ausgedrückt werden soll, wofür die Tradition keine adäquaten verbalen Mittel zur Verfügung stellt. Die Sprache versagt hier, weil sie ihrem eigenen Wesen nach nicht weiter kann. Und dieses Wesen als intersubjektiv verbindliches Kommunikationsmittel findet seinen eigenen Grund in dem klassisch-zweiwertigen System aristotelischer Rationalität. An der partiellen Wahrheit dieses Systems kann kein Vernünftiger zweifeln. Aber was ein weitergehendes philosophisches Denken bisher ausgeschlossen hat, war der folgenschwere Irrtum, daß man diesen partiellen Bereich des Denkens für das Ganze des Begriffs gehalten hat.

Diese philosophische These von dem partiellen Charakter des traditionellen Begriffes der Ratio haben die „Grundzüge . . .“ seit 1933 verfochten. Bisher ganz und gar vergeblich – wenigstens im Bereiche einer immer mehr verkümmernden Philosophie. Dem Verf. würde der Mut fehlen, dieses Buch noch einmal auflegen zu lassen, wenn nicht die Problematik einer antitraditionellen und noch unbekannten trans-klassischen Rationalität auf der naturwissenschaftlichen Seite so weit vorwärts getrieben worden wäre, daß man heute wenigstens die ersten unsicheren Konturen einer neuen exakten Rationalität im mehr technischen als philosophischen Denken der Gegenwart auftauchen sieht.

Der Schrittmacher in dieser Richtung ist die Kybernetik gewesen, und zwar dadurch, daß sie auf naturwissenschaftlichem Boden die Frage gestellt hat, was Subjektivität als beliebig wiederholbarer Weltvorgang eigentlich ist. Diese Frage wurde so gestellt, daß auf alle metaphysischen und transzendentalen Voraussetzungen ausdrücklich verzichtet wurde, weil sie nicht wissenschaftlich verifizierbar seien. Der Gegensatz von Natur und Geist, der in den „Grundzügen . . .“ noch eine prinzipielle Rolle spielt, wurde dabei völlig ignoriert und ebenso die Idee eines introspektiven Verstehens, in dem ein Bewußtsein auf dem Weg über den „objektiven Geist“ an ein anderes appelliert.

In den „Grundzügen . . .“ wird noch ein solcher mysteriöser Appellationsprozeß angerufen, der nach dem Vorbild Hegels

„Vermittlung“ betitelt ist. Was darunter aber exakt und beliebig wiederholbar zu verstehen sein sollte, darüber konnte die Philosophie im Jahre 1933 keine auch nur annähernd zuverlässige Auskunft geben. Es wurde zwar viel darüber geredet, aber nur in so vagen, unkontrollierbaren Ausdrücken, daß der um einen zuverlässigen Fortschritt bemühte Wissenschaftler nirgends eine eindeutige Absprungposition entdecken konnte. In den „Grundzügen ...“ nahm der Autor damals die folgende Stellung ein: Die klassische Logik ist ein-thematisch und damit unvollständig, weil ihr ein notwendiges Gegenthema fehlt, in dem sich der Gegensatz von Bewußtsein als Form und Bewußtseinsmaterial als Inhalt voll entwickeln kann. Zwischen beiden stieß man nur auf das trübe Niflheim der Vermittlung. Was in dem letzteren aber vorgehen sollte, das verhüllte der mildtätige Nebel. Schon als die „Grundzüge ...“ noch im Druck waren, keimte dem Verf. langsam der Gedanke, daß die Entwicklung einer mehrwertigen Logik hier vielleicht weiterführen könnte. Die Idee war gar nicht so neu; schon 1920 hatte Lukasiewicz, Alfred Tarski zufolge, die Basis eines dreiwertigen Systems der Logik entwickelt. Ein analoges System war von Emil Post etwa zur gleichen Zeit in Amerika produziert worden. Was aber noch 1933 doch praktisch unbekannt war, war die Tatsache, daß Charles S. Peirce bereits 1909 die Idee einer „triadischen“ Logik entwickelt hatte, und selbst die Idee von Peirce ist vermutlich von dem Engländer Hugh MacColl beeinflußt worden, der sich schon in den letzten Jahren des vorigen Jahrhunderts um eine Logik „of three dimensions“ bemüht hatte. Allerdings spielte der Hegelsche Gesichtspunkt bei allen diesen Vorgängern, zu denen man auch Hans Reichenbach zählen könnte, keine Rolle. Meistens war das Problem der Wahrscheinlichkeit das bewegende Motiv, oder, wie in den Fällen von MacColl und Peirce, eher modale Prinzipien.

Höchst wesentlich aber war für Peirce seine Weigerung, über die Triadenlogik hinauszugehen. Zwar hatte er mit dem Verf. das gemeinsam, daß beide von der Voraussetzung ausgehen, daß die zweiwertige Logik der Dualitäten nicht ausreichend sei, unsere rationalen Bedürfnisse zu befriedigen, aber Peirce schneidet sich weitere Erwägungen dann selbst mit der bündigen Feststellung ab: „Triadic Logic is universally true,“ (Vgl. Transaction of the Charles S. Peirce Society II, 2, S. 81. Fall 1966.)

Die klassische Logik läßt nach Peirce noch ein Unsicherheitsmoment zu, welches dann im Triadischen beseitigt wird. Die

Analogie zur göttlichen Trinität und der Allweisheit eines absoluten Bewußtseins ist unverkennbar. Über die Dreieinigkeit hinaus geht nichts mehr.

Darauf muß ausdrücklich hingewiesen werden. Denn die bisherigen Versuche, über die klassische Logik hinauszugehen, sind unecht; und sie bleiben in Wirklichkeit in dem traditionellen metaphysischen Rahmen des Begriffs. Interpretiert man nämlich zusätzliche Werte – und das mögen im Sinne einer Wahrscheinlichkeitsskala beliebig viele sein – als „zwischen" den Grenzwerten „null" und „eins" liegend, so bleibt man zahm im Gehäuse des klassischen Denkens, gleichgültig, wie viel Nuancen der Annäherung vom einen logischen Pol zum andern man einzuführen beliebt. Es ist höchst charakteristisch, daß in dieser Schule des Denkens ganz ausdrücklich der Terminus ‚zwischen' gebraucht worden ist, wenn die Rede von dem ontologischen Ort der neuen Werte war. Man schuf auf diese Weise eine Pseudo-Mehrwertigkeit von philosophischer Belanglosigkeit, was den Logistiker Rudolf Carnap – unter anderen – zu der unglaublichen Behauptung verleitet haben mag: „Es gibt keine Philosophie als Theorie, als System eigener Sätze neben denen der Wissenschaft. Philosophie betreiben bedeutet nichts anderes als: die Begriffe und Sätze der Wissenschaft durch logische Analyse klären" (Erkenntnis I, 1, Rudolf Carnap, Die alte und die neue Logik, S. 26.)

In diese Denkwelt war vom Geiste Hegels kein Hauch gedrungen, und ein solches Problem wie das der Hegelschen Vermittlung wurde mit ähnlichen andern überhaupt als „Scheinproblem" abgetan. „Alle Philosophie im alten Sinne, knüpfe sie nun an *Plato, Thomas, Kant, Schelling* oder *Hegel* an, oder baue sie eine neue ‚Metaphysik des Seins' oder eine ‚geisteswissenschaftliche Philosophie' auf, erweist sich vor dem unerbittlichen Urteil der neuen Logik nicht etwa nur als inhaltlich falsch, sondern als logisch unhaltbar, daher sinnlos." (A. a. O. S. 13.)

Daß eine solche Haltung auch heute noch nicht tot ist, demonstriert das verständnislose Urteil von Popper über Dialektik. Demgegenüber versuchten die „Grundzüge . . ." schon 1933 deutlich zu machen, daß der unstreitige Mangel der klassischen Logik darauf beruhe, daß dieselbe einthematisch entwickelt worden sei. Ihr einziges philosophisches Anliegen sei das Sein des Seienden und nichts weiter. Dieses partielle System müsse aber durch ein zweites Fundamentalthema ergänzt werden, das bei Hegel gewöhnlich unter dem Stichwort ‚Reflexion' auftritt. Zwischen beiden Themen aber habe sich eine logische Dimension sui generis angesiedelt, die Hegel Vermittlung nennt und die in der Geschichte des Geistes unter den verschiedensten Masken auftritt. Zuerst tritt sie in der Hegelschen Logik unter dem Kennwort ‚das Werden' auf.

Die „Grundzüge . . ." schließen mit einem Kapitel über den Begriff der Vermittlung, die als völlig ungelöstes Problem dargestellt wurde. Es kann jetzt mitgeteilt werden, daß das Buch in Manuskriptform noch ein 6. Kapitel enthielt, in dem der Verf. eine Strukturanalyse der Idee der Vermittlung versucht hatte. Er entschloß sich aber, dieses Kapitel zurückzuziehen, bevor er das Buch dem Felix Meiner Verlag zur Veröffentlichung anbot. Die in dem besagten 6. Kapitel entwickelten Thesen konnten ihn nicht zufriedenstellen, und vor allem erschien ihm die angewandte Technik sehr bald als völlig inadäquat und dilettantisch. Er war gerade erst dabei, für sich selbst die Mehrwertigkeit zu entdecken. Gesichtspunkte der Mehrwertigkeit waren in jenem tentativen Kapitel überhaupt noch nicht berücksichtigt worden, und der Verf. begriff sehr schnell, daß ein solches Vorgehen indiskutabel sei. Man konnte zwar Thema und Gegenthema innerhalb enger Grenzen als symmetrisches Umtauschverhältnis behandeln; diese Methode aber versagte und mußte versagen, wenn im Bereich der Vermittlung a-symmetrische Relationen auftauchten. Und schließlich durfte ja nicht vergessen werden, daß die totale Reflexion nach Hegel ein a-symmetrisches Systemgebilde darstellt. Diese Reflexion ist einmal Reflexion-in-anderes, dann aber auch Reflexion-in-sich der Reflexion-in-sich-und-anderes. Das ursprüngliche Symmetrieverhältnis von Anderssein und Insichsein wird also von einem zweiten Insichsein übergriffen. Gegenüber dieser A-symmetrie versagt die klassische Logik.

Der Mythologie war diese Reflexionssituation längst bekannt. Der Gott Tezcatlipoca überreichte dem Heiligen Quetzalcoatl einen gekrümmten Spiegel, damit er sein Ebenbild schaue. Die Folgen sind jedem Kenner der amerikanischen Mythologie und Geschichte vertraut. Für uns ist hier nur interessant zu wissen, daß dem Mythus das Problem der Reflexion geläufig ist: Es gibt nur ein Urbild, aber es gibt eine Vielheit der Abbilder, denn der Spiegel kann jede beliebige Krümmung haben. Es hat sehr lange gedauert, bis der Verf. der „Grundzüge . . ." die adäquate Lösung für das Problem der Vermittlung fand:

Die Hegelsche Formulierung des Problems der Reflexion ist

inadäquat. Ihr sind nur zwei Abbildungen des Urbildes geläufig, d. h. zwei Gestalten des In-sich-Reflektiertseins. Im Bilde der mexikanischen Mythologie: die Spiegeloberfläche kann nur zwei Krümmungen haben. Also zwei Spiegel! Immerhin ist das ein Fortschritt gegenüber dem Isomorphiegesetz der klassischen Logik, die nur ein genaues symmetrisches Gegenbild zum Urbild erlaubt. Damit war durch die „Grundzüge . . .“ eine erste genauere Formulierung des Problems der Vermittlung erlaubt. Eine trans-klassische Hegel-Logik hatte doppelthematisch zu sein. Jedes Thema mußte von seinem eigenen zweiwertigen Formalismus regiert werden. Aber andererseits durften sich die Themen nicht so verhalten, daß in ihrer Vermittlung das eine Thema als die genaue Umkehrung des andern erschien. Damit aber war Wahrscheinlichkeit von vornherein als neue logische Thematik ausgeschlossen. Die einzige Lösung, die sich anbot, war die, jenen Wert, der ein neues logisches Thema designieren sollte, *jenseits* der Alternative von wahr und falsch, bzw. klassisch: positiv und negativ, anzusiedeln. Dieser neue Wert konnte dann als sogen. zweite Negation durch die erste Negation mit dem klassisch Positiven vermittelt sein.

Um das zu bewerkstelligen, aber war es erforderlich, daß die zweite Negation sich zu der ersten in genau demselben Verhältnis befand wie die erste zum Positiven, also der Unmittelbarkeit. Dieses Verhältnis aber war eine symmetrische Umtauschrelation. Soviel konnte aus den „Grundzügen . . .“ und speziell dem letzten Kapitel noch entnommen werden. Was aber über den damaligen philosophischen Gesichtskreis des Verf. schon hinausging, war die weitere Einsicht, daß auch die zweite Negation, ganz abgesehen von ihrem Verhältnis zur ersten, mit dem Positiven ebenfalls die Relation eines direkten Umtauschverhältnisses haben könne. In anderen Worten: Jeder der drei Werte konnte sowohl vermittelnder als auch vermittelter sein. Und gleichfalls konnte jeder die Position der Unmittelbarkeit einnehmen. So kam die Hegelsche Kreisbewegung zustande, die den Schlüssel des ersten Verständnisses der Vermittlung im Rahmen der spekulativen Logik liefert. Der Schritt von der Unmittelbarkeit zur Vermittlung war also deshalb so schwierig, weil er nicht einstufig, sondern doppelstufig vollzogen werden mußte. Außerdem mußte sich dabei das Denken dem Problem der pythagoräischen Zahl auf eine Weise nähern, die in geisteswissenschaftlichen Kreisen als verpönt galt.

Da es sich hier um ein Problem handelt, ohne dessen Überwindung die philosophische Entwicklung überhaupt nicht weitergehen kann, soll kurz der Fortschritt in der logischen Relevanz der Zahlen skizziert werden: Wir bezeichnen jede numerische Einheit mit einem Punkt und erhalten dann die unten stehende sich auf logische Strukturen beziehende Reihe:

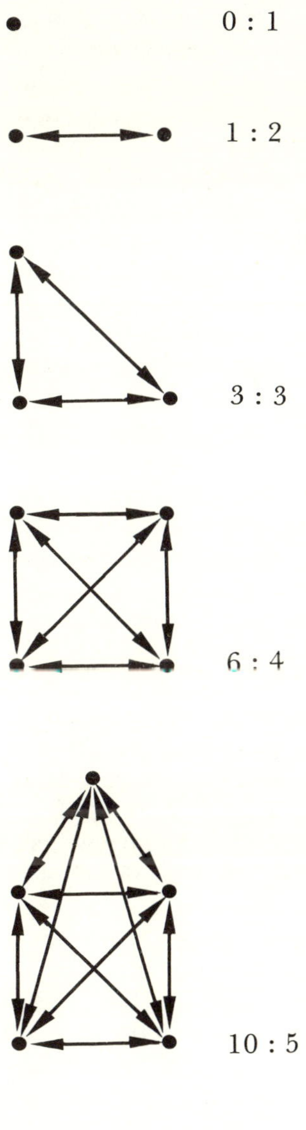

Die auf der linken Hälfte befindliche vertikale Reihe der Figuren besteht aus Punkten, von denen immer je zwei durch einen Doppelpfeil verbunden sind. Jede Figur hat einen Punkt mehr als die vorangehende. Die Punkte repräsentieren logische Werte und die Doppelpfeile symmetrische Umtauschverhältnisse zwischen je zwei Werten. Damit ist auch schon gesagt, was die Ziffern rechts von den Figuren bedeuten. Die erste Zahl gibt die Anzahl der Umtauschverhältnisse an und die zweite die Zahl der Werte. Ein einwertiges System hat also gar kein Umtauschverhältnis, d. h., der Wert, der es repräsentiert, ist seine eigene Negation. Das entspricht genau der Hegelschen These am Anfang der Logik, daß das reflexionslose Sein das Nichts ist. Gehen wir von dieser Minimalfigur zur zweiten über, so treffen wir auf die Figur, die die klassische Logik in ihrer letzten Einfachheit repräsentiert. Sie besitzt ein fundamentales symmetrisches Umtauschverhältnis, Negation genannt, das die beiden Werte miteinander verbindet. Mit dem Übergang von der zweiten zur dritten Figur stoßen wir auf das Problem der Vermittlung. Der enorme

Sprung, der dem Denken hier zugemutet wird, liegt darin, daß die Negationsrelationen sich nicht in gleicher Weise vermehren wie die Werte, sondern viel schneller. Man bekommt hier zum ersten Mal eine Ahnung davon, was eigentlich die höhere Mächtigkeit der Negativität ist, von der Hegel so emphatisch spricht. Zugleich scheint das Dreiersystem einen systematischen Abschluß zu bilden. Es hat in sich eine gewisse Vollkommenheit, die darin liegt, daß die Zahl der möglichen Umtauschrelationen sich mit der Zahl der Werte, die relationiert werden können, deckt. So kann das Vollkommensein der religiösen Trinität gedacht werden, und will man darüber spekulativ hinaus, dann muß man jeden begrifflichen Fortschritt überhaupt verlassen und landet entweder bei dem Deus Absconditus der negativen Theologie oder bei der östlichen Idee des Nirwana. Beide religiösen Schritte sind im Hinblick auf das Negativitätsproblem äquivalent. Ob das die Theologen wahrhaben wollen oder nicht.

Hier mag auch das metaphysische Motiv zu suchen sein, warum wir in dem logischen Notizbuch von Peirce lesen: „A triadic logic is universally true." Die zweiwertige Logik ist es noch nicht. Sie bleibt als Ausdruck irdischen Denkens mit letzter Ungewißheit behaftet.

Wendet man schärfste logische Kriterien an, so war der Verf. der „Grundzüge . . ." mit seinem abschliessenden Kapitel über die Vermittlung auch nicht weitergekommen. Im Gegenteil, er war sogar etwas hinter den Peirceschen Standpunkt zurückgewichen. Dadurch, daß er behauptete, die Vermittlung stelle eine Versöhnung zweier logischer Fundamentalthemen, nämlich 'Sein' und 'Sinn' dar, hätte er sich sagen müssen, daß von Versöhnung der beiden Themen im Laufe der ganzen Weltgeschichte keine Rede sein könne, weil der Zusammenfall der beiden Themen nichts weiter als ein neues Umtauschverhältnis und damit ein gänzlich neues Thema produziert. Die Dreiwertigkeit produziert nur eine Dreiheit zweiwertiger Fundamentalthemata und gibt nicht den geringsten Fingerzeig, wie dadurch der ursprüngliche Streit befriedet werden könnte. Das dritte Fundamentalthema produziert lediglich den Motor, der uns zwingt, noch tiefer in das Reich der Negativität hinabzusteigen. Allerdings tauschen wir den verlorenen Glauben an die Versöhnung für eine neue, enorm fruchtbare Einsicht ein. Die negative Theologie aller Völker und aller Zeiten hatte immer einstimmig darauf bestanden, daß vor der Terra Abscondita Absoluta alle Worte schweigen müssen und daß hier nur noch eine stammelnde Mystik der Führer des Geistes sein könnte. Zu dieser Resignation verpflichtet uns nichts mehr, wenn wir die einfache Einsicht akzeptieren, daß sich hinter dem Problem der Vermittlung, so wie es in den „Grundzügen . . .“ dargestellt ist, nicht ein letzter Abschluß und die Krönung einer philosophischen Entwicklung verbirgt, sondern der Hinweis darauf, daß die in dem gesamten Buche postulierte transklassische Rationalität sich nur in einer unaufhörlich wachsenden Fülle neuer philosophischer Themen realisieren kann. Jedes dieser Fundamentalthemen konstituiert sich in einem zweiwertigen symmetrischen Umtauschverhältnis, genauso wie wir es in der klassischen Logik aristotelischer Tradition gelernt haben; und jedes erzwingt einerseits die Rückbeziehung auf die vorausgehenden Themen, andererseits weist es über sich hinaus zu neuen Themen höherer Bündniskraft.

Damit wird deutlich, daß es nicht die Aufgabe der Vermittlung ist, den einfachen Wertgegensatz von Positivität und Negativität überhaupt in progressiven Stufen zu versöhnen, sondern den Relationsgehalt und die Deutungskapazität der Wirklichkeit zu erweitern. Das wird noch deutlicher, wenn wir vom triadischen System zur Vierwertigkeit übergehen. Im Bereich der Vierwertigkeit übersteigt die Zahl der Negativität erzeugenden Umtauschrelationen zum ersten Mal die Wertzahl, und zwar um 2, wie die Darstellung auf S. XI zeigt. Da jede Umtauschrelation die operative Basis einer zweiwertigen Logik mit spezifischem Thema liefert, läßt sich die Frage, wieviel zweiwertige Subsysteme ein beliebiger n-wertiger Bereich der Rationalität liefert, mit der einfachen Formel

$$\frac{1}{2}\, n(n+1)$$

beantworten.

Dabei läßt sich eine interessante Beobachtung machen. Wir haben bereits darauf hingewiesen, daß nach Peirce der klassische Bereich der Logik sich in der Triadik erschöpft, und diese Auffassung damit verteidigt, daß in der Triadik die Zahl der Umtauschrelationen mit der Zahl der Werte gleichzieht. Die Triadik bildet sozusagen den metaphysischen Hintergrund für Einwertigkeit und Zweiwertigkeit, in dem sich die beiden erschöpfen. Hier endet eine ‘aufsteigende‘ logische Bewegung. Geht man aber über Dreiwertigkeit hinaus, so macht man eine eigentümliche Beobachtung, die der Idee der Vermittlung eine tiefere Perspektive gibt. In der Triadik begegnet sich nämlich die „aufsteigende“ Linie des

Begriffs, die zum Allgemeinen und Einzigen geht, mit einer ‚absteigenden' Linie, deren Ursprung wir in die unübersehbare Vielheit des Individuellen setzen müssen. Wie die Zeichnungen auf S. XI zeigen, ist in der Mehrwertigkeit jeder einzelne Wertpunkt das Ziel von mehr als einem Pfeil. Begrifflich ausgedrückt: er ist deutbar im Sinne unterschiedlicher Umtauschrelationen. Das beginnt, von ‚unten' her gesehen, mit der Dreiwertigkeit, in der jeder Wert das Ziel zweier Pfeilspitzen ist. In der Vierwertigkeit sind es dann 3, und so wächst die Vieldeutigkeit des philosophischen Begriffs mit steigender Wertzahl und erweitert damit den Sinnbereich, in dem die Unmittelbarkeit der Welt gedeutet werden kann, und für die keine Grenzen zu finden sind. Demgegenüber repräsentiert das zweiwertige System Eindeutigkeit. Jeder Wert wird nur von einer Pfeilspitze getroffen, und das besagt, daß Posivität und Negation zusammenfallen. Jedes ist eindeutig im Sinne des anderen.

Auf Grund dieses Überganges von der Eindeutigkeit zur Mehrdeutigkeit kann die Distanz von der Dyadik zur Triadik auch nur als Differenz vom Physischen zum Metaphysischen verstanden werden. Und nur in diesem Sinne hat Peirce recht, wenn er die Triadik noch zur klassischen Tradition rechnet. Durch den vorzeitig erzwungenen Sprung ins Metaphysische schließt sie den klassischen Weg ab. Er kann nicht mehr weiter gegangen werden. Kommt man hingegen von der unbeschränkten Vieldeutigkeit her, so spielt die Triadik zum zweiten Mal die Rolle einer Grenze. Aber wieder fängt mit ihr nichts Neues an, sondern wieder endet mit ihr etwas. Ist sie im ersten Fall Grenze des Wegs vom impersonalen Allgemeinen zur „Individualität" Gottes (Trinität), ist sie jetzt Grenze im Weg vom irdischen Einzelich zum hypostasierten Totalich. Das ist der letzte Rest von Mehrdeutigkeit, der jetzt auf Zweideutigkeit reduziert ist. Geht man noch weiter in der Wertzahl zurück, dann begegnet dem Denken nur noch das Reich der Kontingenz. Erst als Theorie der Faktizität und schließlich, in der Einwertigkeit, als Factum Brutum selbst.

Es ist notwendig, das zu wissen, wenn man heute etwas über das Problem der Vermittlung liest. Man verfällt sonst zu leicht dem Irrtum, das Buch einzig als Hegel-Interpretation zu lesen. Hegel ist nur die causa occasionalis für das Bemühen, die allgemeine Theorie einer transklassischen Rationalität zu entwickeln. Man hätte auch mit Fichte oder mit Schelling anfangen können. Der Grund, daß Hegel gewählt wurde, war einfach der, daß der

Hegelsche Text die leichteste Handhabe liefert für Überlegungen, die vom klassischen System der Rationalität zu einem unvergleichlich erweiterten transklassischen führen sollen. Jeder Kenner von Fichte und Schelling wird zugeben müssen, daß hier die Anknüpfung unverhältnismäßig schwieriger gewesen wäre. Es ist gewiß kein Zufall, daß Marx für seinen Übergang vom dialektischen Idealismus zum dialektischen Materialismus ebenfalls Hegel und nicht etwa Schelling gewählt hat, obwohl der Ausgang von Schelling zusätzliche Denkanstöße geliefert hätte, die bei Hegel fehlen und die gerade dort jetzt erst erarbeitet werden müssen. Der Verf. der „Grundzüge . . .“ ist der Meinung, daß sich genau unter diesem Gesichtspunkt eine neue Auflage rechtfertigt. Nicht so sehr, weil es sich um ein tieferes Verständnis von gerade Hegel handelt – seine Interpretation der Vermittlung als Synthese von Thesis und Antithesis ist viel zu primitiv und schematisch –, sondern weil es endlich Zeit ist, daß im kritischen Anschluß an Hegel überhaupt die These diskutiert wird, daß die Prozeduren, mit denen man allein auch heute noch Rationalität implementiert und exemplifiziert, nur einen minimalen Bereich des Rationalen überhaupt berühren und unvorstellbar größere Bereiche einer transklassischen Rationalität außer acht lassen. Die Logik dieser transklassischen Rationalität aber kann freilich nur dann gefunden werden, wenn man begreift, daß sie sich nur im Rahmen eines neuen allgemein verbindlichen Weltbildes entwickeln läßt. Daran aber fehlt es noch immer, und auch aus diesem Grunde sind die „Grundzüge einer neuen Theorie des Denkens . . .“ noch heute nicht überholt. Insofern nämlich als die Doppelthematik geeignet ist, die erste Bresche in die jahrtausendealte Alleinherrschaft der klassischen Seinsthematik zu legen und damit die Sicht auf ein neues Weltbild zu erzwingen.

Übrig bleibt nur noch, Herrn Claus Baldus zu danken, weil er dem Autor die Vorbereitung der zweiten Auflage abgenommen hat. Herr Baldus gehört neben Herrn Rudolf Kaehr zu den besten Kennern der Güntherschen Arbeiten. Wärmsten Dank schuldet der Verf. auch seinem Verleger, Herrn Richard Meiner, der sich aus eigener Initiative dazu entschlossen hat, die „Grundzüge . . .“ noch einmal aufzulegen.

Hamburg, Dezember 1977 *G. Günther*

VORWORT

Die Absicht der hier vorgelegten Untersuchung ist es, den ersten Versuch einer Logik der Geisteswissenschaften in der Geschichte der Philosophie, wie er von Hegel unternommen worden ist, als solchen — also rein unter logischen Gesichtspunkten — zu skizzieren. Der Verfasser vertritt die Meinung, daß die heutige Arbeit an der Logik der Geisteswissenschaften zum Scheitern verurteilt sein muß, solange man sich nicht ernsthaft mit den logisch-systematischen Voraussetzungen des Hegelschen Versuches auseinandersetzt. Soweit die formale, sogenannte traditionelle Logik in Frage kommt, hat man damit überhaupt noch nicht angefangen, und mit der für die Logik der Geisteswissenschaften eminent wichtigen These Hegels, daß die traditionelle Logik nicht imstande sei, die formalsten Voraussetzungen jedes theoretischen Denkens erschöpfend zu definieren, daß es mithin noch exakte Rationalität jenseits der traditionellen Logik gebe, hat bisher noch niemand der Mühe für wert befunden sich auseinanderzusetzen. Was uns heute bitter fehlt, ist eine grundsätzliche Kritik der formalen Logik vom Standpunkt der Geisteswissenschaften aus. Die Arbeit in der Logik der Geisteswissenschaften, so wie sie heute geübt wird, geht leider von den strukturell-differenziertesten und kompliziertesten Phaenomenen eines höchst entwickelten geistigen Lebens aus. Die logische Struktur solcher Phaenomene ist aber naturgemäß derart verschlungen und undurchsichtig, daß es u. E. ein hoffnungsloses Unternehmen bleibt, von hier aus die logische Situation in den Geisteswissenschaften klären zu wollen. Allen solchen Versuchen gegenüber wird hier die Auffassung vertreten, daß diese Treppe ausnahmsweise von unten her gewaschen werden muß. D. h. man hat bei der Frage zu beginnen, innerhalb welcher Grenzen die traditionelle Logik und die ihr zu Grunde liegenden klassischen Axiome überhaupt Rationalität erzeugen können. Man wird dann finden, daß der durch die klassische Axiomatik definierte Bereich an Rationalität überraschend eng ist. Noch viel, viel enger, als man bisher angenommen hat. Es geht aber nicht an, alles darüber hinausliegende Geistesleben seiner Struktur nach für irrational zu halten, und auf die Aufgabe, jenseits der klassischen Axiomatik nach formalen Gesetzen der Rationalität zu suchen, von vornherein zu verzichten. Würde die traditionelle Logik das Wesen der formalsten Voraussetzungen des exakten begrifflichen Denkens wirklich erschöpfen, so bedeutete das den Zusammenbruch der Geistes*wissenschaften* und der historische Materialismus plattester Prägung behielte das letzte Wort.

Bei dieser Gegenheit sei auf eine grundsätzliche Fehlersituation der heutigen Geschichts- und Geistesphilosophie hingewiesen. Ueber die Tatsache, daß uns die Wirklichkeit, wenn wir sie kategorial zu fassen versuchen, als mehrschichtig erscheint, kann für den, der ernsthaft nachdenkt, wohl kaum noch Zweifel bestehen. Die niederen Kategorien der Wirklichkeit sind hierbei die stärkeren, die auf ihnen „aufruhenden" die freieren. Dieses Verhältnis von Notwendigkeit und Freiheit nennt Nicolai Hartmann „die einzige kategoriale Dependenzgesetzlichkeit, welche das Schichtenreich der Welt von unten auf bis in seine Höhen beherrscht."[1] Ohne die hier gewonnenen wertvollen Einsichten in das kategoriale Schichtungsverhältnis in ihrem Wert irgendwie verkleinern zu wollen, möchten wir doch bemerken, daß hier das Verhältnis von Notwendigkeit und Freiheit erst von der einen Seite her formuliert worden ist. Die logische Perspektive, in der hier das Verhältnis von Notwendigkeit und Freiheit gesehen wird, ist die Perspektive „von unten her." Hartmann sagt: „Es gibt keine Abhängigkeit „von oben her," sondern nur eine „von unten her". In dem Zusammenhang, in dem dieser Satz bei Hartmann steht, ist das unzweifelhaft richtig. Aber dieses Urteil ist selbst „von unten her", d. h. vom Boden der traditionellen Logik aus, gefällt worden. Nun ist die traditionelle Logik aber, wie wir noch sehen werden, eine reine Sachlogik, d. h. sie definiert nur Seinsverhältnisse. Ein

---

[1]) Nicolai Hartmann. Das Problem des geistigen Seins. S. 16

solches Urteil „von unten her" beurteilt deshalb nur das Verhältnis von Freiheit und Notwendigkeit als seiender, ihre Koexistenz. So wird aber nur das Sein der Freiheit abgegrenzt gegenüber dem Sein der Notwendigkeit. Nicht aber wird durch ein solches Urteil etwas über das Verhältnis des Sinns der Freiheit zum Sinn der Notwendigkeit ausgesagt. Das wäre dann das Urteil „von oben her". Eben dies logische Verfahren des Urteils „von oben her" wird von Hegel geübt. Das Ergebnis ist: daß hier die höhere Kategorie als die notwendigere und mithin als die stärkere erscheint und die niedere als die „freiere" im Sinne von Zufälligkeit und Unberechenbarkeit. Das logische Verhältnis von Rationalität und Irrationalität dreht sich also im Urteil „von oben her" gerade um. Hier liegt die grundsätzliche Fehlersituation der heutigen Geistesphilosophie. Sie ist nicht in der Lage jene Umkehrung des Verhältnisses von Freiheit und Notwendigkeit oder von Rationalität und Irrationalität im Urteil „von oben her" zu berücksichtigen, weil ihr eine der traditionellen Sachlogik gegenüberstehende „formale" Sinnlogik der Urteile „von oben her" fehlt. Wir können vorläufig nicht anders als die „von oben her" gemeinten Urteile mit den Denkmitteln „von unten her" auszudrücken, weil wir uns infolge mangelnder kritischer Reflexion auf die Geltungsgrenzen „der" Logik noch garnicht bewußt geworden sind, daß diese Logik immer nur „von unten her" urteilen kann.

Was wir also dringend nötig haben ist eine sinnanalytische Kritik unserer bisherigen formalen Logik. Was die formale Logik anbetrifft, stehen wir heute noch lange nicht auf dem Standpunkt Hegels. Wir stehen bestenfalls auf dem Standpunkt Kants, der die aristotelische Gestalt der Logik, soweit der reine Formalismus des Denkens in Frage kam, gläubig wie ein kirchliches Dogma hingenommen hat. Eine Kritik der Naturwissenschaften war auf dem Fundament des Dogmatismus der aristotelischen Logik möglich, denn letztere ist allerdings die logische Voraussetzung aller Naturwissenschaft, eine Kritik der Geisteswissenschaften hingegen nicht. Der Hegelsche aber — wie jeder geisteswissenschaftliche Standpunkt — setzt eine solche Kritik des bisherigen logischen Formbegriffes voraus. Hegel hat diese Kritik als erster in der Geschichte der Philosophie in ganz prinzipieller Weise durchgeführt. Die hier vorgelegte Arbeit entwirft ein Bild der Hegelschen Kritik der Logik sowohl nach der zersetzenden wie nach der aufbauenden Seite hin. Daß allerdings Hegel der Neubau einer allgemeinen Logik der Philosophie, die in sich die naturwissenschaftliche und geisteswissenschaftliche Methodik enthält, restlos gelungen ist, kann nicht behauptet werden. Erst neuerdings ist wieder betont worden, daß Hegel von seiner eigenen neuen, positiven Methode nur wenig gewußt hat. Er hat sie rein intuitiv gehandhabt. „Sein Wissen um ihr Wesen aber war und blieb ein begrenztes. Er empfand sie als einen höheren Modus der «Erfahrung»; aber die spärlichen Hinweise, die darauf gehen, verraten uns das Geheimnis dieser Erfahrung nicht.“[1] An der Lösung dieses Geheimnisses arbeitet dieses Buch. Das Urteil darüber, ob es diesem Versuch gelungen ist, in die Dunkelheit des Hegelschen Denkens ein wenig Licht zu bringen, muß der Verfasser dem Leser überlassen.

Letzte Absicht dieser Arbeit war es, aus der erdrückenden Umschlingung der die echten logischen Probleme fälschenden Substanz- und Geistesmetaphysik diejenigen begrifflichen Motive herauszulösen, die unabhängig von der speziellen Gestalt des spekulativen Idealismus nach Meinung des Verfassers sachlich bleibende Bedeutung haben und als unerläßliche formallogische Voraussetzungen gelten müssen, für jeden erneuten Versuch eine Logik der Philosophie und eine Kritik der historischen Vernunft zu leisten.

Zum Schluß habe ich noch, mit dem Gefühl großer, geschuldeter Dankbarkeit, auszusprechen, daß diese Schrift nicht hätte entstehen können, wenn mir nicht Herr Professor E. Spranger den Blick für die Problematik der Theorie vom objektiven Geiste geöffnet und Herr Professor Paul Hofmann das Gefühl für die tiefe Bedeutsamkeit der heutigen Grundlagenkrisis in der Logik entwickelt hätte. Sollten also die hier vorgetragenen Gedanken etwas Beachtung finden, so gebührt der Verdienst daran nur zum allergeringsten Teile dem Verfasser.

Endlich möchte ich auch meinem Verleger, Herrn Dr. Felix Meiner, für den durch die Herausgabe dieses Buches bewiesenen wissenschaftlichen Idealismus aus vollem Herzen danken.

---

[1]) Nicolai Hartmann. Das Problem des geistigen Seins. S. 28.

EINLEITUNG

I.

Wenn in den folgenden Zeilen ein etwas gewagter Versuch gemacht werden soll, Einiges zur Klärung der logischen Voraussetzungen, auf denen das Grundproblem der Hegelschen Logik beruht, — also zur Frage nach dem Aufbau der Wirklichkeit, — beizutragen, so scheint das eine Arbeit zu sein, die allein als eine rein historische in Angriff genommen werden darf. Indes stößt man gerade bei einer historischen Bearbeitung der Werke einiger Vertreter des nachkantischen Idealismus, wie Schelling und Hegel, auf Schwierigkeiten, wie sie sonst dem geistesgeschichtlichen Betrachter im Rahmen der abendländischen Philosophie in diesem Maße nirgends mehr begegnen. Man versteht nämlich auch an theoretisch relevanten Stellen oft auf lange Strecken hinaus einfach so gut wie nichts vom rein begrifflichen Sinn des Textes. Und über die allgemeinste und blasseste Bedeutung des bloßen Wortlautes herrscht gerade bei der Hegelinterpretation noch längst nicht Einigkeit.[1] Ein volles Verständnis der geschichtlichen Gestalt dieser Philosophie bleibt aber ein hoffnungsloses Unternehmen, solange nicht die Grundzüge ihrer sachlichen Tendenz wenigstens soweit sichtbar geworden sind, daß die bloße textliche Gestalt dieses Denkens keine nennenswerten Schwierigkeiten mehr bietet. Davon aber sind wir heute bei Hegel noch erheblich

[1] Charakteristisch dafür ist, wie verschieden Leisegang und Glockner, die beide gelegentlich Sätze Hegels ihrer Wortbedeutung nach analysieren, ihre Aufgabe anfassen. Vgl. bei Leisegang, Denkformen, S. 180 ff. und Glockner, Der Begriff in Hegels Philosophie, S. 51 ff. Hier muß Hegel erst ins „Deutsche übersetzt" werden. Außerdem Glockner, Hegel I, S. 33 ff.

entfernt.[1] Charakteristische Symptome der modernen Hegelliteratur zeugen dafür. Gerade in den fruchtbarsten dieser Veröffentlichungen spürt man, wie immer wieder das geschichtliche Verstehen auf das rein Sachlich-Systematische in einem Maße zurückgreifen muß, welches sonst bei historischen Arbeiten bedenklich wirkt.[2]

Die Vielfalt der Motive dieser Philosophie sich in ihrem ganzen geistigen Gehalte aus der Erlebnisfülle des Zeit- und Lebensraumes, in welchem sie gewachsen sind, verständlich zu machen, muß vorläufig schon deswegen bescheideneren Aufgaben weichen, weil uns eben jene geistigen Gehalte in ihrer vollen systematischen Valenz noch längst nicht deutlich sind. Die Schuld daran trägt jene frühere Zeit selber. Völlig neue Gedanken, die radikal mit traditionellen Denkmethoden brachen, sind damals in alte, den neuen Fragestellungen nicht mehr gewachsene Formen gegossen worden, und es wird eine Aufgabe dieser Arbeit sein, nachzuweisen, daß der logische Ertrag des Hegelschen Systems auf uns nur in Gestalt einer Pseudomorphose gekommen ist, da seine „innere Struktur dem äußeren Bau widerspricht."[3] Der Schöpfer dieses Systems hat davon nichts geahnt, und auch heute ist dieser Sachverhalt in seiner ganzen Tragweite noch nicht deutlich erkannt und ausgesprochen worden.[4] Trotzdem aber ist das Bewußtsein, daß gerade eine

---

[1] „Jedermann wird aber heute unschwer zu dem Geständnis zu bewegen sein, daß ein wirklich wissenschaftlich gesichertes Verständnis, wie es bei Plato, Aristoteles oder Kant doch wenigstens insofern existiert, als eine etwa auftretende Interpretation beliebiger Art in der Diskussion der betreffenden Problematik eine Stelle zu finden vermag, die zugleich das Maß und der Richter ihrer Bedeutung ist, bei Hegel nicht ebenso besteht." So schreibt K. Schilling-Wollny, Hegels Wissenschaft von der Wirklichkeit und ihre Quellen. I. S. 13 f. — N. Hartmann, Hegel, S. 2. „Noch haben wir Hegel nicht «lesen» gelernt."

[2] Zu einer direkten Unterordnung der historisch-empirischen Betrachtungsweise unter die Konstruktionsidee einer Problemgeschichte führt das in R. Kroners Werk, Von Kant bis Hegel.

[3] O. Spengler, Der Untergang des Abendlandes II. S. 227.

[4] Vielleicht hat Troeltsch diesen Sachverhalt gemeint, wenn er bemerkt, daß die metaphysische Identitätslehre nicht mit der Hegelschen Logik zusammenstimmen kann. Ges. Schr. III. S. 273. Daß aber die Hegelsche Logik auch abgesehen von ihrem Charakter als dialektischer Widerspruchslogik keinen tragfähigen Untergrund für eine metaphysiche Identitätslehre abgibt, hat Troeltsch nicht bemerkt.

historische Darstellung Hegels in stärkerem Maße als sonst von systematischer Problemstellung auszugehen habe, überall sehr deutlich. „Man begreift wieder, daß auch der Geschichtsforscher geistiger Dinge an seinem Gegenstand nur soviel versteht, als er überhaupt sachlich und systematisch versteht, daß die Problematik der Vergangenheit sich nur dem öffnet, der selbst Probleme hat und verfolgt, kurz, daß der Historiker der Philosophie immer und in Ewigkeit nur der systematisch auf der Problemhöhe seiner Zeit Stehende ist." So leitet Hartmann sein Hegelbuch ein[1], und ein zweiter Forscher setzt an die Spitze seiner Hegelarbeit eine äußerst umfangreiche methodologische Erörterung über die hermeneutischen Grundlagen seiner Darstellung.[2] Aber trotz aller Erkenntnis der speziellen Hindernisse, die einer gesicherten Interpretation des Deutschen Idealismus entgegenstehen, und die ihren letzten Grund vielleicht darin haben, daß sein systematischer Abschluß, nämlich Hegel, für uns noch längst nicht „historisch" geworden ist,[3] hat es bisher an einer Analyse, die es wagte, Hegel zum Teil im bewußten Gegensatz zu seinen Aussagen über sich selbst zu kommentieren, gefehlt. Gerade das aber ist nötig.

Man ist sich heute — wohl fast einstimmig — darüber einig, daß eine moderne Deutung Hegels unter allen Umständen bei der Logik anzusetzen habe. „Ohne die Logik zu interpretieren, ist alles Studium Hegels ein Unfug, — als ob die Geistesphilosophie nicht ganz und gar in ihr wurzelte! Daß Hegels eigenes Interesse in der letzteren lag, ändert hieran nichts. Die Grundlagen enthält nur die Logik."[4] So äußert sich N. Hartmann, nachdem bereits Troeltsch von der Logik als dem „eigentlichen

---

[1] N. Hartmann, Hegel S. 10, vgl. auch S. 158.

[2] Kurt Schilling-Wollny, a. a. O. bis S. 22. Beachte dazu auch die Glocknerschen Erörterungen über „die Möglichkeit einer unhistorischen Einleitung in die Hegelsche Philosophie". Der Begriff in Hegels Philosophie. S. 3. Besonders radikal eine Formulierung auf S. 2.

[3] „Nicht als wäre Hegel für uns schon ganz „historisch" geworden. Gerade das ist keineswegs der Fall." Hartmann, Hegel, S. 12.

[4] Nicolai Hartmann, Aristoteles und Hegel. Beitr. zur Philos. d. dt. Idealismus. III S. 2, Vgl. auch Wenke, Die methodischen Grundlagen der Theorie des obj. Geistes in Hegels Philosophie. Bln.er Diss. 1926. S. 9, wo Hartmann beifällig zitiert wird, und die Kritik der Wenke'schen Diss. durch H. Glockner, Logos XVII. S. 229 ff.

Nerv" und dem „dauernd Wirksamen" der Hegelschen Philosophie gesprochen hatte.[1] In allen diesen Bekenntnissen aber liegt eine Zweideutigkeit. Denn die Hegelsche „Logik" ist in den Formen, in denen sie für uns vorliegt, eben keine Logik im gewöhnlichen Sinne, sondern ein metalogisches System.[2] Man kann deshalb entweder das Studium der Hegelschen Logik, weil sie den Systemgrundriß und die Aufbaugesetze für die spätere Geistesphilosophie bereits vorzeichnet, als unbedingt notwendig empfinden, mithin das logische System Hegels einfach in seiner faktischen Gestalt als gegeben und als brauchbar für das Verständnis der anderen Teile seines Werkes hinnehmen, man kann aber auch „die Gültigkeitsfrage" der Grundlagen dieses logischen Systems selber stellen.[3] Eine solche Frage aber, die wissen will, wie weit die Grundlagen der Hegelschen Logik unbedingt verbindlich für alles philosophische Denken überhaupt sind, entfernt uns weit von Hegel und seinen Intentionen. Sie ist nämlich gleichbedeutend mit der anderen Frage, ob Hegel an der Entwicklung der Transzendentalphilosophie in dem Sinne beteiligt ist, daß er die traditionelle Logik über die Gestalt, die sie bei Kant hat, hinausentwickelt und ev. den alten formallogischen Problemstellungen neue Fragestellungen hin-

---

[1] Ges. Schr. III. S. 133 und S. 252. Daß jedoch Troeltsch im übrigen in seiner Auffassung der Hegelschen Logik von den bisher zitierten Autoren abweicht dadurch, daß er sie zu stark mit dem dialektischen Schema identifiziert, siehe darüber S. 270 — Weitere Aeußerungen, die die Notwendigkeit betonen, von der Logik auszugehen: Lasson, Einleitg. z. Philos. d. Rechts S. 10. Ehrenberg, Parteiung der Philos. S. 100 ff. Teilweise allerdings ist die Stellung des Autors nicht ganz deutlich. Vgl. auch Moog, Hegel u. d. Hegelsche Schule S. 276 — und damit eine gegenteilige Stimme nicht fehle: Heinrich Scholz, Die Bedeutung der Hegelschen Philosophie. S. 53. „Was überzeugend an seiner Weltansicht ist, wirkt ohne seine Logik fort."

[2] „Diese «Logik» ist eine voll ausgewachsene Metaphysik ..." N. Hartmann, Hegel S. 14 Vgl. S. 20 u. S. 143. Aehnlich äußert sich Glockner, für den „der Begriff in Hegels Philosophie" von vornherein eine „metalogische" Bedeutung hat. Eine mögliche neue formallogische Bedeutung des Hegelschen Begriffssystems wird hier gar nicht erst diskutiert. Etwas anders äußert sich Glockner hingegen in seinem Hegelbuch.

[3] H. Wenke, S. 6. Wenke übt übrigens diese Kritik nicht, er nimmt die Grundbegriffe der Logik als „methodische Hebel" einfach hin, um die Theorie des objektiven Geistes zu entwickeln.

zugefügt habe. Vorläufig sind die Meinungen darüber noch sehr geteilt.[1] Aber obwohl „nichts unhegelischer als die abstrakte Alternative“[2] ist, und Hegel die abstrakte Reflexionslogik selbst gründlich perhorresciert hat, sind wir doch gezwungen, diese Frage zu stellen. Hegels Logik selbst gibt sich als Selbstbewegung des Absoluten, und solange wir uns auch auf diesen Standpunkt stellen, ist eine Frage nach der rein formalen, theoretischen Valenz der Begriffe und Gesetzmäßigkeiten der Hegelschen Logik einfach nicht möglich. Denn vom Standpunkt des Absoluten aus ist der einzelne abstrakte Begriff eben durch seine Einzelheit und Abstraktheit nur ein unwahres Moment, und damit kann eine formallogische Gültigkeitsfrage sinnvoll garnicht an ihn gestellt werden. Seine Wahrheit aber für das Ganze des Absoluten kann und soll uns hier ja nicht interessieren, weil wir wissen wollen, was der einzelne Begriff „für uns“ bedeutet, und als was „wir“ ihn im Sinne strengster logischer Valenz denken müssen, um von ihm aus die begriffliche Stringenz des Systems des absoluten Geistes verstehen und beurteilen zu können. Deshalb müssen wir von aller metalogischen Deutung, die Hegel seinen eigenen logischen Grundgesetzen gegeben hat, abstrahieren. Die neuen logischen Probleme seiner Philosophie sind nicht identisch mit dem Aufbau seines Systems.[3] Gegenüber der historischen Gestalt dieser Logik gilt es zu untersuchen, ob sich in ihr rein logische Erkenntnisse finden, deren sachlicher Gehalt die zeitlichen Bedingtheiten seiner Entstehung zu überdauern berufen ist.[4] — Das Unternehmen scheint aussichtslos, denn die Gedankengänge keiner anderen Logik sind bis in die Einzelheiten derart von weltanschaulichen Motiven durchsetzt wie die der Logik Hegels. Aber da jene Motive inzwischen sehr problematisch geworden

---

[1] Siehe Arthur Liebert, Das Problem der Geltung. S. 191 f.

[2] Glockner, Logos XVII. S. 233.

[3] „Aber das «System» gerade ist nicht identisch mit der Hegelschen Philosophie“. N. Hartmann, Hegel. S. 19.

[4] „Diese Panlogik bedarf der Revision. Für ganz verfehlt halte ich es, sie in ihrer historischen Gestalt wieder erneuern zu wollen.“ H. Glockner, Krisen und Wandlungen i. d. Gesch. des Hegelianismus. Logos XIII. S. 340.

sind[1], ist uns von ihnen aus eine wissenschaftliche Stellungnahme zur Hegelschen Logik nicht möglich, so sehr das auch dem Ideal einer immanenten Kritik entspräche. Denn es ist ein für alle Mal vergebens, wenn die substantielle Form des Geistes sich umgestaltet hat, die Formen früherer Bildung erhalten zu wollen; sie sind welke Blätter, welche von den neuen Knospen, die an ihren Wurzeln schon erzeugt sind, abgestoßen werden. So spricht der Schöpfer dieser Logik selbst.[2] Von innen heraus, aus ihren atheoretischen und übertheoretischen Kräften kann die dialektische Logik nicht kritisch begriffen werden, denn wer aus dem lebendigen Ganzen des Systems heraus „Hegels Dialektik begriffen hatte, der wurde von ihr ergriffen, er wurde in sie gleichsam wie in einen Mahlstrom hineingerissen.“[3] Doch jene suggestive Bewegung des Denkens, die den so leicht ergreift, der in sich selbst die ruhige gesammelte Kraft erlebt hat, die hinter diesem Philosophieren steht, es stets aufs neue befruchtend, ermöglicht zwar ein historisch-empfindsames Nachverstehen des Idealismus, aber die theoretischen Gültigkeitsfragen treten dabei notwendig in den Hintergrund. So gelesen, überredet die logische Methode des Idealismus mehr als sie überzeugt.[4] „Der Strenge nach hat man sie nicht, sondern man ist sie, und keiner hat sie eher, bis er selbst zu ihr geworden ist“, sagt Fichte.[5] Hier sollen aber, — und wenn das Bedürfnis, über die kantische Form des Kritizismus hinauszugehen, auch als noch so notwendig empfunden wird (wie man es damals schon empfunden hat) — diesem Bedürfnis nichts geglaubt, sondern ein sachlich-methodischer Fortschritt der Logik aus dem transzendentalen Gesichtspunkt

---

[1] „Jede direkte Wiederbelebung des ‚deutschen Idealismus‘ en bloc, ob sentimental oder enthusiastisch, ist Quacksalberei. Die unerhörte Spannung, mit der in diesem System die Motive zusammengezwungen waren, ist unwiederbringlich aufgelöst...“ H. Freyer, Theorie des objektiven Geistes. S. 13.

[2] Hegel III. S. 5.

[3] Betty Heimann, System und Methode. S. 441.

[4] Am deutlichsten drängt sich jenes suggestiv überredende Moment bei Fichte auf. Besonders in den „Einleitungen“ und im „Versuch einer neuen Darstellung...“

[5] Fichte II. S. 10.

Kants heraus entweder festgestellt und analysiert oder als nicht vorhanden erkannt werden. Das führt jedoch notwendig dazu, die nachkantischen Systeme in ihrer besonderen Systemgestalt zu ignorieren, weil nicht die Systeme die logische Methode, oder gar beide, sich auf Gegenseitigkeit rechtfertigen, sondern die logische Methode sich aus sich selbst heraus zu rechtfertigen hat,[1] und damit treten wir, wie bereits erwähnt, in bewußten Widerspruch zu den eindeutigsten Aussagen der idealistischen Philosophen über sich selbst und über ihre Systeme. „In der Wissenschaftslehre ist die Form vom Gehalte oder Gehalt von der Form nie getrennt; in jedem ihrer Sätze ist beides auf das innigste vereinigt. Soll in den Sätzen der Logik die bloße Form der möglichen Wissenschaften, nicht aber der Gehalt liegen, so sind sie nicht zugleich Sätze der Wissenschaftslehre..."[2] So äußert sich Fichte und womöglich noch grundsätzlicher Schelling: „Es wird allgemein angenommen, der Philosophie komme eine eigentümliche Form zu, die man die systematische nennt. — Diese Form unabgeleitet vorauszusetzen, geht in andern Wissenschaften an, welche die Wissenschaft der Wissenschaft schon voraussetzen, nicht aber in dieser Wissenschaft selbst, die eben die Möglichkeit einer solchen überhaupt zum Objekt hat." Die Deduktion dieser Form ist nun nach Schelling nur als volles inhaltliches System der Wissenschaft möglich. „Was ist wissenschaftliche Form überhaupt, und welches ist ihr Ursprung? Diese Frage muß durch die Wissenschaftslehre für alle anderen Wissenschaften beantwortet werden. — Aber diese Wissenschaftslehre ist selbst schon Wissenschaft, es würde also einer Wissenschaftslehre der Wissenschaftslehre bedürfen, aber diese selbst würde wieder Wissenschaft sein, und so ins Unendlich fort. — Es fragt sich, wie dieser Zirkel, da er offenbar unauflöslich ist, erklärbar sei." Und Schelling findet, daß dieser Zirkel nicht zu erklären sei, „wenn er nicht im Wissen selbst (dem Objekt der Wissenschaft) ursprünglich seinen Sitz hat, so nämlich, daß der ursprüngliche Inhalt des Wissens die ursprüngliche

---

[1] Daß dies möglich sei, wird gerade für Hegel besonders ausdrücklich bestritten von B. Heimann: System und Methode seien ein unlösbares Ganzes. S. 4 ff.

[2] Fichte I. S. 66. Vgl. N. W. I. S. 316 ff.

Form und umgekehrt, die ursprüngliche Form des Wissens den ursprünglichen Inhalt derselben voraussetzt und beide wechselseitig durcheinander bedingt sind... Das Prinzip der Philosophie muß also ein solches sein, in welchem der Inhalt durch die Form, hinwiederum die Form durch den Inhalt bedingt ist, und nicht eines das andere, sondern beide wechselseitig sich voraussetzen." Falsch ist also die „Voraussetzung... der Grundsätze der Logik als unbedingter...", und dieser „Zirkel, daß die Wissenschaftslehre zugleich die Logik begründen und doch nach Gesetzen der Logik zustande gebracht werden soll...", läßt sich nur dadurch beseitigen, daß „irgend ein Satz gefunden wird, in welchem wechselseitig Form durch Inhalt und Inhalt durch Form bedingt und möglich gemacht ist." Ein solches höchstes Prinzip deduziert Schelling dann im nächsten Abschnitt seines Gedankenganges. Er fährt fort: „Da in den höchsten Grundsätzen des Wissens Form und Gehalt durcheinander bedingt sind, so muß die Wissenschaft des Wissens zugleich das Gesetz und die vollkommendste Ausübung der wissenschaftlichen Form und der Form sowohl als dem Inhalt nach absolut autonomisch sein."[1]

Man sieht: von den Voraussetzungen des Idealismus selbst aus ist eine Gültigkeitsfrage an die Grundlagen seines logischen Denkens nichts zu stellen, weil in diesen so „panlogistischen" Systemen die Autonomie der Gültigkeitsfrage selbst bestritten wird.[2] Auch bei Hegel ist es nicht anders, obwohl Wendungen wie diese: „Natur der wissenschaftlichen Methode, teils von dem Inhalte ungetrennt zu sein, teils sich durch sich selbst ihren Rythmus zu bestimmen,"[3] vielleicht doch stutzig machen können. In der Tat deutet dieser Nachsatz auf

---

[1] Schelling II. S. 33 ff. Siehe auch bes. II. S. 599.

[2] Wir haben als typischen Repräsentanten für diese Haltung Schelling zitiert, weil bei Hegel, obwohl er in seinen Intentionen hier völlig mit Schelling übereinstimmt, der konstruktive Aufbau seines Denkens es wenigstens äußerlich etwas erleichtert, seine Logik aus der Umklammerung durch den Systemgedanken zu lösen. Aber auch für Hegel ist „das absolute Wissen die Wahrheit aller Weisen des Bewußtsein". (III. S. 30). Im übrigen siehe Text.

[3] Hegel II. S. 47. — Die Sperrung ist von uns.

einen Zusammenhang der formallogischen Struktur und der Methode der Hegelschen Logik hin, der enger und fester geknüpft ist als der zwischen der Logik und dem übrigen System; aber man hat doch die deutliche Empfindung, als ob solche und ähnliche Wendungen Hegel sehr unwillkürlich entschlüpft seien, als ob sie mehr aus einem vorwärtsdrängenden Zwang der Sache als aus den bewußten und klaren Absichten des Denkens stammten. Nur zu klar und selbstsicher sind diese bewußten Absichten, die ein kritisches Herankommen an die Logik so erschweren, von Hegel vorgetragen worden. Vom „absoluten" Standpunkt ist eine Trennung zwischen „Form" und Materie nicht möglich. Zwar beruht „der bisherige Begriff der Logik... auf der im gewöhnlichen Bewußtsein ein für alle Mal vorausgesetzten Trennung des Inhalts der Erkenntnis und der Form derselben oder der Wahrheit und der Gewißheit..."[1] Aber der neuen Logik, wie Hegel sie sehen lehren will, ist es nicht um ein Denken über Etwas, das für sich außer dem Denken zugrunde läge, zu tun, also nicht „um Formen, welche Merkmale der Wahrheit abgeben sollten;"[2] sie will vielmehr die „innere Selbstbewegung ihres Inhalts",[3] die als Methode gewußt und erfaßt wird, sein. „Dies erhellt für sich schon daraus, daß sie von ihrem Gegenstande und Inhalte nichts Unterschiedenes ist; — denn es ist der Inhalt in sich, die Dialektik, die er aus ihm selbst hat, welche ihn fortbewegt. Es ist klar, daß keine Darstellungen für wissenschaftlich gelten können, welche nicht den Gang dieser Methode gehen und ihrem einfachen Rythmus gemäß sind, denn es ist der Gang der Sache selbst."[4] Also auch für Hegel läßt sich — acceptiert man seinen Standpunkt — die Gültigkeitsfrage nach den rein theoretisch-logischen Grundlagen seines Verfahrens nicht stellen. In abstrakter Loslösung aus seinem System besitzt das Verfahren seiner Logik keine Allgemeinheit mehr, denn „das Allgemeine, formell genommen und neben das Besondere gestellt, wird selbst auch zu etwas Besonderem."[5] Und

---

[1] Hegel III. S. 24. III. S. 15. S. 27. IV. S. 232. Vgl. auch Hegel (Glockner) III. S. 171.

[2] Hegel III. S. 31.

[3] Hegel III. S. 35. Siehe auch S. 17 u. IV. S. 231.

[4] Hegel III. S. 36.

[5] Hegel V. S. 46.

da Hegels Denken gerade logisch vom Unendlichen als dem Absoluten ausgehen will, „kann nicht gefragt werden, wie das Unendliche zum Endlichen werde oder herausgehe, und was dergleichen begrifflose Ausdrücke sind."[1] Die abstrakte Frage nach einer allgemeingültigen Struktur der logischen Methode Hegels (die ev. über die klassische Logik hinausführt?) ist also, weil sie ein Allgemeines n e b e n ein Besonderes stellt, „begrifflos", d. h. sie hat, wie ihr Schöpfer selbst glaubt, keinen angebbaren philosophischen Sinn mehr. Um diese Methode zu begreifen, muß man sich in sie hineinstellen.[2] Steht man aber erst einmal mit seinem Denken in dieser Methode, so kann man sie nicht mehr kritisieren.

Die Gründe für diese unausweichliche Schwierigkeit liegen, wie bereits gesagt, darin, daß das Hegelsche Denken vom Unendlichen ausgeht und seine theoretischen Bestimmungen deshalb einen definitiven logischen Sinn nur für ein unendliches (überindividuelles?) Bewußtsein haben. Gerade das aber kann sich das kritische Denken — so lange es nur theoretisch begründen will — unter keinen Umständen leisten. So lange die logischen Mittel fehlen, einen höheren Bewußtseinsbegriff zu deduzieren, müssen wir uns „auf die erfahrungsgemäße Gegebenheit des individuellen Ichs berufen. Hier allein ist uns Bewußtsein, ist uns das Selbst gegeben und unmittelbar zugänglich. Von ihm allein können wir — wenn wir kritisch bleiben wollen — den Ausgang nehmen."[3] Jedenfalls kommen wir

---

[1] Hegel XVIII. a. S. 181.

[2] Und damit stellt man sich notwendig in das ganze System hinein. „In Bezug auf ein System wie das Hegels aber ist ‚revisionistische' Haltung a priori ausgeschlossen. Es tritt wesenhaft in solch orthodoxer Geschlossenheit vor uns hin, daß es ihm gegenüber nur ein Annehmen im Sinne des «Ganz oder garnicht» gibt." S. Marck, Die Dialektik i. d. Philos. d. Gegenwart. S. 85.

[3] S. Marck, a. a. O. S. 85. — Vgl. dazu die übrigens sehr interessante Bemerkung, die R. Haym zur Hegelschen Unterscheidung von „unserer" Reflexion und der Reflexion der Sache „in sich selbst" macht: „Sollte jene Unterscheidung ernster genommen werden, so könnte höchstens die ganze dialektische Bewegung, innerhalb der Logik und Metaphysik bis zur förmlichen Konstituierung des absoluten Geistes, als bloß unsere Reflexion aufgefaßt werden." Hegel und seine Zeit. S. 109 f. Dazu auch Lassons Einleitung zu Hegel I. S. 39.

aber an der Tatsache nicht vorbei, daß das System Hegels Darstellung eines unendlichen, absoluten „Bewußtseins" ist, und daß seine logische Methode sich scheinbar nur von diesem Standpunkt aus rechtfertigen läßt, der selber erst durch ein kritisches Bewußtsein deduziert werden müßte. — Eine solche Deduktion des Hegelschen „Begriffs", resp. Standpunkts, aber ist nach Hegel nur durch die Logik eines absoluten Bewußtseins möglich, und damit schließt sich der Zirkel: die Logik des Absoluten müßte kritisch deduziert werden. Aber jede kritische Deduktion setzt den absoluten unendlichen Ausgangspunkt bereits voraus. Es ist eben auf keinerlei Weise möglich, von Hegel selbst her oder dem Standpunkt des Idealismus überhaupt, kritisch an die formalen Grundlagen der Hegelschen Logik heranzukommen.[1]

Da nun auch außerdem erhebliche Schwierigkeiten bestehen, in das inhaltliche Verständnis der Hegelschen Philosophie einzudringen, selbst dann, wenn man ihre Grundlagen acceptiert hat, versuchte man dieses System als letztes sachliches Produkt einer von Kant ausgehenden Problembewegung zu verstehen.[2] Das hat wirklich manches verstehen gelehrt und zu wertvollsten Einsichten geführt. Ja, im gewissen Sinne wird dieser Weg bei jedem neuen Versuch in Hegel einzudringen immer wieder von neuem beschritten werden müssen. Aber man kann im Zweifel darüber sein, ob die Art und Weise, in der dieser Weg bisher begangen wurde, unbedingt vorteilhaft für eine Einsicht in die letzten Grundlagen des Idealismus war. Man ging nämlich von dem unmittelbaren Problembewußtsein der idealistischen Nachfolger Kants aus.[3] Formuliert hat man das auf die verschiedenartigsten Weisen. Die häufigste ist wohl die, daß es sich für die Nachfolger Kants vor allem darum gehandelt habe, das von Kant programmatisch erwähnte und nicht ausgeführte System der Vernunft zu vollenden.[4] Auf

[1] Vgl. die diesbezüglichen Bemühungen B. Heimanns im ersten Anhang von System und Methode in Hegels Philos. S. 411 ff.

[2] Am innerlich konsequentesten in dieser Hinsicht: R. Kroner, Von Kant bis Hegel. Jedoch auch Glockner, Hegel I. Siehe S. 13.

[3] Dies muß ausdrücklich betont werden, da Kroner, a. a. O. S. 28 von seinem Buche sagt: „es stellt sich... nicht von vornherein auf den Standpunkt Hegels, sowenig es auf dem Kants verharrt."

[4] Siehe Fichte I. S. 478. u. Anm.

diesen Grundgedanken[1] laufen auch andersartige Formulierungen hinaus, wie die, daß es sich in der Diskussion der nachkantischen Systeme um den Begriff des Dinges an sich, den Begriff der synthetischen Einheit, den Gegensatz zwischen Form und Materie und schließlich um das Verhältnis des Allgemeinen und Besonderen innerhalb der Erkenntnis gehandelt habe.[2] Stets jedenfalls schwebt dem persönlichen Problembewußtsein der Nachkantianer die Aufgabe eines Weiter- oder Zuendedenkens der kantischen transzendentalen Position vor, und von diesem Gesichtspunkt gehen fast ausnahmslos auch die modernen philosophiegeschichtlichen Darstellungen aus.[3] Vorläufig aber ist das noch eine völlig offene Frage, die hier speziell für das formallogische Methodenproblem des Idealismus ausdrücklich gestellt werden soll: haben Fichte, Schelling und hat ganz besonders Hegel wirklich ein deutliches Bewußtsein von der systematisch-logischen Bedeutung der von ihnen mit intuitiver Begabung angewandten Methode gehabt? War ihnen deren logische Struktur und Valenz wirklich klar? Oder hatten sie vielleicht gar ausgesprochen falsche Vorstellungen von ihrer eigenen logischen Problematik? Die Vermutung, daß das letztere der Fall war, wenigstens soweit es um die Fragen der Logik geht, liegt nicht so ganz fern, vergegenwärtigt man sich einmal den Antagonismus und Identitätslehre bei Hegel und seine sinnlose Polemik gegen die klassische Logik als theoretische, absolute Grundlage naturwissenschaftlicher Einzeldisziplinen.[4] Wenn diese Annahme auch nur einen Schatten von Wahrheit enthält, muß der Ausgang vom Problembewußtsein der nach-

---

[1] Siehe W. Windelband, Gesch. d. Phil. S. 477. Glockner, Hegel I. S. 247. Dilthey IV. S. 205 Jonas Cohn, Theorie der Dialektik S. 34 ff. Kuno Fischer, Hegel II. S. 139 ff. Vgl. auch I. S. 221 ff. A. Brunswig, Hegel S. 25 ff. Vgl. übrigens die kritischen Bemerkungen N. Hartmanns zu dieser Auffassung der Philosophiehistoriker. Hegel S. 31.

[2] So Ernst Cassierer, Erkenntnisproblem III. S. 3. Auch R. Kroner, Von Kant bis Hegel. Völlig abweichend jedoch Kurt Schilling-Wollny, Hegels Wissenschaft von der Wirklichkeit... S. 25 ff.

[3] Sehr radikal bricht mit dieser Tradition, jedenfalls für Hegel, Theod. L. Haering, Hegel I.

[4] Ernst Troeltsch, Ges. Schr. III. S. 273, — Siehe auch J. Cohn, Theorie der Dialektik S. 42 f., nach dem sich ebenfalls die Struktur der Hegelschen Logik und die des Systems nicht deckt.

kantischen Systematiker besonderes Bedenken erregen; außerdem führt dieser Weg stets ins Zentrum der idealistischen Systeme, von wo aus eine Kritik der Grundlagen nicht mehr möglich ist.[1]

Wir sind also damit zu dem Ergebnis gekommen, daß die zwei Hauptwege der bisherigen Hegelforschung für uns nicht geeignet sind. Der erste der beiden Wege: Ausgang vom gesamten System, also von Hegel direkt, vernichtet, wenn wir ihn wirklich gehen, unsere Fragestellung überhaupt, der zweite aber: der problemgeschichtliche Weg auf Grund des Problembewußtseins des deutschen Idealismus, zwingt uns, die Frage nach der Adäquatheit dieses Bewußtseins als völlig offene in unserem Rücken zu lassen. Von der Beantwortung dieser Frage aber hängt für uns alles ab. Folglich ist auch dieser zweite Weg für uns nicht gangbar. — Eine dritte Möglichkeit, die sich uns noch anbieten könnte, nämlich, da es sich ja in der Logik bloß um eine Teildisziplin der Philosophie handelt, vom entsprechenden Systemteil bei Hegel auszugehen, ist längst als völlig abwegig erkannt worden.[2] Eine besondere Widerlegung dieses Ansatzpunktes erübrigt sich.

Welchen Weg aber wollen wir selbst gehen? Um diese Frage zu beantworten, müssen wir noch einmal das Wesen der Aufgabe, die wir uns hier gestellt haben, ins Gedächtnis zurückrufen. Zugleich werden wir jetzt nach den bisherigen Vorbemerkungen besser imstande sein, dieselbe nach allen Seiten hin zu formulieren. Mittelpunkt und Endziel aller unserer Bemühungen ist die Logik Hegels und ihre sachliche Bedeutung für die systematischen Probleme des reinen theoretischen Denkens überhaupt. Das will richtig verstanden sein: nicht um die

---

[1] Das ist auch der Fehler der sonst so wertvollen Arbeit Wenkes, die sehr richtig feststellt, daß „alle Kritik, die an dieser Philosophie geübt wird, sich nur auf die Gültigkeitsfrage ihrer Grundlagen beziehen" kann. (a. a. O. S. 6) W. knüpft aber dann expressis verbis an das „Ganze des Systembaues" an und will die „allgemeinen philosophischen Prinzipien" (S. 8) aus dem „großen systematischen Zusammenhang" (S. 7) deduzieren. — Für eine Darstellung dieser Prinzipien ist das gewiß der einzig wirklich echte Weg, aber die Frage nach der Gültigkeit dieser Prinzipien überhaupt entschwindet damit unseren Augen.

[2] Vgl. die treffenden Bemerkungen Wenkes, a. a. O. S. 6 und die Zustimmung Glockners, Logos XVII, S. 229 ff.

literarische Form und den Gehalt der Bücher handelt es sich, denen Hegel den Titel «Logik» gegeben hat und die wesentlich mehr enthalten, als was wir unter Logik auch im weitesten Sinne des Wortes verstehen dürfen, sondern um die letzten allgemeinsten Elemente der tatsächlich von Hegel angewandten logischen Methode, die seinem System die rationale Struktur gegeben haben. Nach ihrem Wesen und nach ihrer schlechthin allgemeinen Gültigkeit fragen wir. Unser Ziel ist also, aus der von Hegel praktisch geübten Methode des Denkens die allgemeine Formidee seiner Logik herauszulösen und sie der Formidee der traditionellen Logik vergleichend gegenüberzustellen. Wie weit Hegel selbst ein deutliches Bewußtsein von dem formalen Sinn der logischen Struktur seiner Philosophie gehabt hat, und wie sehr vielleicht die Intuition dem versagenden Methodenbewußtsein die Hand führen mußte, ist dabei für uns eine Frage von sekundärer Bedeutung. Denn es handelt sich ja hier nicht nur um die Beziehungen der Methode zu dem sonst unvergleichlich klaren Systembewußtsein ihres Schöpfers, sondern um die formalen Gültigkeitsansprüche dieser Methode überhaupt als allgemeiner Methode des philosophischen Denkens. Es soll also ein Beitrag zu der so brennenden Frage zu geben versucht werden: ob die philosophische Methode über Kant hinaus auf dem Gebiete der formalen Logik tatsächlich allgemeingültige Fortschritte und Ergebnisse erzielt hat, die den Kritizismus selbständig fortführten oder ob die idealistische Metaphysik kritisch einen Rückfall auf den Standpunkt vorkantischen Philosophierens bedeutet. Die Neuhegelianer behaupten einen solchen allgemeingültigen Fortschritt der Methode. Aber sie haben es schwer: was sie sagen, muß man ihnen eben glauben, während die Gegner auf die exakt-rationale Struktur der kantischen Methode hinweisen und gleiche formale Exaktheit von einer jeden Erweiterung des kantischen Ansatzes fordern. Und diese Forderung besteht zu Recht, daran läßt sich nicht markten und feilschen. Daß die effektiven philosophischen Fragestellungen der Gegenwart die Notwendigkeit einer Erweiterung des kantischen Ansatzes bis zur Evidenz erwiesen haben, und daß die praktische Arbeit sich notgedrungen längst jenseits der Grenzen des kantischen Ansatzes bewegt, ist auch unsere Ueberzeugung. Aber praktische Bedürfnisse, und mögen sie uns noch so sehr auf den Nägeln brennen, sind deswegen noch längst nicht theoretische Motive, die logische Geltung begründen. Und so kommt es, daß, wie unlängst mit Recht beklagt wurde, „unser gegenwärtiges Philosophieren gerade dort, wo es sich am lebendigsten und verheißungsvollsten regt — am meisten der Methode entbehrt."[1] Ein solcher Zustand aber ist unerträglich, und die Frage, wie eine Erweiterung der formalen methodischen Grundlagen der Philosophie, die stärksten kritizistischen Ansprüchen standhält, möglich sei, wird immer dringender.[2] „Vorhegelsches Philosophieren muß so entschieden als überwunden, als wissenschaftlich nichtig erkannt werden, wie — seit noch garnicht so sehr langer Zeit und garnicht allgemein — es mit vorkantischem geschieht." Aber davon sind wir wohl noch weit entfernt, denn „dazu genügt es nicht, diese oder jene einzelne Einsicht Hegels als einzelne herauszulösen; an den Kern müssen wir herangehen, aus seiner Logik die Wahrheit herausfinden, sie umdenken, sie neu denken."[3] Mit diesen Worten weist Jonas Cohn auf die Notwendigkeit eines kritizistisch begründeten Hegelianismus hin. Und damit erhebt sich für uns von neuem die Frage, wie kommen wir an diesen allgemeinen Kern der Hegelschen Logik, die unabhängig von der historischen Gestalt des metaphysischen Systems des Absoluten ist, heran, vorausgesetzt, daß er überhaupt vorhanden ist. Dieser Kern soll in einer allgemeingültigen, nicht nur für die idealistischen Systeme verbindlichen Form dargestellt werden. Nun ist aber „die prinzipielle Allgemeinheit der Logik .... nicht nur überhaupt apriorische oder Wesensallgemeinheit, sondern formale. Nicht nur die enge und unklar umsteckte Disziplin, die gewöhnlich formale Logik heißt,

---

[1] Glockner I. S. 22.

[2] Ausdrücklich gehen auf rein systematische Weise auf dieses Problem Lask's «Logik der Philosophie» (Ges. Schr. III.). H. Rickert, «Der Gegenstand der Erkenntnis». «System der Philosophie». «Die Logik des Prädikats». R. Kroner, «Die Selbstverwirklichung des Geistes» und zahlreiche Aufsätze, Bruno Bauch, «Wahrheit, Wert und Wirklichkeit», und Abhandlungen im «Logos» und last not least Paul Hofman, «Metaphysik oder verstehende Sinnwissenschaft?». Auch Cohns «Theorie der Dialektik» ist hierher zu zählen.

[3] J. Cohn, a. a. O. S. 43.

und die an einem besonderen Begriff des Formalen gebunden ist...., sondern die Logik überhaupt in ihrem universalen und erst dann philosophischen Sinne ist, und in allen ihren Disziplinen «formal». Wir könnten ebenso gut sagen: Vernunft selbst und im besonderen auch theoretische Vernunft ist ein Formbegriff."[1] Das muß mit aller Schärfe hier hervorgehoben werden: nur dann können neue logische Ergebnisse echte überzeitliche und überstandpunktliche Allgemeinheit beanspruchen, wenn sie sich der Forderung fügen, sich als allgemeines formales System der Logik darstellen zu lassen.[2] Findet sich im Idealismus der Nachfolger Kants nichts, was in diesem Sinne darstellbar wäre, dann hätte uns die Entwicklung der metaphysischen Systeme logisch nichts zu sagen. Aber das wird wohl niemand von allen denen, die dem Idealismus ein nicht bloß historisches Interesse entgegenbringen, annehmen wollen.

Nun soll das eben Gesagte allerdings mit einer starken Einschränkung gelten. Wir kennen logische Formen bisher nämlich nur im Sinne der traditionellen formalen Logik. Wenn wir hier nun die Forderung aufstellen, daß das Wesen des im deutschen Idealismus und besonders bei Hegel geübten Denkens in einer allgemeingültigen, nicht nur für die idealistischen Systeme verbindlichen Form dargestellt werden muß, so soll damit keinesfalls gesagt werden, daß diese Form genau dem in der traditionellen Logik entwickelten Formbegriff entsprechen soll. Denn wenn wir hier die Frage nach der Möglichkeit einer Weiterentwicklung der formalen Logik überhaupt in den nachkantischen Systemen aufwerfen, so ist diese Frage fast gleich-

---

[1] Edm. Husserl, Formale und transzendentale Logik. S. 25. — Selbstverständlich ist Vernunft nicht nur Form und Begriff für uns, sondern auch Gehalt. Da es sich hier aber um eine einseitige formallogische Untersuchung handelt, haben wir von der Vernunft als Gehalt grundsätzlich zu abstrahieren.

[2] Zu dem hier öfters gebrauchten Terminus „formal" oder „formale Logik" sei hier noch bemerkt, daß auch wir in diesem Zusammenhang den Unterschied von „formal" und „formalistisch" als wichtig empfinden, den Glockner hervorhebt. Der Begriff in Hegels Philos. S. 9 f. u. Anm. I S. 10. Vgl. dazu S. 25 u. Br. Bauch, Wahrheit, Wert u. Wirklichkeit, S. 135. — Siehe auch die sehr wesentlichen Anmerkungen bei Stammler, Begriff, Urteil, Schluß. S. 233. — Im übrigen vgl. das Folgende im Text.

bedeutend mit der zweiten, ob nicht vielleicht gerade die idealistischen Philosophen den Begriff der Form des Denkens vertieft und weiterentwickelt haben. Das Perhorrescieren der bloßen logischen Formen bezieht sich vielleicht nur auf den in der traditionellen formalen Abstraktionslogik entwickelten Formbegriff, daß sie aber selbst dabei sind, den Begriff einer neuen Form des Denkens zu entwickeln, wissen Fichte, Schelling, Hegel nicht, und so polemisieren sie überhaupt gegen jede reine Form im Rahmen der philosophischen Methode und wollen doch nur die traditionelle Form treffen. Ob sich das wirklich so verhält, bleibe vorläufig dahingestellt, aber als höchst wahrscheinlich muß eine solche Vermutung gelten, denn es finden sich speziell bei Hegel sehr zahlreich äußerst positive Bemerkungen über die „Form“ des philosophischen Denkens im Gegensatz zu der Form des natürlichen Sichbewegens im Bereich der Gedanken.

Wie eine Wandlung des Begriffes ‚Form‘ überhaupt im Denken möglich wäre, und wie sie sich im Idealismus vollzogen haben könnte, sei der allgemeinen Orientierung halber[1] kurz mitgeteilt. — Es muß auffallen, daß Hegel, wenn er von der traditionellen Logik spricht, die Begriffe «formal» und «abstrakt» ziemlich unbekümmert gleichsetzt. Die traditionelle formale Logik ist für ihn schlechthin die Abstraktionslogik.[2] Aber ob diese Gleichsetzung berechtigt ist, ist eine völlig offene Frage. Kann denn wirklich logische Form nur durch Abstraktion gewonnen werden? Nach zahlreichen Bemerkungen Hegels müßte man das annehmen. Bezeichnenderweise stehen alle diese Bemerkungen im engen Zusammenhange mit seiner Polemik gegen den Formalismus in der Logik. Anderseits aber widerspricht vieles im Hegelschen System der Gleichsetzung von formal und abstrakt. Man lese nur einmal unter dem Gesichtspunkte die Einleitungsparagraphen in die Logik der Enzyklopädie. Es ist ein ganz formaler Unterschied, den Hegel dort zwischen dem natürlichen und dem philosophischen Denken mit seiner „eigentümlichen Erkenntnisweise“ selber

---

[1] In den folgenden Kapiteln kommen wir darauf ausführlich zurück.

[2] Siehe etwa Hegel IV. S. 248 ff, 262. V. S. 160, 164. Charakt. auch V. S. 109, 126 u. III. S. 11.

aufstellt. Ueberdies ist dort von mehreren Formbegriffen ausdrücklich die Rede.[1]

Nehmen wir nun einmal ganz vorläufig an, daß die Ineinssetzung von formaler und Abstraktionslogik nicht stimmt, so kann sich vielleicht ein Ausweg aus den anfangs angeführten Schwierigkeiten ergeben. Diese Schwierigkeiten bestanden, wie wir sahen, darin, daß die idealistischen Systeme fordern, man solle ihnen gegenüber auf den sonst üblichen Gegensatz von Form und Inhalt verzichten. Gibt man aber dieser Forderung nach, so ist, wie wir feststellen mußten, eine Kritik ihres Geltungsanspruches überhaupt nicht möglich. Was für uns als Nachkommen, die wir von diesen Systemen erneut lernen wollen, ein völlig unhaltbarer wissenschaftlicher Zustand ist.

Wie aber, wenn die Polemik gegen die formale Logik sachlich in Wirklichkeit nur die Abstraktionslogik meint? Das ist sehr leicht möglich, denn in der bekämpften traditionellen Logik ist Formalismus und Abstraktion tatsächlich vollkommen äquivalent. Die Hindernisse, ja Unmöglichkeiten, die sich der Konfrontierung von spekulativem Idealismus und Abstraktionslogik entgegenzustellen scheinen, könnten dann vielleicht verschwinden, wenn die dem Idealismus als Maßstab seiner Geltung entgegengestellte Logik zwar formal aber nicht abstrakt ist. Die traditionelle Logik kommt für eine solche Gegenüberstellung nicht in Frage, da sie sowohl formal als auch abstrakt ist. Es ließe sich nun sehr wohl eine Logik denken, deren Formalismus kein Abstraktionsprodukt ist. Wenn freilich der Anspruch der traditionellen Logik, die einzige Form des Denkens zu repräsentieren, berechtigt ist, dann ist die Trennung von Formalismus und Abstraktion nicht möglich. Aber diesen Anspruch der traditionellen Logik, die allgemeinste Form des Denkens überhaupt zu definieren, bestreitet ja die Hegelsche Logik. Sie selbst will Denken des Denkens sein, während die traditionelle Logik für sie bloß einseitiges Denken des Seins oder der ersten, einfachen Unmittelbarkeit ist; und damit selbst nur einfache, unmittelbare — d. h. nicht reflektierte — Vermittlung. Da nun in der traditionellen Logik, wie wir noch bei Hegels Analyse der klassischen Axiome sehen werden, der

---

[1] Hegel V. S. 41 f.

Inhalt des Denkens als ein Anderes und Fremdes für das Denken gesetzt wird, und dieser Inhalt als besonderer ganz zufällig ist, kann man leicht begreifen, daß diese Logik von ihm abstrahieren muß, um Allgemeines aussagen zu können.

Diese Notwendigkeit der Abstraktion besteht nun aber für eine Form des Denkens des Denkens keinesfalls. Denn, wenn das Denken sich selbst denkt, denkt es ja nicht ein Fremdes, Unallgemeines, von dem abgesehen werden müßte, um zu allgemeinen Aussagen zu kommen, sondern es denkt vielmehr seine eigene Allgemeinheit (als eine bestimmte). Die „Weise", in der es das tut, steht deshalb als Form ihrem eigenen Inhalte keineswegs unvermittelt und fremd gegenüber. Form und Inhalt sind dasselbe, nur jedesmal in anderer Form. Gibt man also die etwas voreilige Identifizierung von formaler und abstrakter Logik auf, so wäre vielleicht eine zweite formale Logik denkbar, welche an jenem aristotelischen Formbegriff orientiert wäre, der selbst Inhalt für eine höhere Form ist. Dieser Gedanke ist schon deshalb nicht ganz von der Hand zu weisen, weil Hegel selbst diese beiden Formbegriffe, den abstrakten und den nicht abstrakten, bei Aristoteles unterscheidet.[1] Da bisher noch nirgends der strikte Beweis geliefert worden ist, daß eine solche Logik als streng formale Logik auf axiomatischer Grundlage unmöglich ist, so haben wir vorläufig das Recht, nach ihr als allgemeinster methodischer Grundlage auch der Hegelschen «Logik» zu suchen. Eine solche Logik würde erlauben, allgemeine Geltungsmaßstäbe von außen an die spekulative Methode zu legen. Sie würde wissenschaftlichen Ansprüchen kritischer Natur genügen. Man brauchte sich also dem spekulativen Idealismus und der spekulativen Logik, wenn man ernstlich etwas von ihnen will, nicht gleich mit Haut und Haaren auszuliefern. Und was das Wichtigste ist: auf sie treffen die vom Idealismus gemachten Einwände betr. einer unberechtigten abstrakten Trennung von Form und Material nicht mehr zu.[2]

---

[1] Ueber den abstrakten Formalismus bei Aristoteles siehe: III. S. 12, IV. S. 234. Ueber die nicht-abstrakte Form bei Aristoteles vgl. V. S. 21, 174, 470 f.

[2] Tatsächlich sind wir heute von einem logischen Formbegriff, der nicht durch Abstraktion gebildet ist, in den Geisteswissenschaften garnicht

Jedoch liegt eine solche Logik als axiomatisch definierte Form der Wendung des Denkens auf sich selbst nirgends vor. Auch im deutschen Idealismus nicht. Fichte hält sogar, wie wir noch sehen werden, die Darstellung einer solchen Logik grundsätzlich für unmöglich. Und die Durchschlagskraft seiner Gegenargumente ist auch bei Hegel noch nicht ganz vernichtet. Und doch stellt Hegel ausdrücklich neben die endliche Form des Denkens in der abstrakten Logik, die sich einseitig auf das unmittelbare Sein richtet, als zweite Form „die reine unendliche Form, die bei sich seiende Selbstmanifestation, die Einseitigkeit des Subjektiven..." Und die Philosophie bestimmt sich ihm „hier nach zu einem Erkennen von der Notwendigkeit des Inhalts der absoluten Vorstellung, sowie von der Notwendigkeit der beiden Formen.[1]

Wogegen sich die Polemik des Idealismus sachlich wirklich zu richten scheint, ist vermutlich nur die Abstraktionsform der traditionellen Logik; und die, wie wir noch sehen werden, sehr verworrene logische Situation der spekulativen Systeme hat es mit sich gebracht, daß daraus die Verwerfung jeglicher Form als logisch-kritischer Grundlage philosophischer Systeme überhaupt geworden ist.

Vorläufig allerdings sind das alles Vermutungen, Hypothesen, zu erwägende Möglichkeiten.

Sicher ist nur das Eine: die traditionelle Logik wird, da sie formale Abstraktionslogik ist, als tragende Grundlage der spekulativen Systeme abgelehnt. Von der Basis dieser Logik aus soll der wissenschaftliche Wert der deutschen idealistischen Systeme nach Auffassung ihrer Schöpfer nicht zu eruieren sein. Schon nach Fichte „entlehnt die Logik ihre Gültigkeit von der Wissenschaftslehre, nicht aber die Wissenschaftslehre die ihrige von der Logik."[2]

---

so weit entfernt. Wenn Spranger etwa von „Lebensformen" spricht, so scheint uns, — um ein anderes Wort Sprangers zu gebrauchen — die in diesem Begriff der Form „eingehüllte Rationalität" keine Abstraktionsform des Rationalen zu sein.

[1] Hegel V. S. 484 f.

[2] Fichte I. S. 68. Mit der Logik ist hier ganz schlicht die traditionelle Logik gemeint.

Für jede Untersuchung der Logik des deutschen Idealismus aber, die nach dem allgemeinen theoretischen Geltungswert dieser Logik, so weit er unabhängig von den besonderen spekulativen Systemvoraussetzungen verbindlich sein soll, fragen will, erwächst so die Aufgabe festzustellen, ob sich diese Systeme mit begründetem und zwingendem Recht dem Gültigkeitsbereich der traditionellen Logik entziehen, und ob sich die Geltung der traditionellen Logik tatsächlich erst aus diesen Systemen (soweit sie rein logische Relevanz haben) ableiten läßt. Sollte sich nun nachweisen lassen, daß die Ablehnung der hergebrachten Logik in dem von den spekulativen Idealisten gemeinten Sinne zu Recht besteht, so wird dadurch sofort die Beantwortung der Frage fällig: auf welcher F o r m von Geltung beruhen diese Systeme dann? Zeigt es sich dabei, daß das Perhorreszieren der bloßen logischen Form in diesen Systemen soweit — wider Erwarten — gehen sollte, daß sie das Begreifen ihres Geltungswertes als reiner Form überhaupt ablehnen, und daß es tatsächlich nicht möglich ist, die in ihnen praktisch geübte Methode des Denkens so zu analysieren, daß in ihr eine reine allgemeine F o r m philosophischen Denkens ins Bewußtsein tritt, nun, dann sind diese Systeme eben nichts weiter als vielleicht sehr phantasievolle, aber wissenschaftlich unverbindliche Begriffsdichtungen, und je eher wir uns von ihnen ab und ernster Begriffsarbeit zuwenden, desto besser ist es für uns und für die Wissenschaft.

Dies gilt u. E. für j e d e Untersuchung, die nach der rein logischen Bedeutung des deutschen Idealismus als besonderer Etappe in der Geschichte der abendländischen Logik fragt. Für die in den folgenden Kapiteln niedergelegten Bemühungen um die Logik Hegels gelten noch besondere Voraussetzungen, die wir jetzt im zweiten Teil der Einleitung aus dem Wesen unserer speziellen Aufgabe ableiten wollen.

II.

Bisher haben wir nur flüchtig angedeutet, daß wir den Versuch machen wollen, „etwas zur Klärung der logischen Voraussetzungen, auf denen das Grundproblem der Hegelschen Logik beruht," beizutragen. Es soll jetzt näher erklärt werden —

nach dem wir uns zu gewissen allgemeinsten Voraussetzungen, die u. E. für jede rein logische Arbeit über den deutschen Idealismus gelten müssen, bekannt haben, — wie dieser Versuch an Hegels Logiken im Einzelnen durgeführt wird, und in welcher Weise das Thema umgrenzt und genau formuliert werden kann. Eine solche Umgrenzung ergibt sich daraus, daß diese Untersuchung hier von der Voraussetzung (als Arbeitshypothese) ausgeht, daß das logische Denken und die logische Methode des deutschen Idealismus in einem weiteren und tieferen logischen Formbegriff verwurzelt ist, als die traditionelle Logik ihn liefert. Es wird nun zu zeigen versucht, daß diese Voraussetzung zum mindesten für Hegel zu Recht bestehen muß, und das erhebliche Gedankengänge Hegels nur dann zu verstehen sind, wenn man sie als Versuch, den Begriff der Form des Denkens zu erweitern, auffaßt.[1]

Unser Ziel ist mithin, nachzuweisen, erstens: daß die Voraussetzungen der Hegelschen „Logik“ auf neuen allgemeinen Einsichten in das Wesen des Logischen überhaupt beruhen;

[1] Wie weit bis in alle Einzelheiten die exakte Rationalität in die Hegelsche Dialektik hineinreicht, kann freilich in dieser Arbeit nicht zwingend nachgewiesen werden. Die Rationalität der traditionellen Logik ist als Rationalität der Unmittelbarkeit des Seins selbst in hohem Maße anschaulich und bildlich darzustellen. Aber die Rationalität des „Denkens des Denkens“ ist ebenso wie die höhere Mathematik vollkommen unanschaulich und von jeder bildlichen „Vorstellungsart“ — wie Hegel mit verblüffender Einsicht bemerkt — weit entfernt. Zwingende Beweise kann in zahlreichen Fällen daher nur die Logistik liefern. Das muß gesagt werden, obwohl die Logistik bei den von Hegel philosophisch beeinflußten Denkern recht unbeliebt ist. Ein Beispiel dafür ist die Logik Croces. Wir bringen das Urteil von Heinr. Scholz (Geschichte der Logik S. 72, Anm.) über die Croce'sche Logik. „Es ist festzustellen, daß diese neueste Hegelsche Logik den Forderungen eines pünktlichen Denkens alles, der Kritik der gänzlich unverstandenen Logistik (p. 94 f) nichts schuldig bleibt“.

Der Verfasser ist bemüht, die teilweise ganz unglaublich komplizierten Zusammenhänge des exakt Rationalen in logistischer Form darzustellen. Er hofft in einigen Jahren das logische Grundgerüst der Hegelschen Logik in logistischer Darstellung (denn anders wird eine erschöpfende Definition des exakt Rationalen nie möglich sein) vorlegen zu können. Momentan fehlen allerdings in der einseitig naturwissenschaftlich orientierten Logistik noch zahlreiche Stücke des dazu notwendigen Handwerkzeugs. — Zum Thema: Anschaulichkeit der Denkformen der traditionellen Logik vgl. übrigens Dingler, Philosophie der Logik und Arithmetik. S. 26.

zweitens: daß diese Einsichten schlechthin die Struktur jedes philosophischen Denkens betreffen und deshalb von der spekulativen Metaphysik des Idealismus völlig unabhängig sind. Das ist auch der Grund, weshalb wir hartnäckig vom Formbegriff des spekulativen Denkens sprechen. Es handelt sich bei den neuen Einsichten tatsächlich um die allgemeinste Form des philosophischen Denkens überhaupt. Und eine solche „Form", die von der Form der traditionellen Logik ganz radikal abweicht, liegt der Hegelschen Logik in der Tat zugrunde. — Als Nebenergebnis wird sich dabei noch herausstellen, daß der Aufbau der Hegelschen Metaphysik seinerseits von diesem neuen Formbegriff völlig abhängig ist. —

Damit ist uns der Gang unserer eignen Untersuchung in großen Zügen vorgeschrieben. Wir werden zuerst das Verhältnis Hegels zur traditionellen Logik in großen Umrissen festzustellen haben. Im zweiten Kapitel werden wir Hegels Auffassung von den klassischen Axiomen wiedergeben, während das folgende Kapitel unter dem Titel ‚Allgemeingültigkeit und Allgemeinheit' Hegels Kritik an der traditionellen Logik enthält, soweit diese Kritik auf die Frage reflektiert, ob die alte Logik als Organon des philosophischen Denkens angesehen werden dürfe. Das vierte Kapitel gibt dann im wesentlichen eine historisch orientierte Skizze des neuen Problemansatzes, der dann im letzten Kapitel eine Darstellung des systematischen Gehalts, der sich aus der Hegelschen Einstellung gegenüber der Logik ergibt, unter zwei Gesichtspunkten folgt. Der erste dieser Gesichtspunkte, der als der Begriff der Thematik abgehandelt wird, ist gewissermaßen nach rückwärts orientiert. Er ist an der logischen Valenz der Voraussetzungen der Hegelschen Logik orientiert. Der zweite Gesichtspunkt hingegen deutet vorausschauend in die Richtung, in der die Hegelsche Lösung zu liegen scheint.

„Zu liegen scheint", sagen wir, denn im Verlauf unserer Untersuchungen wird sehr deutlich zu spüren sein, daß Hegel seine neue Theorie des Denkens nicht völlig bewältigt hat. Hegel hat die von ihm intuitiv angewandte Methodik des Denkens theoretisch nicht zureichend definieren können, und die in seinem Philosophieren wirklich maßgebende Form des Denkens schwingt als Enthymem zwischen der alten Logik und dem System der spekulativen Metaphysik. Weil also in der Dialektik des Absoluten die neue Theorie des Denkens nur als „eingehüllte Rationalität“ vorhanden ist, darum unternimmt das fünfte Kapitel das eigentliche Wagnis dieser Arbeit: eine Deutung formallogischer Natur von den Voraussetzungen zu geben, ohne die die Hegelsche Theorie des Denkens nicht verständlich sein wird, wenn einmal der Versuch gemacht werden soll, diese Theorie logisch-systematisch darzustellen.

Zugleich liegt in den Ausführungen des fünften Kapitels der eigentliche Nachweis beschlossen, daß die Voraussetzungen, die Hegel zu einer neuen Theorie des Denkens geführt haben, keineswegs an den spekulativen Idealismus gebunden und von ihm abhängig sind, daß sie vielmehr auf ganz überstandpunktlichen Einsichten in das Wesen des Denkens überhaupt beruhen und deshalb auch von ausgesprochenen Gegnern des idealistischen Philosophierens acceptiert werden können und müssen. —

Ueber die von uns befolgte Methode, über die Verwendung der Hegelschen Terminologie, so wie über das angewandte Prinzip der Stoffauswahl, sind noch einige erklärende und rechtfertigende Bemerkungen notwendig. Ueberdies liegt das logische Werk Hegels in drei verschiedenen Logiken vor. Es gibt nun sehr verschiedene Möglichkeiten, wie das in diesen drei Logiken aufgespeicherte Material verwendet werden kann; und ebenso gibt es verschiedene Gesichtspunkte, unter denen das Verhältnis dieser drei Logiken untereinander ausgewertet werden kann. Auch hierüber ist Einiges einleitend zu sagen. Aeußern wir uns zuerst über diesen letzten Punkt.

Hegel hat seine logischen Gedanken in drei aufeinander folgenden Darstellungen (wenn man vom spezifisch logischen Gehalt der übrigen Schriften absieht) hinterlassen: der Jenenser Logik, der sogen. Großen Logik und der Logik der Enzyklopädie. Am nächsten läge es, mit einer Erörterung des historischen Verhältnisses dieser drei Werke zu beginnen. Alle drei weisen erhebliche Verschiedenheiten von einander auf. Besonders zwischen der Jenenser Logik und den beiden anderen scheint eine erhebliche Differenz zu bestehen, und es könnten vielleicht Unklarheiten entstehen, wenn wir von der Logik Hegels schlechthin reden, welche der drei vorliegenden Varianten als maßgeblich zu gelten hätte. Aber wer etwas derartiges erwartet, verkennt völlig die Situation dieser Untersuchung. Es wird hier keines der drei literarischen Gebilde, die Hegel sehr irreführend «Logik» genannt hat und die in Wirklichkeit durchaus metalogische Systeme der Allheit aller geistigen Strukturen sind, zugrunde gelegt. Es wird vielmehr erst gefragt, was verbirgt sich denn an wirklicher, reiner Logik für unser endliches Bewußtsein in diesen Systemen.[1] Und ob oder wie das exakt logische Gerüst dieser drei Systeme von einander wesentlich abweicht, das können wir erst sagen, wenn wir jenes Gerüst in seinen Grundzügen selbst kennen. Also erst am Schluß wären wir annähernd soweit. Es bliebe höchstens, da wir im ersten Kapitel von Hegels Gedanken über die traditionelle Logik ausgehen wollen, die Aufgabe übrig, festzustellen, ob und wie Hegels Aeußerungen über die traditionelle Logik sich in seinen Logiken unterscheiden. — Nun, sie unterscheiden sich gründlich. Um nur ein Beispiel zu bringen: nach dem Werke aus der Jenenser Zeit basiert die Form des traditionellen Denkens auf drei Axiomen oder Grundsätzen, nach den beiden späteren Systemen aber kann man ganz nach Belieben 2—4 Grundmomente von axiomatischer Bedeutung für das traditionelle Denken herauslesen. Es kommt dann ganz darauf an, was als selbständiges Moment gilt oder nicht.[2] Noch etwas anderes! In der Jenenser Logik ist der Kern der Analyse des Drittensatzes das „Viele für sich", in der Großen Logik aber steht „der Unterschied an sich" im Mittelpunkt des Problems. Und schließlich! In der Jenenser Zeit erscheinen die Grundsätze des traditionellen Denkens unter dem Titel „Metaphysik", während sie in den späteren Werken als Elemente der „Logik" figurieren.

Von diesen und zahlreichen anderen Unterschieden auszugehen, hat gar keinen Zweck. Wir wissen ja gar nicht, ob

---

[1] Anders als vom endlichen, individuellen Ich können wir selbstverständlich nicht ausgehen. „Hier allein ist uns Bewußtsein, ist uns das Selbst gegeben und unmittelbar zugänglich. Von ihm allein können wir — wenn wir kritisch bleiben wollen — den Ausgang nehmen". S. Marck Die Dialektik in der Philosophie der Gegenwart I. S. 85.

[2] Sehr deutlich ist das zu bemerken in der Schrift über „die Differenz des Fichteschen und Schellingschen Systems. Vgl. Hegel I. S. 27 ff. Der Satz des Grundes tritt dort als zweites Axiom auf und der Satz des Widerspruches als drittes. Nämlich als Verneinung von Identität und Grund.

diese zum Teil recht erheblichen Unterschiede wirklich die reine (formale) logische Substanz des Hegelschen Denkens betreffen, oder nur Wandlungen des metalogischen Systems sind, oder ob sie sich sogar als bloße Terminologie-Unterschiede entlarven lassen. —

Nun einiges zum Prinzip der Stoffauswahl in den Kapiteln eins bis drei. Gemäß dem bereits skizzierten Gedankengang der ganzen Arbeit gehen wir in den ersten beiden Kapiteln von der traditionellen Logik bei Hegel aus. Denn wenn wirklich der deutsche Idealismus in der Geschichte der Logik die Funktion gehabt haben soll, den Begriff der Form des Denkens zu erweitern, resp. noch allgemeinere Formen des Denkens, als sie die traditionelle Logik gibt, zu liefern, so muß sich in der Problemstellung des Idealismus (und speziell bei Hegel) diese Form als zu eng und als höchsten Ansprüchen an die Allgemeinheit nicht gewachsen gezeigt haben. Nun wird hier als Ausgangspunkt nicht die ganze traditionelle Logik bei Hegel herangezogen, sondern der Verfasser behandelt, wie bereits angedeutet, nur das Problem der traditionellen Axiomatik, nachdem in einem mehr einführenden Kapitel Hegels Verhältnis zur traditionellen Logik überhaupt im Hinblick auf die dahinter stehenden systematischen Probleme skizziert worden ist. In den Axiomen einer Logik ist der Sinn des durch diese Logik Denkmöglichen definiert. Deshalb muß sich bereits an den Axiomen zeigen lassen, ob die Form, die sie definieren, allen Denkmöglichkeiten gewachsen ist oder nicht. In letzterem Fall erweist sich die Form als zu eng, mithin als nicht allgemein genug. Außerdem erlaubt die Reduzierung auf das Problem der Axiomatik, einen verwirrenden Reichtum sich auf die traditionelle Logik beziehender Gedanken Hegels beiseite zu lassen, und gestattet eine relativ einfache Führung der Gedanken, um Hegels Auffassung vom Sinn des durch die traditionelle Logik definierten Denkens festzustellen. Da aber die Analyse des Sinnes der klassischen Axiomatik die Kritik Hegels an der traditionellen Logik nur implicit enthält, wird die zu enge Form dieser Logik im nächsten Kapitel an Hegels Gedanken über das Problem der Allgemeinheit des Erkennens und der Allgemeinheit des Denkens auch explicit aufgewiesen. Das Material hierzu wird wesentlich der subjektiven Logik entnommen und beseitigt hoffentlich das Befremden des Hegelkenners, daß die Grundlagen der traditionellen Logik im zweiten Kapitel fast ausschließlich im Rahmen der „objektiven" Logik dargestellt sind. Maßgeblich ist im Allgemeinen hier die Große Logik. Jedoch werden die beiden anderen Werke dauernd und reichlich zur Ergänzung herangezogen. — Das zur Stoffauswahl in den ersten drei Kapiteln. Wir schließen der Einfachheit halber unsere Bemerkungen über die von uns befolgte und zu rechtfertigende Methode gleich an.

Die klassischen Axiome im Rahmen des Hegelschen Denkens und in ihrer Auffassung durch Hegel darzustellen, ist nur vermittels eines recht erheblichen Umweges möglich. Was Hegel direkt über sie geäußert hat, läßt sich auf wenigen Seiten zusammenstellen und ist vor allen Dingen bis auf die erhebliche Polemik völlig nichtssagend. Mit den wenigen direkten Aeußerungen ist so gut wie garnichts anzufangen.

Jedoch ist zu beachten: diese Axiome treten in der Hegelschen Logik auch noch in anderer Form auf. Diese andere Form kann unter zwei verschiedenen Gesichtspunkten verstanden werden.

1. Die logisch-metalogische Systematik Hegels ist dialektisch. Nun werden in jeder Dialektik die elementaren Axiome des Denkens als gültig vorausgesetzt. Speziell Hegel gibt ausdrücklich zu, daß das durch solche Axiome Gedachte „richtig" ist.[1] Aber „gerade aus dieser Geltung entstehen die dialektischen Schwierigkeiten," bemerkt sehr richtig J. Cohn.[2] Die Geltung der traditionellen klassischen Axiome wird also von der Hegelschen Dialektik als Bedingung ihrer eigenen Möglichkeit zwingend vorausgesetzt. Dieses Verhältnis der klassischen Axiome zur Hegelschen Logik wird im fünften Kapitel noch ganz unerwartete und außerordentliche Konsequenzen haben, hier allein würde es uns nicht viel helfen, wenn sich daraus nicht sofort ein neuer Gesichtspunkt ergeben würde.

2. Der Momentcharakter der Axiome. Das metalogische System Hegels will als Logik des Absoluten die Allheit aller Bestimmungen der Vernunft, mithin unseres Denkens, umfassen.

---

[1] Vgl. Hegel V. S. 461.

[2] J. Cohn, Theorie der Dialektik. S. 138. Vgl. auch Kroner, Die Selbstverwirklichung des Geistes.

Folglich müssen in ihr auf einer bestimmten Stufe des Denkens die klassischen Axiome als Momente am Ganzen enthalten sein. Man erhält also von Hegels Stellung zur klassischen Axiomatik und damit schließlich zur traditionellen Logik überhaupt dann erst ein richtiges Bild, wenn man den systematischen Ort, den sie in der Logik des Absoluten haben, berücksichtigt und sie aus dem Zusammenhang heraus, in dem sie dort stehen, interpretiert. Andererseits ist es unsere Aufgabe, die fraglichen Momente wieder aus der Umklammerung durch das metaphysich Absolute zu lösen, weil sonst ihr Axiomencharakter überhaupt nicht erkannt werden kann. Denn im absoluten Zusammenhang haben sie ja gar keine axiomatische Bedeutung. Ihre Darstellung darf also keinesfalls in einer bloßen Paraphrase des Textes über die Reflexionsbestimmungen des Wesens bestehen. Denn auf diese Weise käme man nie dazu, in diesen bestimmten Momenten die einstigen Axiome der Abstraktionslogik wiederzuerkennen. Man müßte dann schließlich der gelegentlichen Versicherung Hegels, daß diese Momente im abstrakten Denken axiomatische Bedeutung haben, eben glauben. Da wir aber wissen wollen, ob diese wirklich sich so verhält, müssen wir einen der Hegelschen Gedankenrichtung entgegenlaufenden Untersuchungsweg einschlagen. Hegel reduziert die klassischen Axiome zu (einseitigen) Momenten des Denkens; wir müssen nun unsererseits wieder die Momente auf ihren axiomatischen Sinn hin analysieren.

Die sich daraus ergebende zwangsläufige Selbständigkeit der Darstellung bringt übrigens eine prinzipielle und nicht unbedenkliche Schwierigkeit mit sich. Wir müssen uns nämlich der von Hegel angewandten Denkform (der eingehüllten Rationalität der Logik des Absoluten) bereits bedienen,[1] ohne daß wir die Möglichkeit hätten, diese Denkform näher zu erklären, da diese Arbeit ja selbst erst an der Hand Hegels die rationalen Voraussetzungen der Logik des Absoluten entwickeln will. Daher ist das zweite Kapitel leider nur für den Hegelkenner lesbar.

---

[1] Eine Folge davon ist, daß nicht zu vermeiden war, daß jenes schwerfällige Sich-im-Kreise-bewegen des Gedankens, das die Hegelschen Deduktionen an sich haben, dort wo wir der Hegelschen Gedankenführung folgten, auch bei uns auftritt. Der Leser ist deshalb um entsprechende Nachsicht gebeten.

Eine ziemlich weitreichende Beherrschung der Hegelschen Terminologie muß hier leider vorausgesetzt werden. Niemand bedauert das mehr als der Verfasser selbst, da die von Hegel angewandte Betrachtungsart nicht nur für den Philosophen und die Philosophie, sondern auch für die Logik der Mathematik und der Naturwissenschaften von geradezu immenser Bedeutung ist.[1] Die folgenden Kapitel, die den systematischen Ertrag des Vorausgehenden enthalten, sind dann jedem philosophisch Vorgebildeten ohne weiteres verständlich.

Da es sich bei der Analyse der klassischen Axiome im zweiten Kapitel aber ausschließlich um Hegels Meinung und Auffassen der klassischen Logik handelt, haben wir auch Hegels Methode der Darstellung übernommen. Für das Verständnis der in diesem Buche niedergelegten Theorie ist die spezielle Kenntnis des Details der Interpretation der klassischen Axiome durch Hegel nicht unbedingt notwendig. Notwendig ist für das Folgende nur die Kenntnisnahme der auf Seite 103—107 vorgetragenen Schlußergebnisse des Kapitels über die klassische Axiomatik. Wer nicht speziell in Hegel eingelesen ist, möge also die Sonderanalysen der einzelnen Axiome ruhig überschlagen. Das Verständnis der späteren Ausführungen wird dadurch in keiner Weise eingeengt. Durchgeführt aber mußte die Hegelsche Kritik der klassischen Axiomatik trotzdem werden, weil jeder moderne Versuch, die logische Axiomatik umzugestalten, von diesem ersten grundsätzlichen Versuch auszugehen haben wird.

Anläßlich der Behandlung der zweiten Stellung des Denkens zur Objektivität erwies es sich als unerläßlich nötig, einige geschichtliche Unterströmungen und Einflüsse zu berücksichtigen, ohne daß damit der Rahmen des Kapitels gesprengt werden sollte. Für die zweite Stellung des Denkens ist nämlich leider vieles wichtiger, was nur zwischen den Zeilen steht und nie direkt ausgesprochen

[1] So erlaubt die Hegelsche Entdeckung einer zweiten allgemeineren Form des Denkens eine absolut exakte logische Auflösung der Russelschen Paradoxien. Wir werden sie in einer späteren Arbeit geben. Mit Hilfe der Hegelschen Logik wäre Dingler, die von ihm versuchte Auflösung auch gelungen. Vgl. Philosophie der Logik und Arithmetik. S. 74 ff. Der Versuch Dinglers krankt an dem ganz unexakten und logisch formell nicht definierbaren Unterschied zwischen „aktiver“ und „passiver“ Logik. Und dabei ist D. der Lösung so nahe.

wird, als das, was auf den ersten Blick zu lesen ist. Trotz aller äußeren Gegensätzlichkeiten ist Fichte doch hier in Hegel stärker als Hegel selbst. Die spezielle logische Wichtigkeit jener im Text dargelegten unteridischen Beziehung zur Wissenschaftslehre ist aber nur zu verstehen, wenn man weiß, daß bei dem Entstehen der ersten Keime der spekulativen Unendlichkeitslogik des deutschen Idealismus die methodische Exaktheit der Unendlichkeits-Mathematik noch keineswegs unbestritten war. Und daß die in der Mathematik vorhandene Unsicherheit erheblich auf die Philosophie ihrer Zeit zurückgewirkt hat. In der Sorgfalt und Weitläufigkeit, mit der Hegel die Exaktheit infinitesimaler Methode verteidigt, klingt noch die erlebte Unsicherheit nach. Diese zurückhaltende Skepsis ist mitbestimmend für die logische Entwicklung des Idealismus geworden. Der Zusammenhang zwischen Mathematik und Logik ist im Idealismus viel enger als auf den ersten Blick erscheinen mag, denn Hegel sah gerade im infinitesimalen Prinzip die methodisch exakte Ueberwindung der „schlechten Unendlichkeit."

Es bleibt noch übrig, ein Wort zur Frage der Terminologie zu sagen. Die Arbeit fügt sich dem terminologischen Gebrauch der Begriffe durch Hegel fast vollständig. Mit zwei Ausnahmen: 1. Der Begriff „gesetzt", der inhaltlich (als Modus des „Setzens") in den verschiedenen Büchern der Hegelschen Logik eine sehr verschiedene Bedeutung hat, ist jedesmal, wo er in unserem Text vorkommt, auf seine rein formelle Bedeutung zu reduzieren. Es wird von uns mit „gemeint als" vorläufig übersetzt werden, bis wir dann im Schlußkapitel bei den Erörterungen über die Thematik seine endgültige Bedeutung festlegen werden. 2. ist eine Einigung über die Bedeutung der Termini „subjektiv" und „objektiv" dringend notwendig. Ein großer Teil der fraglosen logischen Dunkelheit auch moderner Arbeiten über Hegel ist auf das Konto dieser beiden Begriffe zu buchen.

Liest man die Hegelsche Logik mit Hegels Augen und läßt sich von der Bewegung der Dialektik willig mittragen, so fällt sofort dem Leser auf, daß Hegel die Worte „subjektiv" und „objektiv" in genau entgegengesetzter Weise gebraucht, als wir das heute gewohnt sind. Indes sind die Gründe dafür sehr leicht zu erkennen, und man fügt sich gern diesem etwas an

Descartes und ältere Zeiten erinnernden Sprachgebrauch. Einem kritischen Blick fallen jedoch bald zahlreiche Inkonsequenzen auf. Man sieht, daß Hegel die beiden Begriffe auch in dem heut meist üblichen Sinne gebraucht, und das geweckte Mißtrauen findet schließlich eine solche Anzahl von Gegenbeispielen zu dem älteren Sprachgebrauch, daß nur schwer das Urteil einer hoffnungslosen terminologischen Anarchie zu vermeiden scheint. Und doch steckt ein gewisses — allerdings nicht radikal durchgeführtes — Gesetz in diesem Bedeutungswechsel der beiden Begriffe. Wo nämlich Hegel (für sich) über die Verhältnisse in der absoluten Methode reflektiert, gebraucht er die Worte „subjektiv" und „objektiv" ganz in dem gleichen Sinn, in dem wir sie heute im gewöhnlichen Sprachgebrauch auch zu gebrauchen pflegen. (Wir haben gelegentlich solche Stellen anmerkungsweise festgehalten.) Wo aber die absolute Methode sich aus sich entwickelt, herrscht der entgegengesetzte Sprachgebrauch. Beachtet man das, so entschwindet der für den reinen Logiker peinliche Eindruck der Anarchie wieder. Der Sprachgebrauch Hegels erscheint dann, wenn man von bloßen Nachlässigkeiten absieht, als einheitlich und konsequent. — Da wir uns hier nicht in den Fluß der absoluten Methode selbst hineinstellen wollen, schließen wir uns dem zweiten Gebrauch der Begriffe bei Hegel an und nennen konsequent das Aeußerliche und das aufs Aeußerliche gerichtete Moment des Denkens „objektiv". „Subjektiv" hingegen ist für uns immer das Innerliche selbst und außerdem diejenigen Momente des Denkens, die Innerliches meinen. N i e m a l s aber, vor allen Dingen, gebrauchen wir den Begriff „objektiv" im Sinne von „allgemeingültig", und „subjektiv" im Sinne von „nicht-allgemeingültig". Sprechen wir von subjektivistischem und objektivistischem Denken, so heißt das, daß das Denken einmal das, was es denkt, als Sinn, das zweite Mal aber als außer ihm Existierendes denkt. Jeder Denkinhalt kann somit sowohl subjektivistisch als auch objektivistisch gedacht werden. Um das an einem Beispiel zu erläutern: Der Denkinhalt «Sein» bedeutet objektivistisch gedacht: Seiendes, das außerhalb des Denkens existiert. Subjektivistisch gedacht bedeutet aber derselbe Denkinhalt: Sinn des Seins. Richtet sich aber das Denken auf etwas, was (seiner eigenen Meinung nach) außerhalb von ihm selber liegt, so nennen wir es objektivistisch. Richtet sich das Denken aber auf den Sinn seiner eigenen Denkinhalte, so nennen wir es subjektivistisches Denken.

Fügen wir jetzt noch hinzu, daß alle Aussagen und Begriffe Hegels, wie überhaupt des deutschen Idealismus, in bewußter und radikaler Einseitigkeit, des hier behandelten Problemes wegen, auf ihren rein formallogischen Gehalt hin angesehen und ausschließlich nur unter diesem Gesichtspunkt gewertet werden, so haben wir alles Nötige vorausgeschickt und können an unsere Untersuchung selbst gehen, und den Ansatz zu einem neuen Begriff des Denkens, wie er der Logik Hegels zugrunde liegt, selbst analysieren. Die endgültige Frucht dieser Analyse soll sein: zu zeigen, daß die tiefste und universalste Theorie des Denkens, die in der Geschichte der abendländischen Logik zu finden ist, auf einer genialen Erweiterung des traditionellen logischen Formbegriffes des Denkens durch die Philosophie Hegels beruht.

I. KAPITEL

ALLGEMEINE ÜBERSICHT ÜBER DIE BEZIEHUNGEN DER HEGELSCHEN PHILOSOPHIE ZUR TRADITIONELLEN LOGIK

Es ist nicht viel Freundliches, was Hegel in seiner Einleitung zur Großen Logik über die logische Tradition zu sagen hat. Die herablassende Geringschätzung dessen, der sich seinen Vorgängern und Zeitgenossen an logischen Einsichten ganz unvergleichlich überlegen fühlt, schwingt spürbar in seinen Worten mit. So heißt es von der bisherigen Logik: „Sie wird noch mitgeschleppt mehr im Gefühle, daß eine Logik überhaupt nicht zu entbehren sei, und aus einer noch fortdauernden Gewohnheit an die Tradition von ihrer Wichtigkeit als aus Ueberzeugung, daß jener gewöhnliche Inhalt und die Beschäftigung mit jenen leeren Formen Wert und Nutzen habe."[1] Jetzt aber, so verkündet Hegel, beginnt die Zeit einer „neuen Schöpfung" in der Logik, „denn ein zweitausendjähriges Fortarbeiten des Geistes muß ihm ein höheres Bewußtsein über sein Denken und über seine reine Wesenheit in sich selbst, verschafft haben."[2] Die Darstellung jenes höheren Bewußtseins aber soll die dialektische Logik des Absoluten geben. —

Freilich in der Gestalt, in der die Hegelsche Logik auf uns gekommen ist, d. h. in der Philosophie des Absoluten, liegt so viel Bizarres und Befremdliches, daß es wirklich nicht weiter verwunderlich ist, wenn man in der Mehrzahl der Fälle,

---

[1] Hegel III. S. 33.

[2] Hegel III. S. 33.

in denen man sich mit ihr beschäftigte, zu dem Schluß kam, vom Standpunkt des reinen Logikers aus führe der Weg der Hegelschen Logik in eine Sackgasse, in der es nur radikale Umkehr, aber kein Vorwärts mehr gebe. Zugegeben, daß aller Augenschein und alle bisherigen Bemühungen für diese Auffassung sprechen. Aber man überlege einmal, daß kein abendländischer Philosoph in den logischen Partien seines Werkes so völlig unauflöslich ist wie Hegel! Daß seitenlang nicht einmal der einfache Wortsinn seiner Sätze eindeutig festzustellen ist! Daß neue Begriffe auftauchen, für die es in der bisherigen Geschichte der abendländischen Philosophie keine Analoga und keine Termini gibt! Und frage sich dann: spricht nicht doch eine, wenn auch nur kleine Möglichkeit dafür, daß hier eine der formalen traditionellen Logik gegenüber neue Schöpfung des logischen Problems überhaupt steht, die es erst einmal als solche zu verstehen gilt, ehe die praktische Ausführung, die sie bei Hegel gefunden hat, im Detail fruchtbar interpretiert oder — abgelehnt werden kann?

Die Ausführungen dieser Arbeit gehen jener zweiten Möglichkeit nach und wollen damit praecis behaupten: *Die gesamte Hegelsche Philosophie beruht auf einer völlig neuen Problemintuition des Logischen.* Es ist Hegel allerdings nicht gelungen, jene Intuition genügend ins Begriffliche umzusetzen und damit ausreichende Anhaltspunkte für ein nachschaffendes Verstehen zu geben. Das beruht, wie sich im Verlauf unserer Untersuchung sehr deutlich zeigen wird, auf zwei Gründen. Einerseits empfand Hegel gegenüber den ihm viel wichtigeren „metaphysischen" Problemen der Geschichte des Geistes nicht genügend die Dringlichkeit einer tieferen Klärung der logischen Situation seiner Philosophie, anderseits scheint ihm oft vor der Größe seiner eigenen Intuition das Wort versagt zu haben; er ringt mit dem Neuen, und ein mühsames Stammeln gibt uns nur unvollkommen von dem Kunde, was er eigentlich gemeint hat, und was er nicht mehr auszudrücken vermochte. Wo aber die neuen logischen Probleme wirklich kristallen klar für das geistige Auge werden, dort sind sie niemals um ihrer selbst willen dagestellt, sondern sollen stets nur als Momente einer „metaphysischen" Bewegung begriffen werden. Das ist die eindeutige Forderung des Autors.

„Die Selbstbewegung" der „reinen Wesenheiten, die den Inhalt der Logik ausmachen", „ist das, wodurch sich die Wissenschaft konstituiert, und dessen Darstellung sie ist."[1] Das bedeutet nicht mehr und nicht weniger, als daß das fundamentale Problem des Hegelschen Denkens, nämlich das Verhältnis des Begriffes zur Zeitlichkeit und zum Sein, in dieser Formulierung der Aufgabe der Logik bereits als gelöst vorweggenommen wird.

Einer solchen Antizipation aber darf diese Arbeit keinesfalls folgen. Denn hier handelt es sich ja gerade um Klärung dieser und ähnlicher Fragen. Wir wollen wissen, was mit dieser Selbstbewegung der reinen Wesenheiten formal eigentlich gemeint seien kann, was sie rein logisch bedeutet. Erst dann ist unser Denken in der Lage, dieser Bewegung zu folgen. Die Hegelsche Logik behauptet nun, daß die traditionelle Logik völlig versage bei der Klärung des Verhältnisses zwischen Begriff und Sein, zwischen Begriff und Zeitlichkeit, zwischen der Idee und dem Werden, daß sie also nicht imstande sei, um es modern auszudrücken, den Abgrund zwischen Sinn und Sein zu überbrücken. Die uneingeschränkte Berechtigung dieses Vorwurfs soll zugegeben werden. Aber Hegel erfüllt in den Gestalten, die er seinen eigenen Logiken gegeben hat, diese Forderung auch nicht. Das Wesen seiner Antithese gegen die traditionelle Logik läßt sich unter diesem Gesichtspunkte ungefähr so fassen: Wenn jene Ueberbrückung zwischen Begriff und Zeitlichkeit vollzogen ist, dann hat die Logik die Gestalt einer konkreten Logik des Absoluten.[2] Die hypothetische Praemisse jenes unmittelbaren Schlusses aber ist ja gerade das, nach dessen Wahrheit wir fragen. Jene Praemisse wollen wir nicht voraussetzen um die Hegelsche Logik zu verstehen, sondern wir wollen umgekehrt aus der Voraussetzung der Hegelschen Logik das Verhältnis von Begriff und Zeitlichkeit verstehen.

---

[1] Hegel III. S. 7 Vgl. auch XIV, 2 S. 86. „Die Logik ist... die metaphysische Theologie, welche die Evolution der Idee Gottes in dem Aether des reinen Gedankens betrachtet, so daß sie eigentlich derselben, die an und für sich schlechthin selbständig ist, nur zusieht."

[2] Hegel II. S. 49 f. „Indem der Begriff das eigene Selbst des Gegenstandes ist, das sich als sein Werden darstellt, ist es nicht ein ruhendes Subjekt, das unbewegt die Akzidenzen trägt, sondern der sich bewegende und seine Bestimmungen in sich zurücknehmende Begriff."

Hier liegt der Einwand sehr nahe, daß die Hegelsche Logik zu dieser Praemisse vollauf berechtigt ist, weil das Verhältnis des Begriffes zur Zeitlichkeit und zum Sein bereits durch die „Phaenomenologie des Geistes“ bestimmt worden ist. Man kann Hegels Aeußerungen selbst in diesem Sinne auffassen, wenn man in der Großen Logik etwa folgende Stelle liest: „Diese geistige Bewegung, die sich in ihrer Einfachheit ihre Bestimmtheit, und in dieser ihre Gleichheit mit sich selbst gibt, die somit die immanente Entwicklung des Begriffs ist, ist die absolute Methode des Erkennens, und zugleich die immanente Seele des Inhaltes selbst ... In dieser Weise habe ich das Bewußtsein, in der Phaenomenologie des Geistes, darzustellen versucht.“[1] Aber damit wird die Schwierigkeit nicht behoben, denn dann mag zwar die Logik durch die Voraussetzung der Phaenomenologie in diesem Punkte verständlich werden, dann setzt aber ihrerseits die Phaenomenologie das Verständnis der in ihr entwickelten Logik voraus. Das gibt auch Hegel wenige Zeilen weiter selbst zu, denn die Fortbewegung des Gegenstandes der Phaenomenologie beruht allein „auf der Natur der reinen Wesenheiten, die den Inhalt der Logik ausmachen.“ Wir sind damit also um keinen Schritt weitergekommen, sondern haben uns im Kreise bewegt.

Zum ersten Mal stoßen wir hier auf den Gedanken vom Kreise, in dem sich das philosophische Denken nach Hegel bewegt. Die Verlockung, sich von der Bewegung des Kreises mit forttragen zu lassen, ist sehr groß, und in der Tat hat ihr von den Hegelinterpreten bisher niemand so recht widerstehen können.[2] Aber überlegen wir einmal: Ist denn dieser Kreis für denjenigen, der überhaupt erst das innere Bewegungsprinzip der Hegelschen Logik kennen und verstehen lernen will, wirklich ein echter Kreis? Wohlgemerkt, wir fragen hier nicht, ob diese Kreisbewegung für den Standpunkt Hegels selbst echt und in sich geschlossen ist —, wir wollen hier nur wissen: ist jener Zirkel echt, in den das Verstehen gerät, wenn es, von

---

[1] Hegel III. S. 7.

[2] Vielleicht mit Ausnahme von Siegfried Marck, Vgl. seine Kritik an Kroner in «Die Dialektik in der Philosophie der Gegenwart» S. 85. Der Ausgang vom individuellen Bewußtseinsbegriff läßt uns außerhalb der Kreisbewegung bleiben.

außen herantretend, das Verhältnis des Hegelschen Begriffs zum Sein und zur Zeitlichkeit festzustellen sucht?[1]

Die Frage ist wichtig und ernst, denn sie betrifft die Möglichkeit, Hegel überhaupt zu verstehen, ohne sich von der Bewegung der Dialektik gleich mit hineinreißen zu lassen in den Mahlstrom des Hegelschen Absoluten. Vergegenwärtigen wir uns also noch einmal das Wesen jenes Zirkels, in den wir gerieten, als wir die Frage stellten; wie überwindet die Hegelsche Logik den Abgrund zwischen Sinn und Sein? Die Antwort lautete: die Logik nimmt dieses Problem als schon gelöst hin und verweist zurück auf die Phaenomenologie. Die Phaenomenologie aber setzt ihrerseits die neue logische Methode, die in ihr ja angewandt wird, bereits voraus. Ist das wirklich ein echter Zirkel oder gebrauchen wir nicht vielleicht das Wort «Logik» in zweierlei Sinne? Wenn wir davon sprechen, daß die Hegelsche Logik die Phaenomenologie voraussetzte, so meinten wir damit das historische Gebilde der Großen Logik, die die Selbstbewegung des Absoluten im reinen Aether des Denkens darstellt. Als wir aber davon sprachen, daß ihrerseits die Phaenomenologie die Hegelsche Logik schon voraussetzte, meinten wir da wirklich eins jener ungefügen, dunklen Systeme, die als Jenenser Logik, als Große Logik und als Logik der Enzyklopädie bekannt sind? Ganz gewiß nicht. Wir wollten nur sagen, daß die F o r m des Hegelschen Denkens, die in diesen logischen Systemen auf besonders ausgebreitete Weise sich betätigt, auch bereits bei der Phaenomenologie vorausgesetzt werden muß, wenn wir das dort entwickelte Verhältnis von Zeitlichkeit und Begriff verstehen wollen.

Wir haben also in doppeltem Sinn von Logik gesprochen. Zuerst meinten wir die inhaltliche Logik in Form eines Hegelschen Systems, dann aber sprachen wir von der Logik im Sinne einer formalen von Hegel geübten Methode des Denkens. Damit enthüllt sich für uns der hier vorliegende Zirkel als un-

[1] Ueber das Zirkelverhältnis, in dem sich die Logik zu den übrigen Teilen des Hegelschen Systems befindet, vgl. G. Lasson, Hegel III. S.LXXXI Siehe auch II. S. LXIX. über das spezielle Verhältnis der Logik zur Phaenomenologie.

echt.[1] Die Bewegung unseres Denkens führt uns nicht auf denselben Begriff von Logik zurück.

Es sei ausdrücklich zugegeben, daß diese Scheidung zwischen Logik des Absoluten und formaler Logik im historischen Sinne völlig unhegelisch ist. Ob sie auch rein systematisch angesehen so unhegelisch ist, darauf kann erst das fünfte Kapitel dieser Arbeit eine Antwort zu geben versuchen. Worum es vorläufig geht, das ist die Frage: welche logische Form hat das Hegelsche Denken selbst? Sind es trotz aller Polemik gegen die traditionelle Logik doch wieder die klassischen Grundformen von Identität, Widerspruch und ausgeschlossenem Dritten, dazu der Satz vom Grunde, auf die sich die Struktur des Hegelschen Denkens zurückführen läßt? Diese Frage nach der der Hegelschen Philosophie zugrunde liegenden formalen Logik muß gestellt werden, denn von ihrer Beantwortung hängt der exakt wissenschaftliche Wert des Besten ab, was uns Hegel in seiner Geistesphilosophie gegeben hat. Sind die Behauptungen Hegels über das Wesen des Geistes die vom Standpunkt der traditionellen Logik aus zum größten Teil paradox, ja unsinnig sind, wirklich nur leere metaphysische Hypothesen? Wenn sie mehr sein wollen, so haben sie ihren allgemeinen Geltungswert auch außerhalb des Hegelschen Systems zu beweisen. D. h. es muß möglich sein, ihre Struktur aus allgemeingültigen, also formalen Grundprinzipien jedes Denkens abzuleiten. Daß die traditionellen Axiome bei dieser Aufgabe völlig versagen, würde uns der flüchtige Blick auf Hegels Werk lehren, auch wenn es uns von dem Philosophen nicht unermüdlich versichert würde. Er geht freilich noch weiter, er lehnt eine Reduzierung seiner logischen Methode auf axiomatisch-formale Grundsätze überhaupt ab.

Damit stellt sich Hegel für unsere moderne Auffassung ebenso wie für die alte aristotelische überhaupt außer aller Wissenschaft. Und wer ihm folgt, tut den gleichen verhängnisvollen Schritt. —

Derselbe Hegel, der in der Großen Logik die Ausbildung logischer Formbegriffe so heftig perhorresciert, schreibt in der

[1] Ob dieser Zirkel aber auch vom Hegelschen Standpunkt einer ontologisch-spiritualistischen Metaphysik als unecht zu bezeichnen ist, ist eine ganz andere Frage.

Vorrede zur Phaenomenologie des Geistes, daß es die „Ausbildung der Form sei, wodurch die Unterschiede mit Sicherheit bestimmt und in ihre festen Verhältnisse geordnet werden: Ohne diese Ausbildung entbehrt die Wissenschaft der allgemeinen Verständlichkeit und hat den Schein, ein esoterisches Besitztum einiger einzelner zu sein... Die verständige Form der Wissenschaft ist der allen dargebotene und für alle gleichgemachte Weg zu ihr, und durch den Verstand zum vernünftigen Wissen zu gelangen, ist die gerechte Forderung des Bewußtseins, das zur Wissenschaft hinzutritt."[1] Das mag nachdenklich machen, nicht so sehr wegen der Betonung der „Form", die Hegel nur von einem extremen Formalismus abstrakter Art unterschieden wissen will, wie zahlreiche Bemerkungen beweisen,[2] sondern weil er ausdrücklich betont, „durch den Verstand zum vernünftigen Wissen zu gelangen ist die gerechte Forderung des Bewußtseins, das zur Wissenschaft hinzutritt." Die Forderung hat Hegel ausdrücklich anerkannt. Es kann aber keinem Zweifel unterliegen, daß es ihm selber nicht gelungen ist, sie zu erfüllen. Der Grund für sein Versagen nach dieser Richtung liegt sehr klar zu Tage. Er liegt darin, daß Hegel in der praktischen Darstellung seines Systems die methodische Richtung umgekehrt hat. Nicht den Weg vom Verstand zum vernünftigen Wissen schlägt er ein, sondern er sucht umgekehrt einen Weg vom vernünftigen Wissen hinab zum Verstande aufzufinden. Man kann das auch so ausdrücken: Hegel geht vom Unendlichen aus und sucht aus ihm das Endliche zu begreifen, trotzdem er sich der „Forderung" des „verständigen Bewußtseins", das Unendliche im Endlichen und vom Endlichen aus anzugreifen, durchaus bewußt ist.

Es kann keinem Zweifel unterliegen, daß wir hier den der Hegelschen Methode entgegengesetzten Weg einzuschlagen haben. Es handelt sich hier um die Frage nach den wissenschaftlichen Elementen der Hegelschen Logik, die an einem Detailproblem, der Frage nach der Axiomatik der Logik überhaupt, demonstriert werden soll. Wir haben dabei selbstverständlich unseren Begriff von der Wissenschaft zugrunde zu legen. Und nicht den spekulativen Begriff der Vernunftwissenschaft. Für

[1] Hegel II. S. 16 f.

[2] Vgl. etwa Hegel II. S. 18, 41. V. S. 45.

uns aber ist auch die Philosophie — soweit sie Wissenschaft sein will — ihrer Methode nach eine Verstandeswissenschaft, die den Grundgesetzen einer formal-allgemeinen Logik unterliegt.

Wir werden also zu fragen haben: definieren die in der heutigen traditionellen Logik enthaltenen klassischen vier Axiome ebenfalls den Sinn des Hegelschen Denkens erschöpfend? Wenn nicht, fordert dann die Struktur des Hegelschen Denkens von uns eine Erweiterung der axiomatischen Definition des Sinnes des Denkens überhaupt? Und falls diese Frage zu bejahen sein wird, so werden wir schließlich darüber Rechenschaft abzulegen haben, warum Hegel diese Arbeit nicht selbst geleistet hat. —

— Noch in allerletzter Zeit hat man behauptet, daß Hegel von der traditionellen, aristotelischen Logik nur ein „Zerrbild" entworfen habe, und daß sein Denken „von allem, was auch nur irgendwie an eine aristotelische Logik angeschlossen werden kann, so himmelweit entfernt und verschieden (ist), daß es für den Aristoteliker überhaupt nicht zugänglich ist."[1] Ein solches Urteil ist vielleicht nicht ganz so befremdlich, als es manchem scheinen mag. Denn in der Tat nimmt Hegel der von Aristoteles begründeten traditionellen Logik gegenüber eine Stellung ein wie kein anderer Denker je zuvor. An Kritikern hat es der traditionellen Logik in ihrer Geschichte ja keineswegs gefehlt. Wie anders beurteilt etwa Petrus Ramus diese Logik als Zabarella oder Chr. Wolff! Aber allen Kritikern wie Anhängern ist doch das eine gemeinsam, mögen sie auch von der ursprünglichen aristotelischen Gestalt der Logik keinen Baustein auf dem andern lassen wollen, oder mögen sie umgekehrt sich mit sklavischer Treue an ihr großes Vorbild halten, keiner von ihnen bezweifelt oder macht sich auch nur Gedanken über das Grundproblem dieser Logik überhaupt. Wie anders zwar denken sich Leibniz oder Bolzano die Ausführung der Logik als die Stoa oder Alexander von Aphrodias. Und doch gibt es keinen besseren Beweis für die rührende Eintracht und Geistesverwandschaft zwischen allen vorhegelschen und nachhegelschen Logikern, als ihre „prinzipiellen" Gegensätze und

---

[1] Heinr. Scholz, Geschichte der Logik, S. 18, vgl. auch S. 11 f.

heftigsten Polemiken. Denn sie beweisen nur wie innig alle Streitenden an das Sosein des Problems glauben, über das sie streiten, wie einig sie sich über das spezifische Recht der Fragestellungen sind, über die sie sich entzweit haben. Und betrachtet man die gesamte Geschichte der abendländischen Logik, so wirkt sie durchaus homogen — vorausgesetzt, daß man dabei Hegel eleminiert hat.

Mit Hegel aber verhält es sich so. Er bestreitet entschieden die stillschweigende Grundvoraussetzung der Geschichte der abendländischen Logik. Alle Logik seit Aristoteles tritt mit dem nie ernstlich erörterten oder gar bezweifelten Anspruch auf, daß durch sie der Sinn des Denkens überhaupt erschöpfend definiert werde, oder doch wenigstens durch entsprechende Erweiterungen innerhalb des vorgegebenen Rahmens erschöpfend bestimmt werden könne. Kurz gesagt: die Idee der von Aristoteles konzipierten Logik ist die Idee des Denkens überhaupt.

Bereits bei Kant ist mit dem Gedanken der Transzendentalphilosophie diese Voraussetzung erschüttert, aber so groß war die Macht des Gedankens, daß das traditionelle logische System die Idee des Denkens überhaupt repräsentiere, daß Kant sich niemals von der Leibniz-Wolff'schen Logik emanzipiert hat. Lieber schuf er das Zwittergebilde einer transzendentalen Logik, als daß er gewagt hätte, die universale Geltung der traditionellen Logik selbst anzuzweifeln. Seiner Problematik nach steht Kant faktisch bereits jenseits der aristotelischen Logik, aber er weiß das nicht. Erst Hegel weiß es, und das kantische Erbe in ihm ist es, das ihn gegen die Logik des Aristoteles Front machen läßt. Die traditionelle Logik ist nur das Verstehen der begrifflosen Gestalt. Sie ist darum „einseitig". In Wahrheit ist vielmehr „der Begriff das Verstehen seiner selbst und der begrifflosen Gestalt."[1] Die traditionelle Logik ist also durch eine Logik zu ergänzen, in der der Begriff nicht „begrifflose Gestalten", sondern „sich selbst" versteht, d. h. „Denken des Denkens" ist. Diese Ergänzung — im Sinne einer zweiten (nicht-abstrakt) formalen Logik — aber hat Hegel nicht vorgenommen. Die beiden Seiten des Logischen überhaupt,

---

[1] Hegel V. S. 21. Das «und» ist von uns gesperrt.

jede für sich allein genommen, interessieren ihn nicht. Er will das konkrete geistige Leben, das stets beide Seiten vereinigt, begreifen. Jede Seite für sich „ist bloße Reflexion". Diese Tendenz, die die logische Analyse seiner Werke so mühsam macht, beherrscht schon seine Jugendschriften. Was ihn in seinen frühesten religionsgeschichtlichen Schriften bewegt, ist das Problem des Zusammenbestehens von subjektiver und objektiver Religion als geistiger Wirklichkeit. Religion als Innerlichkeit — als Verstehen seiner selbst — und Religion als Aeußerlichkeit — als Verstehen der begrifflosen positiven Gestalt — werden von ihm nie getrennt betrachtet, sondern stets nur im lebendigen Zusammenhang miteinander. Höchst charakteristisch dafür ist eine Bemerkung über das Johannes-Evangelium. Es heißt dort:[1] „Der Anfang des Evangeliums des Johannes enthält eine Reihe thetischer Sätze, die in eigentlicherer Sprache über Gott und Göttliches sich ausdrücken; es ist die einfachste Reflexionssprache zu sagen: Im Anfang war der Logos, der Logos war bei Gott, und Gott war der Logos, in ihm war Leben. Aber diese Sätze haben nur den täuschenden Schein von Urteilen, denn die Prädikate sind nicht Begriffe, Allgemeines, wie der Ausdruck einer Reflexion in Urteilen notwendig enthält; sondern die Prädikate sind selbst wieder Seiendes, Lebendiges; auch diese einfache Reflexion ist nicht geschickt, das Geistige mit Geist auszudrücken... weil unmittelbar jedes über Göttliches in Form der Reflexion Ausgedrückte widersinnig ist, und die ganze passive, geistlose Aufnahme desselben, nicht nur den tieferen Geist leer läßt, sondern auch den Verstand, der es aufnimmt, und dem es Widerspruch ist, darum zerrüttet.." Hier ist die methodische Grundlage der späteren Logiken bereits im Prinzip fertig.[2] Das konkrete Wesen des Geistes ist der Reflexionsphilosophie, dem Verstande unerreichbar, also — und das ist die Konsequenz aller späteren Systeme — darf das philosophische Wissen nicht in der Form des Verstandesdenkens sich ausdrücken.

Dieser Gesichtspunkt erschwert die Darstellung dessen, was Hegel als den Sinn der traditionellen Logik und ihrer Axiome

---

[1] „Nohl", S. 306.

[2] Derselben Meinung ist auch Lasson. Siehe Hegel XVIII. S. XXXIII.

angesehen hat, aufs äußerste. Denn Hegel setzt infolgedessen der traditionellen Logik nicht jene ebenso einseitige Form des Denkens gegenüber, die wir erst suchen, und mit dem uns bekannten traditionellen Typ konfrontieren wollen, sondern er beleuchtet die traditionelle Logik vom Standpunkt der Verschmelzung zweier logischer Reflexionstypen aus. Nämlich aus der Einheit der objektiven (von der traditionellen Logik definierten) und der subjektiven (von jener Logik nicht definierten) Momente des Denkens. (Wie diese Einheit zu denken ist, wird in dem Kapitel «das Problem der Thematik und der Begriff der Vermittlung» näher ausgeführt. Hier nur soviel: Diese Einheit ist das, was Hegel die „dritte Stellung des Gedankens zur Objektivität" nennt.) Diesen dritten Standpunkt nennt Hegel „das absolute Wissen".

Uns ist es völlig unmöglich, diesen Standpunkt einzunehmen. Das war bereits erwähnt, wird aber erst hier voll ersichtlich. Denn jener Standpunkt des Absoluten enthält als Momente zwei Reflexionsweisen des Verstandes. Uns ist aber nur e i n e solche bekannt. Die sogenannte traditionelle Logik. Die andere ist uns vorläufig ein unbekanntes X. Mit dieser Unbekannten ist der Hegelsche Standpunkt für uns belastet. Von diesem doppelseitigen, absoluten Standpunkt aus aber führt Hegel seine Auseinandersetzung mit der traditionellen Logik. Infolgedessen richtet sich seine Polemik nicht nur gegen das traditionelle logische Denken allein, sondern überhaupt gegen die Einseitigkeit des Verstandes, also auch gegen jede andere ebenso einseitige Form des reinen reflexionsmäßigen Denkens. Und wir werden uns hüten müssen, Ausführungen Hegels als Charakteristik der traditionellen Logik anzusprechen, während sie in Wirklichkeit alles einseitige, reflexionsmäßige Denken umschreiben wollen.

Das zwingt uns zu einem grundsätzlichen Abweichen von Hegels Darstellungsweise. Wir betrachten hier die traditionelle Logik nicht vom Standpunkt des Absoluten aus.[1] Folglich muß

---

[1] Die bedenkliche Folge des Standpunktes von Hegel ist, daß sich „schließlich die beiden Gesichtspunkte des rein Logischen und der konkreten Geistigkeit nicht hinreichend auseinander" halten lassen. Lasson, Hegel III. S. XCV. Diese beiden Standpunkte aber wollen wir hier absolut voneinander sondern.

vieles, was Hegel sagt, von uns unbeachtet gelassen werden. Wir fragen nur: ist die traditionelle Logik die einzige mögliche Reflexionsform des Denkens, oder hat Hegel recht, der sie als einseitige Reflexion kennzeichnet? Denn dann muß das abstrakte Denken noch andere Reflexionsweisen enthalten. Mindestens noch eine! Oder gar eine beliebige Vielzahl?

Welches ist nun nach Hegel der letzte Sinn des durch die traditionelle Logik geregelten Denkens, und damit der Sinn dieser Logik selbst? —

Die Denkformen der traditionellen Logik dienen „zur näheren Bestimmung und Findung der gegenständlichen Verhältnisse, wobei aber Gehalt und Zweck, die Richtigkeit und Wahrheit des sich einmischenden Denkens ganz von dem Vorhandenen selbst abhängig gemacht ist und den Denkbestimmungen für sich keine inhaltsbestimmende Wirksamkeit zugeschrieben wird."[1] Infolgedessen sind sie „äußere Formen", die nur „an dem Gehalt, nicht der Gehalt selbst" sind.[2] Weil nun das Denken auf diese Weise „die bloße Form einer Erkenntnis" ausmacht, muß ihm der Denkinhalt grundsätzlich als ein Anderes, ein Fremdes gegeben sein. So beruht der „bisherige Begriff der Logik... auf der im gewöhnlichen Bewußtsein ein für allemal vorausgesetzten Trennung des Inhalts der Erkenntnis und der Form desselben, oder der Wahrheit und der Gewißheit. Es wird erstens vorausgesetzt, daß der Stoff des Erkennens als eine fertige Welt außerhalb des Denkens an und für sich vorhanden, daß das Denken für sich leer sei, als eine Form äußerlich zu jener Materie hinzutrete, sich damit erfülle, erst dann einen Inhalt gewinne und dadurch ein reales Erkennen werde.

„Alsdann stehen diese beiden Bestandteile, — denn sie sollen das Verhältnis von Bestandteilen haben... — in dieser Rangordnung gegeneinander, daß das Objekt ein für sich Vollendetes, Fertiges sei, das des Denkens zu seiner Wirklichkeit vollkommen entbehren könne, da hingegen das Denken etwas Mangelhaftes sei, das sich erst an einem Stoffe zu vervollständigen, und zwar als eine weiche unbestimmte Form sich seiner

---

[1] Hegel III. S. 13.

[2] Hegel III. S. 15.

Materie angemessen zu machen habe. Wahrheit ist die Uebereinstimmung des Denkens mit dem Gegenstande, und es soll, um diese Uebereinstimmung hervorzubringen, — denn sie ist nicht an und für sich vorhanden, — das Denken nach dem Gegenstande sich fügen und bequemen.

„Drittens, indem die Verschiedenheit der Materie und der Form, des Gegenstandes und des Denkens, nicht in jener neblichten Unbestimmtheit gelassen, sondern bestimmter genommen wird, so ist jede eine von der andern geschiedene Sphäre. Das Denken kommt daher in seinem Empfangen und Formieren des Stoffs nicht über sich hinaus, sein Empfangen und sich nach ihm Bequemen bleibt eine Modifikation seiner selbst, es wird dadurch nicht zu seinem Anderen; und das selbstbewußte Bestimmen gehört ohnedies nur ihm an; es kommt also auch in seiner Beziehung auf den Gegenstand nicht aus sich heraus zu dem Gegenstande: dieser bleibt, als ein Ding an sich, schlechthin ein Jenseits des Denkens."[1]

Wir haben diesen Abschnitt aus der Einleitung der Großen Logik in voller Ausführlichkeit hierhergesetzt, weil er vielleicht die charakteristischste und präsiseste Formulierung dessen vorstellt, was Hegel unter dem bisherigen Begriff der Logik verstand und selbst als wesentlich ansah. Drei Hauptcharakteristika sind nach ihm für das Wesen der traditionellen Logik und ihren Anspruch, den Sinn alles theoretischen Denkens zu definieren, entscheidend.

Die erste Konsequenz aus der Tatsache, daß man in der traditionellen Logik die explicite Definition des Denkens schlechthin sah, erblickt er in der Trennung des objektiven Momentes der Allgemeingültigkeit von seinem subjektiven, dem der Gewißheit.[2]

---

[1] Hegel III. S. 24 f.

[2] Die kantische Lösung dieses Problems, laut der die (subjektive) synthetische Einheit des Selbstbewußtseins selbst objektiv ist, ist für Hegel nicht annehmbar. Den Grund dafür können wir hier zwar anführen — das Ich enthüllt sich bei Kant als ein völlig leeres — verstehen aber können wir ihn erst auf einer späteren Stufe Hegelscher Gedanken. Vgl. Hegel II S. 176. „Das Selbstbewußtsein ist.. alle Realität erst dadurch, daß es dieses Realität wird oder vielmehr sich als solche erweist". Und weiter S. 182. „... die Gewißheit alle Realität zu sein, ist sie (die Ver-

Das ist so zu verstehen: Auf dem Boden der traditionellen Logik trennt sich die Geltung eines Begriffes für alle unter ihn fallenden Objekte (interobjektive Allgemeingültigkeit) scharf von der Geltung des Begriffes für alle ihn denkenden Subjekte (intersubjektive Allgemeinheit, resp. Gewißheit). Daß es auf dem Boden dieser Logik nicht begreiflich zu machen geht, wie diese beiden Momente in der Einheit des Denkens aufeinander bezogen sind, darin liegt ein Motiv, das Kant zur Schaffung der Transzendental-Logik geführt hat. Wie weit die Kantische Logik mit dem obigen Problem fertig wird, darüber später. —

Hegel jedenfalls sieht den Mangel der traditionellen Logik ungefähr so: Die alte Logik repräsentiert die Verfassung des „unglücklichen Bewußtseins", denn indem die Wahrheit aller Realität als objektive Transzendenz gesetzt wird, hat das Denken „sein unmittelbares Selbstbewußtsein zu einem Dinge, zu einem gegenständlichen Sein gemacht..."[1] D. h. auch das Ich, das die subjektive Gewißheit der interobjektiven Allgemeingültigkeit hat, ist nur und ausschließlich Objekt (Ding) unter anderen Objekten. Dieses ausschließliche Objekt-sein ist die „Wahrheit" seiner Realität. Da aber die subjektive Gewißheit als solche immer subjektiv bleibt und nie als solche objektiviert werden kann, ist nicht zu verstehen, wie ihre subjektive „Wahrheit" mit jenem Ich, welches als wahres ein echtes Objekt ist, identifiziert werden kann. Der Versuch, das Ich mit dem objektiven Momente der Allgemeingültigkeit zusammenzubringen, raubt also der subjektiven Gewißheit den Boden des Selbstbewußtseins. (Denn das Ich „ist" dann selber nur objektives Moment der Allgemeinheit). Der umgekehrte Versuch aber, nämlich das Zusammenschmelzen von subjektiver Gewißheit und Ich, macht den Abgrund, auf dessen anderer Seite das steht, was die traditionelle Logik als die Wahrheit aller Realität bezeichnet, (nämlich die Objektivität der Allgemeingültigkeit) unüberbrückbar. Die Wahrheit der Objektivität und die um Wahrheit wissende Subjektivität sind auf ewig getrennt.

nunft) in diesem Begriffe sich bewußt, als Gewißheit, als Ich noch nicht die Realität in Wahrheit zu sein, und ist getrieben, ihre Gewißheit zur Wahrheit zu erheben und das leere Mein zu erfüllen".

[1] Hegel II. S. 170.

Die Lösung sieht Hegel darin, daß auch die objektiven Momente, gerade als objektive, erst subjektiv begriffen werden müssen. Objektivität und Subjektivität im Begriff sind nur variable Werte eines Korrelationsverhältnisses. Keinesfalls aber absolute Gegensätze. „Untersuchen wir die Wahrheit des Wissens, so scheint es, wir untersuchen, was es an sich ist. Allein in dieser Untersuchung ist es unser Gegenstand, es ist für uns; und das Ansich desselben, welches sich ergäbe, wäre so vielmehr sein Sein für uns; was wir als sein Wesen behaupten würden, wäre vielmehr nicht seine Wahrheit, sondern nur unser Wissen von ihm. Das Wesen oder der Maßstab fiele in uns, und dasjenige, was mit ihm verglichen, und über welches durch diese Vergleichung entschieden werden sollte, hätte ihn nicht notwendig anzuerkennen."

„Aber", so fährt Hegel fort, „die Natur des Gegenstandes, den wir untersuchen, überhebt dieser Trennung oder dieses Scheins von Trennung und Voraussetzung. Das Bewußtsein gibt seinen Maßstab an ihm selbst, und die Untersuchung wird dadurch eine Vergleichung seiner mit sich selbst sein; denn die Unterscheidung, welche selber gemacht worden ist, fällt in es. Es ist in ihm eines für ein anderes; oder es hat überhaupt die Bestimmtheit des Momentes des Wissens an ihm; zugleich ist ihm dies andere nicht nur für es, sondern auch außer dieser Beziehung oder an sich: das Moment der Wahrheit. An dem also, was das Bewußtsein innerhalb seiner für das Ansich oder das Wahre erklärt, haben wir den Maßstab, den es selbst aufstellt, sein Wissen daran zu messen."[1]

Eine Interpretation, wie im einzelnen sich Hegel den korrelativen Zusammenhang der objektiven und subjektiven Wahrheitsmomente denkt, wäre in diesem Stadium der Untersuchung sehr verfrüht. Aber wir wollen wenigstens auf den Passus: „die Untersuchung wird... eine Vergleichung seiner mit sich selbst sein", hinweisen. Er setzt voraus, daß Hegel das Denken nicht für einheitlich strukturiert hält, es sich vielleicht in Schichten gelagert denkt, in denen jeweilig eine andere Methodik des Denkens gilt. Die übergreifende (allgemeinere) Struktur begründet dann die Wahrheit der niederen Denktätigkeit.

---

[1] Hegel II. S. 71.

Das ist im Grunde ein Ansatz zu einer subjektivistischen Begründung der Allgemeingültigkeit. Das tiefer Subjektive ist allgemeiner als das weniger subjektive (und darum relativ objektive). Das Apriori, auf dem die Allgemeingültigkeit beruht, wird, weil es objektiv ist, und deshalb immer noch (subjektiv) tiefer und allgemeiner zu jeder vorgegebenen Begründung begründet werden kann, selbst flüssig und wandelbar. „Die Gedanken werden flüssig, indem das reine Denken, diese innere Unmittelbarkeit, sich als Moment erkennt, oder indem die reine Gewißheit seiner selbst von sich abstrahiert, — nicht sich wegläßt, auf die Seite setzt, sondern das Fixe ihres Sichselbstsetzens aufgibt, sowohl das Fixe des reinen Konkreten, welches Ich selbst im Gegensatze gegen unterschiedenen Inhalt ist, als das Fixe von Unterschiedenen, die im Elemente des reinen Denkens gesetzt, an jener Unbedingtheit des Ichs Anteil haben."[1]

Aus dieser „Flüssigkeit" der Subjektivität ergibt sich nun, daß der einzelne Begriff, nichts „Festes" ist, nicht absoluter „Grund" ist, keine absolute Wahrheit haben kann. Jeder „Grund", jedes „Feste" ist immer ein „Vorausgesetztes" für einen noch tiefer im Subjektiven verankerten Grund. Innerhalb einer Reflexionslogik mit festen Begriffen kann es deshalb keine „Wahrheit", sondern nur „Richtigkeit" geben. Dementsprechend sind die Urteile, die im Herrschaftsbereich der formalen Logik gefällt werden, keine „wahren" Urteile. Denn wahre Urteile sind solche, in denen jene Distanz zwischen subjektiver Gewißheit und objektiver Seite der Allgemeingültigkeit, zwischen Fixheit der Bestimmung und Flüssigkeit des Grundes geschwunden ist. Wie das überhaupt möglich ist, soll hier noch unerörtert bleiben. Lediglich das sei festgestellt, daß Hegel den Urteilen der traditionellen Logik nur „Richtigkeit" zuschreibt. „Es ist eines der wesentlichsten logischen Vorurteile", so schreibt er, „daß solche qualitativen Urteile, wie: die Rose ist rot, oder ist nicht rot, Wahrheit enthalten können. Richtig können sie sein, d. i. in dem beschränkten Kreise der Wahrnehmung, des endlichen Vorstellens und Denkens; dies hängt von dem Inhalte ab, der ebenso ein endlicher, für sich unwahrer ist. Aber die Wahrheit beruht nur auf der Form; d. i. dem gesetzten Begriffe und der

---

[1] Hegel II. S. 31.

ihm entsprechenden Realität; solche Wahrheit aber ist im qualitativen Urteile nicht vorhanden."[1] D. h. solange Urteil und Urteilsobjekt sich nicht „decken", weil letzteres transzendent bleibt, also vom Urteil nicht umgriffen wird, ist die Gültigkeit des Urteils nicht notwendig, sondern bloß zufällig. Reine Faktizität.[2]

Jene Trennung von Objektivität und Subjektivität im Allgemeinen hängt auf das engste mit dem zweiten Charakteristikum der traditionellen Logik zusammen. Ihr Gegenstand ist, wie Hegel sagt, ein „Jenseits des Denkens".[3] Denn da die Begriffe Form für ein Anderes sein sollen, das durch sie bestimmt wird, muß ein Unbestimmtes vorausgesetzt werden. „So fällt alle Bestimmung außerhalb desselben in eine ihm fremde Reflexion, gegen welche es gleichgültig ist."[4] Für die traditionelle Logik ist der noch formlose Inhalt des Denkens, „nichts anderes als die leere Abstraktion von aller Bestimmtheit", und es ist deshalb

---

[1] Hegel V. S. 166.

[2] Hegel V. S. 98 „... weil nicht die Natur des Inhalts, sondern das Faktum des Bewußtseins als das Kriterium der Wahrheit aufgestellt wird..."

[3] Besser als aus allen direkten Aeußerungen über das Ding an sich, welche meist durch den „absoluten" Standpunkt verschleiert sind, geht das aus III, S. 277 hervor. „Die Mathematik vermag überhaupt nicht Größenbestimmungen der Physik zu beweisen, insofern sie Gesetze sind, welche die qualitative Natur der Momente zum Grunde haben; aus dem einfachen Grunde weil diese Wissenschaft nicht Philosophie ist, nicht vom Begriffe ausgeht, und das Qualitative daher, insofern es nicht lemmatischerweise aus der Erfahrung aufgenommen wird, außer ihrer Sphäre liegt". Dieser Satz scheint sinnvoll nur so zu interpretieren sein: Soweit die Mathematik auf die Physik angewandt wird, unterliegt sie den Gesetzen der traditionellen Logik, für welche das Qualitative (hegelisch), Sein, Dasein, Ansichsein, wie es in der Physik erforscht wird, ein ewig Transzendentes, absolut Objektives ist. Die Verhältnisse dieses Qualitativen sind bloße Faktizität, und darum niemals aus mathematischen Ueberlegungen deduzierbar. Anders aber die Philosophie, sie ist nicht von der traditionellen Logik abhängig, sie hat also nicht die qualitativen Bestimmtheiten zu ihrem letzten „Grunde", über welche sie nicht mehr hinausgehen kann. Ihr „Grund" ist der Begriff. Insofern unterscheidet sie sich von den positiven Wissenschaften, denn diese können infolge der Transzendenz ihres Gegenstandes seine von ihnen transzendent gemeinten Bestimmungen nur empirisch begreifen.

[4] Hegel IV. S. 111.

nur konsequent, wenn Kant jenes unbestimmte X, welches in den Denkformen gedacht wird und das ihnen ewig transzendent bleibt, als ein Ding an sich bezeichnet hat, „von dem man", wie Hegel ironisch bemerkt, „allerdings nichts wissen kann."[1] Es ist also der traditionellen Logik „um ein Denken über Etwas, das für sich außer dem Denken zugrunde" liegt, zu tun. Das Ding an sich ist damit die Grundvoraussetzung der traditionellen Logik. Die traditionelle Logik erhält erst durch die Voraussetzung, daß es transzendente Gegenstände gibt, ihren Sinn. Sie ist ausgesprochene Logik des Seins.[2] Insofern werden Begriff, Urteil, Schluß, Definition usw. nicht als Formen des selbstbewußten Denkens aufgefaßt, sondern als Formen des „gegenständlichen Verstandes".

Infolgedessen haben alle Sätze der traditionellen Logik die Eigenschaft, „das Sein, alles Etwas zum Subjekte zu haben". Und zwar in dem Sinne, daß sie die Reflexionsbestimmungen von dem Etwas als eine Qualität aussprechen und damit sagen wollen, „daß Etwas als Subjekt in einer solchen Qualität bleibe als seiendes..."[3] Gemäß einer solchen Betrachtungsweise „werden daher Subjekt und Prädikat", so fährt Hegel später in der „subjektiven" Logik fort, „jedes als außer dem andern für sich fertig, betrachtet; das Subjekt als ein Gegenstand, der auch wäre, wenn er dieses Prädikat nicht hätte; das Prädikat als eine allgemeine Bestimmung, die auch wäre, wenn sie diesem Subjekte nicht zukäme. Mit dem Urteilen ist hernach die Reflexion verbunden, ob dieses oder jenes Prädikat, das im Kopfe ist, dem Gegenstande, der draußen für sich ist, beigelegt werden könne und solle; das Urteilen selbst besteht darin, daß erst durch dasselbe ein Prädikat mit dem Subjekte verbunden wird, so daß, wenn diese Verbindung nicht stattfände, Subjekt und Prädikat, jedes für sich doch bliebe,

---

[1] Hegel III. S. 31.

[2] Vgl. Lasson, Hegel III. S. XLII. Bes. Alois Riehl, Der philos. Kritizismus III. vgl. den Beginn des 1. Kap. des 2. Buches: „Die Bedeutung alles Erkennens beruht auf der Ueberzeugung, daß wir durch dasselbe eine an sich vorhandene Ordnung der Dinge entdecken können". „Der Realismus ist das Fundament selbst der Logik.."

[3] Hegel IV. S. 25.

was es ist, jenes ein existierender Gegenstand, dieses eine Vorstellung im Kopfe."[1]

Weil die Begriffe ihre „Grenze" stets an einem Anderen haben, das nicht selbst Begriff ist, sind die Formen der traditionellen Logik Formen des endlichen Denkens, und ihr Gegenstand ist ebenfalls nur als endlicher zu begreifen. Ihr Gegenstand ist das Sein für sich. Und „das Sein für sich, ... ist das sinnliche endliche Sein der Welt."[2] Es liegt nach Hegel im Wesen des Gegenstandes, daß er stets ein endlicher ist, weil er an dem reflektierenden Bewußtsein, das ihn begreift, seine Schranken hat. So ist auch die Welt, wenn sie als seiende begriffen werden soll, immer nur als endliche zu verstehen. In dieser Hinsicht bedingen sich Begriff und Material gegenseitig. So wie das Material des Begreifens an dem Begriff seine Schranke hat, so geht es auch umgekehrt den logischen Formen. „Denn so als bloße Formen, als verschieden von dem Inhalt, werden sie in einer Bestimmung stehend angenommen, die sie zu endlichen stempelt und die Wahrheit, die in sich unendlich ist, zu fassen unfähig macht."[3]

Dieser Gedanke, daß die traditionelle Logik ausschließlich eine Logik endlicher Bestimmungen ist, ist von Hegel sehr ernst gemeint. Und sehr wichtig ist, daß er die Endlichkeit beider Seiten des Grundverhältnisses dieser Logik betont. Denn solange er nur von der endlichen Form des Begriffes spricht, bleibt noch die Möglichkeit eine Unendlichkeit des Materials anzunehmen, dessen der Begriff nur nicht mächtig werden kann. Damit wäre zwar bereits die Möglichkeit ausgeschlossen, diese Logik als zureichend für die Probleme der „konkreten" Unendlichkeit anzusehen, aber sie könnte noch immer ein brauchbares Werkzeug für das Denken sein, das sich in der Sphäre der „schlechten" Unendlichkeit bewegt. Aber auch diese Möglichkeit wird dadurch abgeschnitten, daß diese Logik ihren Gegenstand selbst nur als endlichen versteht, daß es für sie sozusagen zum Sinne des Gegenstandes selbst gehört, endlich zu sein. So ist auch ihr Material nur als endliches zu begreifen, und die traditionelle

---

[1] Hegel IV. S. 267.

[2] Hegel V. S. 97. Siehe auch S. 64, 80, 85.

[3] Hegel III. S. 17.

Logik ist nach Hegel nicht einmal eine Logik der schlechten Unendlichkeit.

(Das ist besonders interessant, seit sich in der Gegenwart die Erkenntnis Bahn bricht, daß mathematische Existentialaussagen, angewandt auf unendliche Bereiche, dem durch die klassische Logik definierten Sinn des Denkens unter bestimmten Umständen widersprechen.) —

Von den drei Gesichtspunkten, unter denen Hegel den „bisherigen Begriff der Logik" betrachtet, haben wir damit zwei kurz skizziert. Der dritte Gesichtspunkt war der (vgl. S. 68 ff), daß das Denken dadurch, daß es den Gegensatz von Denkgegenstand und Denken selbst nicht in einer „neblichten Unbestimmtheit" gelassen hat, sondern ihn in einem präzisen Sinne thematisiert, in seinem Empfangen und Formieren des Stoffes nicht über sich hinauskommt. „Sein Empfangen und sich nach ihm Bequemen bleibt eine Modifikation seiner selbst, es wird dadurch nicht zu seinem Anderen; und das selbstbewußte Bestimmen gehört ohnedies nur ihm an..."[1]

Dieser Gedanke (bezw. die in ihm enthaltene Kritik) ist vielleicht der fruchtbarste. Er ist es, der eigentlich die Alleinherrschaft der traditionellen Logik für Hegel gebrochen hat. Und weil er damit zu etwas ganz Neuem auf dem Gebiete der formalen Logik geführt hat, werden wir ihn erst erörtern, wenn wir die Stellungen des Gedankens zur Objektivität darzustellen haben. Die „zweite Stellung" ist es, in der Hegel diesen Gedankenkomplex näher ausführt. Jetzt haben wir erst die Skizze zu vollenden, die Hegels Auffassung der traditionellen Logik anschaulich machen soll. Dieser Skizze fehlt vorläufig noch das Wesentlichste: Hegels Verhältnis zur klassischen Axiomatik.

---

[1] Hegel III. S. 25.

II. KAPITEL

DIE KLASSISCHE AXIOMATIK IN DER DIALEKTIK DES ABSOLUTEN

Die Axiome der traditionellen Logik haben bei Hegel eine sehr dürftige Behandlung gefunden. Er handelt sie eigentlich nur anmerkungsweise ab, um sofort zu Interessanterem, den dialektischen Momenten, Identität, Entgegensetzung, Grund, überzugehen. Aber gerade durch diese Art der Behandlung der Axiome werden seine knappen Bemerkungen über dieselben aufschlußreich; denn da ihn ihr Gesetzescharakter, also ihre Funktion als Kanon des Denkens überhaupt nicht beschäftigt, werden seine Erörterungen unwillkürlich zu einer Sinnanalyse dieser Axiome. Hegel fragt: welchen Sinn hat das Denken, wenn es sich selbst im Moment der Identität oder z. B. des Grundes denkt? In dieser Fragestellung verschwindet gleichsam der allgemeine Gesetzescharakter dieser Denkgesetze von selbst. Denn wenn diese Axiome einen bestimmten Sinn des Denkens für das auf sich selbst reflektierende Denken repräsentieren[1], so ist doch jedenfalls dieser Sinn im ganzen universalen und unendlichen Sinnzusammenhang des auf sich selbst reflektierenden Denkens ein besonderer Sinn neben anderen Sinnmomenten. Zwar ist jeder Sinn in sich allgemein, aber diese Allgemeinheit ist eben als Sinnhaftigkeit eine besondere, andere Sinnmomente können unter sie nicht subsumiert werden und so verlieren die alten Axiome im Zusammenhang der Hegelschen Logik ihren gesetzlichen Charakter. Zwar befähigt sie ihr In-sich-allgemein-sein allgemein für Anderes zu sein, aber eben nur für Anderes, das selbst

[1] „Die Reflexionsbestimmung... hat zu (ihrem) Grunde das Reflektiertsein in sich selbst". Hegel IV. S. 21.

nicht in sich allgemein ist. Das ist das „sinnlich endliche Sein der Welt". Dieser Allgemeinheitscharakter in sich selbst aber kommt allen anderen Sinnmomenten des Denkens ebenso zu und es ist deshalb „zunächst nicht abzusehen, warum nur diese einfachen Bestimmungen der Reflexion in diese besondere Form gefaßt werden sollen und nicht auch die andern (nicht-qualitativen) Kategorien..."[1] Vom Standpunkt einer Logik des Absoluten ist es in der Tat so, daß entweder alle Sinnmomente des Denkens axiomatische Bedeutung haben müssen, oder keine. Unmöglich ist es aber, besondere Momente in dieser Weise auszuzeichnen und andere nicht. Denn dann widersprechen sie einander. „Die mehreren Sätze, die als absolute Denkgesetze aufgestellt werden, sind daher, näher betrachtet, einander entgegengesetzt, sie widersprechen einander und heben sich gegenseitig auf."[2] Damit ist der axiomatische Charakter von Identität, Widerspruch usw. für die Logik des Absoluten von Hegel abgelehnt.[3]

Indeß: Hegel verkennt trotzdem nicht, daß es keine bloße Zufälligkeit war, daß gerade diejenigen Momente des Denkens, die auch in seiner „Logik" als Identität, Widerspruch usw. wiederkehren, in der traditionellen Logik eine besondere Rolle als Axiome spielen. Aber warum gerade diese und nicht andere? Warum sind „die Sätze z. B. Alles ist, alles hat ein Dasein usf. oder alles hat eine Qualität, Quantität usw." keine Axiome? „Denn Sein, Dasein usf. sind als logische Bestimmungen überhaupt Prädikate von allem". „Aber eine Bestimmtheit des Sein", so antwortet Hegel, „ist wesentlich ein Uebergehen ins Entgegengesetzte; die negative einer Bestimmtheit ist so notwendig als sie selbst; als unmittelbaren Bestimmtheiten steht jeder die andere unmittelbar gegenüber. Wenn diese Kategorien daher in solche Sätze (Axiome) gefaßt werden, so

[1] Hegel IV. S. 24. «nicht-qualitativ» ist von uns des besseren Verständnisses halber eingefügt worden. Für die Berechtigung der Einschiebung vgl. den ersten Satz des letzten Abs. S. 24. — Der Gedankengang Hegels ist auf diesen Seiten seltsam kompliziert, weil er sich einerseits gegen die Berechtigung weiterer Axiome der Abstraktionslogik, zugleich aber überhaupt gegen die Berechtigung von Axiomen in der Logik des Absoluten wendet und beide Argumentationsreihen durcheinanderbringt.

[2] Hegel IV. S. 25.

[3] Vgl. auch Hegel V. S. 132 f. XVIII a S. 136.

kommen ebensosehr die entgegengesetzten Sätze zum Vorschein; beide bieten sich mit gleicher Notwendigkeit dar und haben als unmittelbare Behauptungen wenigstens gleiches Recht. Der eine erfordert dadurch einen Beweis gegen den andern, und diesen Behauptungen könnte daher nicht mehr der Charakter von unmittelbar wahren und unwidersprechlichen Sätzen des Denkens zukommen."[1] Ganz anders aber verhält es sich mit Identität, Widerspruch usw. Diese Momente des Denkens treten als Reflexionsbestimmungen auf. Der eben als Axiome abgelehnte Typus von Sätzen war durchweg qualitativer und quantitativer Art. „Die Reflexionsbestimmungen dagegen sind nicht von qualitativer (und quantitativer) Art. Sie sind sich auf sich beziehende und damit der Bestimmtheit gegen anderes zugleich entnommene Bestimmungen."[2]

Um diesen Gedankengang zu übersehen, müssen wir uns vergegenwärtigen, an welcher Stelle der Logik er steht. Die Große Logik ist — wenn wir von der in diesem Zusammenhang leicht irreführenden Einteilung in „objektive" und „subjektive" Logik absehen wollen — in drei Bücher gegliedert. Das erste Buch enthält die „Lehre vom Sein", das zweite betitelt sich „Das Wesen", und das dritte Buch ist der Lehre vom „Begriff" gewidmet. Die Erörterung über die Axiome steht eingangs des zweiten Buches.[3] Das festzustellen ist deshalb wichtig, weil die

---

[1] Hegel IV. S. 24.

[2] Hegel IV. S. 24. «Und quantitativer» mußte hier sinngemäß ergänzt werden. Hegel setzt hier nämlich die Reflexionsbestimmungen in ausdrücklichen Gegensatz gegen alle Bestimmungen des ersten Buches seiner Logik: der Lehre vom Sein. Diese begreift aber Qualität und Quantität in sich.

[3] Das entspricht genau der Einordnung der Axiomenfrage in die Logik der Enzyklopädie. Auch da beginnt die Erörterung mit dem zweiten Teil der Logik (V. S. 126 ff). Weniger durchsichtig ist die Stellung der parallelen Gedankengänge in der „Jenenser Logik". Man findet sie dort am Beginn des Abschnittes „Metaphysik" und man kann dort die Teilung nach drei systematischen Gesichtspunkten nur sehr gezwungen durchführen, weil sie der literarhistorischen Einteilung nicht entspricht. Analog den andern beiden Logiken, wäre etwa zu gliedern:

Lehre vom Sein = Logik I, II, III.
Lehre vom Wesen = Metaphysik I, II.
Lehre vom Begriff = Metaphysik III.

Die darauf folgende Naturphilosophie entspricht vollkommen der Natursystematische Valenz der Hegelschen Begriffe völlig von ihrem Ort im System abhängig ist.

Das Sein, von dem das erste Buch handelt, wird begriffen als seiende, resp. daseiende und fürsichseiende, Quantität und Qualität.[1] Es ist die Objektivität, wie sie als unmittelbar gedacht wird. Unmittelbar denken wir sie in unreflektierten Begriffen. Das sind Bestimmungen des „natürlichen Bewußtseins". Die Begriffe, die hier entwickelt werden, sind die Grundbegriffe der reinen Seinswissenschaften, denen „ihre Gegenstände als unmittelbar von der Vorstellung zugegeben" werden. So wie jene Begriffe aber in den Seinswissenschaften gebraucht werden, können sie noch nicht im philosophischen Sinne als „Begriffe" gelten, sondern werden, „insofern von ihnen gewußt wird, überhaupt Vorstellungen genannt" und können nur „als Metaphern der Gedanken und Begriffe angesehen werden."[2]

Der Unterschied zwischen „Vorstellung" und „Begriff" ist nach Hegel also ein methodischer. Bestimmungen eines naiven Objektivismus sind bloß „Vorstellungen". Aber diese „Vorstellungen" (Begriffe) sind „zufällig", trotzdem „der denkende Geist sogar nur durchs Vorstellen hindurch und auf dasselbe sich wendend zum denkenden Erkennen und Begreifen fortgeht." Indem aber der denkende Geist sich „die Gedanken selbst unvermischt zum Gegenstande" macht, begreift er ihre

---

philosophie der Enzyklopädie und braucht deshalb bei dieser Gliederung der „Jenenser Logik" nicht berücksichtigt zu werden. Acceptiert man aber für die „Jenenser Logik" obige systematische Ordnung, so findet man im Aufbau der letzteren die späteren Logiken inhaltlich bereits weitgehend antizipiert.

[1] Die äußere Einteilung Hegels entspricht hier nicht dem inneren Gedankengang. Der erste Abschnitt des Buches ist der Qualität gewidmet, der zweite hätte also die ganze Bestimmung der Quantität umfassen müssen. Hegel reißt aber die Ausführungen über die Quantität in zwei Abschnitte auseinander, sodaß das erste Buch unsymmetrischer Weise in drei Abschnitten sich aufbaut. Sachliche Motive, die uns beunruhigen könnten, stehen offenbar nicht dahinter. Eine Zweiteilung hätte eben das äußere Mißverhältnis mit sich gebracht, daß Teil 1 120 Seiten, Teil 2 aber ca. 220 Seiten enthalten hätte.

[2] Hegel V. S. 34.

Notwendigkeiten und hebt sie dadurch aus der Sphäre der zufälligen Vorstellung in die des Begriffs.[1]

Damit sind wir in der Lage, den methodischen Unterschied zwischen „Vorstellung" und „Begriff" zu ergänzen. Wir stellten bereits fest, daß „Vorstellung" der naiv objektivistische Gedanke sei. (Oder natürlich auch naiv objektivistische Interpretation eines Gefühls, resp. Fühlen, Begehren, Anschauen selber.[2]) Im „Begriff" im Hegelschen Sinne aber richtet sich das Denken nicht auf ein naiv — also echt — objektiv Gemeintes, sondern auf sich selbst. D. h. es wird jetzt nicht mehr echt Objektives, sondern es werden auf Objektives gerichtete (oder Objektives meinende) Gedanken gedacht. Das ist das Wesen des Begriffs im ersten Teil der Hegelschen Logik. Hier ist der Begriff bereits echter Begriff, denn er ist Reflexion. Freilich Reflexion auf echt objektiv Gemeintes. D. h. die von Hegel im ersten Teil der Logik gebildeten Begriffe haben das naiv objektivistische Denken zum Gegenstande und analysieren es. Indem sie aber nach dem Sinn dieses naiv objektivistischen Denkens fragen, sind schon hier die Hegelschen Begriffe selbst nicht mehr naiv objektivistisch. Das ist nur ihr Inhalt. So ist „das Sein" einfacher naiver Objektivismus. Die Hegelsche Logik selbst aber beginnt damit, nach dem Begriff des Seins — oder moderner formuliert: nach dem Sinn des Seins — zu fragen. Hegel reflektiert also hier auf den (subjektiven) Sinn des naiv objektiven Denkens. Das ist das Wesen seines „Begriffs" im ersten Teil der Logik. Damit ist der „Begriff" im Gegensatz zur methodisch echt objektivistisch orientierten „Vorstellung" in seinem reflektierten Objektivismus methodisch in Wirklichkeit subjektivistisch orientiert, denn er deutet das Objektive als bloß „Gesetztes". D. h. als einen intendierten Sinn. Indem sich der Geist „auf" die Bestimmtheit der Vorstellungen wendet, begreift er sie als „Innerlichkeit". Der Inhalt dieser Vorstellungen aber ist einfache transzendente Faktizität. —

---

[1] Hegel V. S. 31 ff.

[2] Ueber die „Vorstellung" als Begriff in unserem Sinne: vgl. II. S. 47, 481, bes. 508 „das Vorstellen ist... die synthetische Verbindung des Allgemeinen und Einzelnen..." Ueber die Vorstellung als Emotion siehe V. S. 34.

Wir sind scheinbar von dem, was uns ursprünglich beschäftigte, abgeschweift. Aber es war notwendig, sich das Wesen des Begriffs im ersten Teil der Hegelschen Logik wenigstens in knappsten Andeutungen zu vergegenwärtigen, wenn wir verstehen wollen, warum die Sätze: Alles ist, alles hat ein Dasein usw., also alle qualitativen und quantitativen Kategorien keine axiomatische Bedeutung für das abstrakte Denken haben. Der Grund liegt darin, daß sie auf bloß Faktisches (der empirischen Wissenschaften) sich beziehend selbst contingent sind. Werden sie in die Sphäre der philosophischen Wissenschaft oder des „Begriffs", wie Hegel sich ausdrückt, erhoben, so verschwindet zwar diese Contingenz „an ihnen", aber sie verschwindet nicht „für sich". Das will heißen: werden diese Kategorien nicht mehr naiv objektivistisch gedacht, wird also die Contingenz nicht mehr als seiende gemeint, so wird sie doch dadurch erhalten, daß der „Begriff" zwar nicht mehr contingent ist, dafür aber den Sinn der Contingenz auf der Stufe des Seins in sich aufbewahrt. Weil nun der Sinn der Contingenz die begriffliche Bewegung auf der Stufe des Seins bestimmt, ist das Auftreten aller Begriffe hier „wesentlich ein Uebergehen ins Entgegengesetzte". Oder anders ausgedrückt: der Sinn der Contingenz ist Reflexion auf Anderes. Und indem jeder Begriff in sein unmittelbar Anderes übergeht, steht jeder Bestimmtheit die andere ebenso unmittelbar ebenso notwendig gegenüber. Deshalb eignen sich diese Kategorien nicht dazu, „unwidersprechliche Sätze des Denkens" auszusprechen. In ihnen ist die Unmittelbarkeit noch „für sich" und ihr Begriff deshalb erst „an sich" vorhanden.

Die Reflexionsbestimmungen dagegen, mit denen das zweite Buch der Logik beginnt, beziehen sich nicht mehr auf Anderes, das ebenso unmittelbar ist. In ihnen ist der „Begriff" „gesetzter Begriff" und sie sind daher „sich auf sich beziehende und damit der Bestimmtheit gegen anderes zugleich entnommene Bestimmungen". Ihre Bewegung stellt also nicht den Sinn der Contingenz dar, oder den Sinn des Seins, sondern den Sinn des „Begriffes" Sein. Hegel nennt das das „Wesen". Der Sinn des Seins selbst und der Sinn des „Begriffes" Sein lagen im ersten Buch der Logik noch unvereinbar nebeneinander, denn der Sinn des „Begriffes" Sein war ja nur als methodische Bewegung des „Begriffes" (zu seinem Anderen) vorhanden. Damit aber lagen „Ansich" und „Fürsich" des „Begriffes" auf verschiedenen Denkebenen. Das ist im zweiten Buch der Logik ein überwundener Standpunkt. Denn „das Wesen ist absolute Einheit des An- und (des) Fürsichseins; sein Bestimmen bleibt daher innerhalb dieser Einheit und ist kein Werden noch Uebergehen, so wie die Bestimmungen selbst nicht ein Anderes als anderes, noch Beziehungen auf anderes sind; sie sind Selbständige, aber damit nur als solche, die in ihrer Einheit miteinander sind."[1]

Damit sind die Reflexionsbestimmungen in ihrer Bestimmtheit nicht mehr contingent, sondern notwendig.[2] In ihnen wird nicht mehr der einfache Sinn des Seins selbst, sondern der Sinn des Seindenkens begriffen, darum sind sie notwendig für das Begreifen des Seins. In Hegelscher Diktion lautet dieser Gedanke so: „In dieser Natur dessen, was ist, in seinem Sein sein Begriff zu sein, ist es, daß überhaupt die logische Notwendigkeit besteht."[3]

Aber die Notwendigkeit ist nur eine äußerliche. Denn die Axiome der traditionellen Logik beziehen sich „auf das Unmittelbare als auf ein gegebenes..." Und so geht die in ihnen wirkende Reflexion, „insofern sie sich als äußerliche verhält, schlechthin von einem gegebenen, ihr fremden Unmittelbaren aus und betrachtet sich als ein bloß formelles Tun, das Inhalt und Stoff von außen empfange und für sich nur die durch ihn bedingte Bewegung sei."[4]

Wir schließen diese allgemeinen Bemerkungen über das Wesen des Axiomatischen mit der Frage ab: worin eigentlich sieht Hegel die Möglichkeit, daß gewisse Momente des reinen Denkens zu Axiomen einer Reflexionslogik werden können? Zur Beantwortung dieser Frage weisen wir wieder auf den Ort hin, an dem diese Momente in der Hegelschen Logik auftreten. Sie sind die Grundbegriffe einer höheren, d. h. in sich allgemeineren Stufe des Denkens und stehen deshalb eingangs

---

[1] Hegel IV. S. 5.

[2] Hegel XVIIIa S. 132.

[3] Hegel II. S. 47.

[4] Hegel IV. S. 19.

dieser zweiten Stufe. Deshalb unterscheiden sie sich in ihrer logischen Struktur von der Gesamtheit der Begriffe der ersten Stufe. Wie Hegel sagt, „sind die reflektierten Bestimmungen anderer Art als die bloß unmittelbaren Bestimmungen des Seins. Letztere werden leichter als vorübergehende, bloß relative, in der Beziehung auf anderes stehende zugegeben; aber die reflektierten Bestimmungen haben die Form des An- und Fürsichseins; sie machen sich daher als die wesentlichen geltend, und statt übergehend in ihre entgegengesetzten zu sein, erscheinen sie vielmehr als absolut, frei und gleichgültig gegeneinander. Sie widersetzen sich daher hartnäckig ihrer Bewegung; das Sein derselben ist ihre Identität mit sich in ihrer Bestimmtheit, nach welcher sie, ob sie sich zwar gegenseitig voraussetzen, in dieser Beziehung sich schlechthin getrennt erhalten."[1]

In dieser „anderen Art" der Bestimmungen der zweiten Stufe finden wir alle Merkmale, die wir von den Axiomen fordern, Absolutheit, Selbständigkeit und systematische Einheit[2] und wir gehen deshalb wohl nicht fehl, wenn wir in diesem Uebergang selbst das eigentliche axiomatische Element sehen und vorläufig formulieren: Grundbegriffe einer in sich allgemeineren Stufe des Denkens haben axiomatische Gültigkeit für die weniger allgemeinen Stufen. — Es ist nur eine Vermutung, die wir an Hand der Hegelschen Ausführungen hier aufstellen, vorerst nicht mehr.

Selbstverständlich — das sei noch hinzugefügt, weil in den bisherigen Ausführungen nicht ausdrücklich davon die Rede war — gelten die Grundbegriffe der zweiten Stufe nicht für die Hegelschen „Begriffe" der ersten Stufe im axiomatischen Sinne, sondern für die mittels der traditionellen Logik gebrauchten Begriffe. D. h. also für den logischen Inhalt der auf der ersten Stufe vollzogenen Sinnanalyse. Das ist eigentlich selbstverständlich. Denn die Hegelsche Logik hat ja keine abstrakten Reflexionsbegriffe und als Axiome gelten die Grundbegriffe des „Wesens" nur für die abstrakte Reflexion (vielleicht mit Ausnahme des „Grundes"), d. h. also für das nichtphilosophische Denken. Hegel unterscheidet aus-

[1] Hegel IV. S. 20.

[2] Vgl. Hegel IV. S. 5.

drücklich das philosophische Denken von dem „nichtphilosophischen Denken", das sich „aus dem Anschauen zunächst erheben, aus der Gleichgültigkeit des Vielen heraustreten muß..."[1] Die Hegelsche Logik selbst ist — soweit wir sie bisher in Betracht gezogen haben — in formallogischer Hinsicht nichts weiter als eine Sinnanalyse der in den Bereich der traditionellen Logik fallenden Begriffe. Wenn wir nun die traditionelle Logik als die Logik des naiven Objektivismus bezeichnen, so liegt der Schluß nahe, daß Hegel den Unterschied zwischen nichtphilosophischem und philosophischem Denken in der Differenz zwischen objektivistischem und subjektivistischem Denken sieht. Wir greifen späteren Ausführungen vor, wenn wir kurz ergänzen: ein ebenso naiv subjektivistisches Denken gibt es nicht.[2] Subjektivistisches Denken ist stets reflektiert — „unnatürlich" wie Hegel öfters bemerkt — es ist entweder reflektiert objektivistisch oder reflektiert subjektivistisch. Demgemäß enthält seine „objektive" Logik die ganze Reflexion aufs Aeußerliche, Objektive, die „subjektive" Logik dagegen — übrigens nicht ganz konsequent — die Reflexion aufs Innerliche, Subjektive. —

Wenn wir jetzt an eine kurze Behandlung der einzelnen traditionellen Axiome bei Hegel gehen wollen, so müssen wir daran denken, daß Hegel sie nicht naiv darstellt, sondern sinnanalytisch entwickelt. Infolgedessen weicht der Inhalt des Ge-

---

[1] Hegel XVIIIa. S. 138.

[2] Man könnte den Gegensatz schließlich bloß mit „naiv-reflektiert" bezeichnen, wenn dem der Hegelsche Sprachgebrauch nicht widerspräche. — Sehr deutlich wird der Unterschied in der Vorrede zur Phaenomenologie (S. 48 f) auseinandergesetzt. Das nichtphilosophische Denken „ist (entweder) ein materielles Denken zu nennen, ein zufälliges Bewußtsein, das in den Stoff nur versenkt ist, welchem es daher sauer ankommt aus der Materie zugleich sein Selbst rein herauszuheben und bei sich zu sein." Oder aber es tritt als bloßes Räsonnieren auf, als „die Freiheit von dem Inhalt und die Eitelkeit über ihn..." „Anders verhält es sich im begreifenden (philosophischen) Denken. Indem der Begriff das eigene Selbst des Gegenstandes ist... ist es nicht ein ruhendes Subjekt, das unbewegt die Akzidenzen trägt, sondern der sich bewegende und seine Bestimmungen in sich zurücknehmende Begriff... Der feste Boden, den das Räsonnieren an dem ruhenden Subjekt hat, schwankt also und nur diese Bewegung selbst wird der Gegenstand".

sagten von der traditionellen Lehre, die ja ganz andere Gesichtspunkte dabei hat, erheblich ab. Aber es geht deshalb nicht an, Hegels Darstellung der traditionellen Logik als „Zerrbild" zu verwerfen, da er ja nicht ihr faktisches Gebilde, sondern ihren Sinn für das Denken nachzeichnen will.

Wenn die Grundbestimmungen des „Wesens" diejenigen sein sollen, die in der abstrakten Reflexionslogik axiomatische Gültigkeit für das Denken des Seins haben sollen, dann muß der Begriff des Seins in ihnen in reflektierter Form wiederkehren. Mithin muß das „Wesen" diejenigen Momente an sich ausdrücken, durch die allein Seiendes überhaupt gedacht werden kann und muß. „Die Wahrheit des Seins ist das Wesen."[1]

Wie es das Hauptcharakteristikum des Seins ist, unbestimmte Unmittelbarkeit zu sein,[2] muß jetzt als erste Bestimmung des „Wesens" dieselbe Unmittelbarkeit als in sich reflektierte auftreten. „Das Wesen ist also einfache Identität mit sich." Und „diese Identität ist die Unmittelbarkeit der Reflexion."[3]

Das allgemeine Bild, das wir von der traditionellen Logik bereits erhielten, wird hier durch ihre erste axiomatische Voraussetzung völlig bestätigt. Denn „das Denken, das sich in der äußeren Reflexion hält und von keinem anderen Denken weiß als der äußeren Reflexion ...[4] hat immer nur die abstrakte Identität vor sich und außer und neben derselben den Unterschied. Es meint, die Vernunft sei weiter nichts als ein Webstuhl, auf dem sie den Zettel, etwa die Identität, und dann den Eintrag, den Unterschied, äußerlich mit einander verbinde und verschlinge; oder auch wieder analysierend jetzt die Identität besonders herausziehe und dann auch wieder den Unterschied daneben erhalte, jetzt ein Gleichsetzen und dann auch wieder ein Ungleichsetzen sei, — ein Gleichsetzen, in dem man vom Unterschiede, — ein Ungleichsetzen, in dem man vom Gleichsetzen abstrahiere."[5] Der Sinn dieses hier

---

[1] Hegel IV. S. 3.

[2] Hegel III. S. 66.

[3] Hegel IV. S. 26.

[4] Also naiv objektivistisch ist.

[5] Hegel IV. S. 26 f.

gekennzeichneten Identisch- und Verschiedensetzens ist für Hegel der Sinn des in der traditionellen Logik geübten Denkens. Dadurch daß der Satz der Identität als Axiom — also als sinngebend — an die Spitze dieser Logik gesetzt wird, wird sie zu einer reinen Seinslogik und zwar des toten, leblosen Seins, der Substanz, die nicht Subjekt ist. Denn „die Identität ist nur die Bestimmung des einfachen Unmittelbaren, des toten Seins ...“[1]

Interessant ist, daß Hegel die traditionelle Logik auf diese Weise als Logik des toten Seins definiert. Er faßt den Seinsbegriff damit ganz „wesentlich“. Lebendiges Sein ist ihm bereits mehr als Sein. Eine Wissenschaft wie die Biologie fällt deshalb nach seinen Voraussetzungen nicht mehr völlig in den Rahmen der Seinslogik. Das gilt ebenso für die traditionelle Seinslogik, wie für die spekulative Logik des Seins. Denn die den Begriff der Biologie vollendenden Kategorien treten erst auf der dritten Stufe der Logik auf.[2]

Das ist ganz konsequent, da wir die traditionelle Logik bereits ausdrücklich als bloße Endlichkeitslogik kennen gelernt haben. Totes und Endliches stellt Hegel gleich. Die traditionelle Logik ist so die Logik der toten und endlichen Dinge, denn sie ist „abstrakt“ und es ist ja die „Definition der endlichen Dinge, daß in ihnen Begriff und Sein verschieden“ ist.[3] Dieses Sein wird durch den Satz der Identität definiert.[4]

---

[1] Hegel IV. S. 58. Vgl. auch Hegel I. S. 30. „Es muß also für das Denken als Prinzip des analytischen Philosophierens einen absoluten Stoff geben...“

[2] Und dementsprechend erst im dritten Teil der Naturphilosophie. Das ist bereits in der Jenenser Logik zu erkennen, noch deutlicher aber in der Enzyklopädie in ihrer Einteilung in:

I. Mechanik.
II. (Anorganische) Physik.
III. Organische Physik.

[3] Hegel III. S. 75.

[4] Man sieht, daß Hegel hier durchaus den wesentlichen Kernpunkt des Satzes der Identität gesehen hat. So äußert Sigwart, Logik I. S. 114, sich in der Richtung, „daß die Annahme mit sich identischer Dinge in dem Begriff des Dinges selbst enthalten sei“.

Am engsten verwandt mit der Hegelschen ist die Erdmannsche Ansicht der Identität. Siehe Logik S. 228 f. „Die Identität mit sich selbst ist... ferner kein Merkmal des Gegenständlichen, das diesem mit anderen

Es muß hinzugefügt werden, daß dieses Sein nach Hegel nicht das wahre Sein ist. Was Hegel selbst unter „Wahrheit des Seins" versteht, ist ein rein spekulativer Gedankengang, auf den wir mit Rücksicht auf unsere Betrachtungsart, die sich lediglich um formallogische Probleme bemüht, hier nicht eingehen dürfen. Aber selbst wenn man den spekulativen Standpunkt sich nicht zu eigen macht, hat doch die Unterscheidung von endlichem Sein und wahrem Sein bei Hegel eine wichtige formallogische Bedeutung. Hegel will sagen, daß der Seinsbegriff der durch die traditionelle Logik umgriffenen positiven Wissenschaften der Erfahrung nicht der Seinsbegriff des philosophischen Denkens ist. Wir haben es hier aber nur mit dem durch den Satz der Identität gemeinten Seinsbegriff zu tun. Endliches Sein und Identität sind reziprok, wie Hegel geringschätzig andeutet: „Die Gedankenlosigkeit der Sinnlichkeit, alles Beschränkte und Endliche für ein Seiendes zu nehmen, geht in die Hartnäckigkeit des Verstandes über, es als ein mit sich Identisches, sich in sich nicht Widersprechendes zu fassen."[1]

Da nun das mit sich identische Sein überhaupt die völlig unbestimmte Unmittelbarkeit ist, kann der Satz der Identität in sich selbst keine nähere Bestimmung des Denkens ausdrücken. Als Urteil gefaßt ist er nur „der Ausdruck der leeren Tautologie. Es ist daher richtig bemerkt worden, daß dieses Denkgesetz ohne Inhalt sei und nicht weiter führe."[2] Es sagt nichts aus. Das stimmt genau zu dem Beginn des ersten Buches der Logik, wo deduziert worden ist, daß das reine Sein, als unbestimmtes Unmittelbare, das Nichts ist.

Bewußtseinsarten, die dann als nicht-gegenständlich gefaßt werden müßten, gemeinsam wäre. Es ist vielmehr ein Merkmal, das nur dem Gegenständlichen zukommt, also ein diesem eigenes und insofern ihm wesentliches Merkmal." Vgl. auch S. 230. „Die Identität mit sich selbst ist endlich das einzige ursprüngliche Merkmal der Gegenstände unseres Vorstellens". Ganz besonders aber S. 231. „Gegenstand und Identität mit sich selbst ist ein und dasselbe; Gegenstand sein ist nichts anderes als mit sich selbst identisch sein". Siehe auch S. 397 und Rickert, System. S. 55. Uebrigens auch Cohn, Theorie der Dialektik. S. 136, 147. Von einem Zerrbild der traditionellen Logik bei Hegel kann also gar keine Rede sein.

[1] Hegel V. S. 127.

[2] Hegel IV. S. 28.

An anderer Stelle[1] drückt Hegel denselben Sachverhalt weniger paradox aus. Es sind ein paar kurze Sätze, in denen die Bedeutung des Identitätssatzes in der traditionellen Logik erläutert wird. „Formelle oder Verstandesidentität ist diese Identität, insofern an ihr festgehalten und von dem Unterschiede abstrahiert wird. Oder die Abstraktion ist vielmehr das Setzen dieser formellen Identität..." Höchst charakteristisch und interessant ist hier, daß Hegel den inneren Zusammenhang der Struktur der traditionellen Logik und ihres Hauptaxioms in wenigen Worten aufdeckt. Identität bedeutet ein Absehen von allen Bestimmtheiten. Sie ist selbst höchste und letzte Abstraktion. Folglich kann eine Logik, die von ihr axiomatisch bestimmt wird, selbst nur eine abstrakt-formelle Logik sein, denn Identität ist die bloße Form des Bestimmens, wenn von aller Bestimmtheit abstrahiert wird. Wenn aber in der Tat von Allem abstrahiert wird, so bleibt nichts übrig. Macht man aber ein Urteil aus diesem Prinzip, so ergibt sich eine leere Tautologie. Mehr noch eine Widersinnigkeit, da ja nicht einmal etwas Tautologisches ausgesagt werden soll. Die Formel A = A ist somit ungeeignet zur Repräsentation des Identitätsaxioms. „Die Form des Satzes widerspricht ihm schon selbst, da ein Satz auch einen Unterschied zwischen Subjekt und Prädikat verspricht, dieser aber das nicht leistet was seine Form fordert." Doch ist das von Hegel bereits spekulativ gemeint.[2]

---

[1] Hegel V. S. 129.

[2] Bezeichnend ist, daß Hegel den Satz der Identität in der schon oft in der Geschichte der Logik angefochtenen Formel A=A darstellt und kritisiert. Man braucht kein spekulativer Denker zu sein und kann doch gegen jene Formel Einwendungen erheben. Aber Hegel will im Grunde genommen gar keine wirklichen Bedenken gegen den Satz der Identität vorbringen, er will bloß in ihm ein dialektisches Moment entdecken, welches das Denken über ihn hinausführt und ihn dadurch seines axiomatischen Charakters für die Logik des Absoluten entkleidet. Seine Gültigkeit in einer formalen Logik bleibt unbestritten auch bei Hegel. Darum polemisiert er nicht gegen den Sinn dieses Axioms (als Axiom), erkennt es sogar als notwendiges Moment, also als wahres (oder besser: richtiges) wenn auch einseitiges, an und wendet sich nur gegen die Form, in der es im konkreten Denken auftaucht und durch welche es in der Tat als einseitig entlarvt wird. Nicht die Gültigkeit dieses Axioms wird bestritten, nur sein Gültigkeitsbereich wird eingeengt.

Es ist selbstverständlich, daß Hegels Bemerkung, der Satz der Identität sei eine bloße Tautologie, sich nicht gegen diesen Satz in seiner speziellen Eigenschaft als Axiom der traditionellen Logik richtet. Die Gründe, die Hegel anführt und die Beispiele, die er bringt, um seine Behauptung zu erhärten, sind ausschließlich aus dem spekulativen Gesichtswinkel heraus verwertbar. Außerdem setzt die Dialektik, wie sehr richtig bemerkt worden ist[1], die Axiome der abstrakten Logik der Reflexion als gültig voraus.[2] „Gerade an dieser Geltung entstehen die dialektischen Schwierigkeiten, aber nicht aus den Axiomen für sich genommen, sondern aus ihrer Aufrechterhaltung im Zusammenhange des Erkennens." —

Dem Satz vom Widerspruch will Hegel im abstrakt-formalen Sinn überhaupt keine besondere Bedeutung zumessen. Er ist nur „der andere Ausdruck des Satzes der Identität."[3] Abgesehen von längeren Ausführungen im Text wird von Hegel in der Vorrede zur zweiten Ausgabe der Großen Logik noch einmal ausdrücklich darauf hingewiesen.[4] Auch die Jenenser Logik zeigt bereits diese Auffassung. Im System der Grundsätze wird als erster der Satz der Identität oder des Widerspruchs behandelt, worauf im zweiten Abschnitt sofort der Drittensatz und dann als Abschluß der Satz des Grundes folgt.

Aus dieser Sachlage zu folgern, daß bei Hegel nichts Besonderes über den Sinn des Widerspruchaxioms zu finden sei, wäre höchst verfehlt. Für Hegel müssen, aus Gründen, die in seiner spezifischen Fragestellung liegen, die klassischen Axiome ein zusammenhängendes kontinuierliches Ganzes bilden, da er ja nach dem Sinn des Denkens, der durch sie definiert wird, fragt. Wenn dieser Sinn ein einheitlicher, oder System ist, wie

---

[1] J. Cohn. a. a. O. S. 138.

[2] Vgl. etwa die Bemerkung in der Jenenser Logik über den Satz der Identität XVIII a. S. 136. „Dieser Satz der Gleichheit, die gesetzte an sich sich seiende Gleichheit ist hierdurch der Dialektik entnommen; sie kann nicht aufgehoben werden, indem sie alles Aufheben, alle Beziehung auf anderes selbst vollkommen aufgehoben hat."

[3] Hegel IV. S. 31.

[4] Hegel III. S. 17. Vgl. V. S. 133.

Hegel sagt, dann ist es selbstverständlich, daß sich (für die sinnanalytische Betrachtungsweise) ein logisches Band von dem einen zum andern zieht und die strenge Grenze fällt. Das besagt absolut nichts gegen ihre axiomatische Selbständigkeit oder Unreduzierbarkeit, Widerspruchslosigkeit und Vollständigkeit.[1] Dieser ihr axiomatischer Valenzcharakter, den sie haben, sobald sie praktisch angewendet werden, steht hier garnicht zur Diskussion, sondern nur der Sinn der Selbständigkeit, Widerspruchslosigkeit usw. für ein auf diesen Sinn reflektierendes Denken. Unter diesem Gesichtspunkt aber muß sich aus dem Moment der Selbständigkeit das der Widerspruchslosigkeit notwendig ergeben, sodaß eine Trennung der einzelnen Momente in streng umzirkelte Gedankenbereiche zweckwidrig wird. (Dieses Auseinanderhervorgehen der einzelnen Axiome für ein auf den Sinn der Axiomatik überhaupt reflektierendes Denken ist deshalb notwendig, weil die Axiome ja den allgemeinsten Sinnzusammenhang des durch sie definierten Denkens definieren. Mögen also die Axiome als regulative Prinzipien des Denkens auch unabhängig von einander sein, so ist es doch immer ein einheitlicher Sinn der in ihnen zu Tage tritt und den sie jedes unter einem neuen Gesichtspunkt explizieren. Eine Analyse dieses Sinnes ergibt deshalb für die sinnanalytische Betrachtungsweise ihren strukturellen Zusammenhang).

Fragen wir also mit Hegel, wie aus dem Sinn der Identität sich der der Widerspruchslosigkeit entwickelt? „Es pflegt

[1] Vgl. H. Weyl, Philosophie der Mathematik... S. 16 ff. Dort wird allerdings die Unreduzierbarkeit nicht als wesentlich für die Axiome angesehen, ein Zeichen dafür, daß Weyl nur die Axiome spezieller Gegenstandsgebiete im Auge hat, und nicht allgemeinste Axiome des Gegenstandsdenken überhaupt. Dafür spricht auch folgendes: Weyl definiert ein Axiomensystem als „logische Leerform möglicher Wissenschaften". Da bei Weyl nur Mathematik und Naturwissenschaften gemeint sind, ist die Forderung der Selbständigkeit bereits im methodischen Ansatz dieser Wissenschaften überhaupt vorausgesetzt. Denn die Selbständigkeit oder absolute Objektivität des Gegenstandes — das will sagen, daß seine Subjektivierung nie restlos gelingt — bestimmt ja ohnehin die Struktur der Naturwissenschaften und der Mathematik (soweit sie objektivistisch orientiert ist). Selbständigkeit oder Unabhängigkeit, wie sie Weyl nennt, braucht also nur in dem Axiomensystem des Gegenstandsdenken schlechthin ausgedrückt zu werden. In den speziellen Axiomensystemen spezieller Gegenstandesbereiche ist das überflüssig.

darüber, wie die *Form der Negation*, wodurch sich dieser Satz vom vorigen unterscheidet, an die Identität komme, keine Rechtfertigung gegeben zu werden." Die Antwort aber, die wir bei Hegel selbst finden, ist folgende:

„Diese Form liegt aber darin, daß die Identität als die reine Bewegung der Reflexion die einfache Negativität ist..."[1] Diese Antwort klingt dunkel. Sie durch Hinzufügung anderer Stellen zu erweitern, hieße nur den Bereich des Dunkels, das erhellt werden soll, so zu erweitern, daß eine annähernde Aufhellung völlig aus dem Bereich der Möglichkeit rückte. Begnügen wir uns also vorerst mit dieser knappen Auskunft. Wir erinnern uns, bereits festgestellt zu haben, daß der Satz der Identität in der Urteilsform auf das leere Nichts hinausführte. Die Identität war also keine reale, sondern eine im Urteil, das vollzogen wurde, *gemeinte* Identität. Als solche aber ist sie nichts weiter als die abstrakteste (mithin *alle* Bestimmtheit verneinende) Form, in der sich die Reflexion bewegt. Oder anders ausgedrückt: Die Reflexion der Identität ist die reine Negativität.

Nun war im Sinngehalt des Denkens, der durch den Identitätssatz ausgedrückt werden soll, gemeint, daß der Gegenstand als ein mit sich Identisches bestehe, ein reines unabhängiges (absolutes) Sein habe[2], und daß ein solches nicht denkbar sei, wenn es nicht widerspruchsfrei sei. Es ist der Gedanke der absoluten transzendenten Substanz (die nicht zugleich im Hegelschen Sinn Subjekt ist). Hier wird der Widerspruch „gewöhnlich fürs erste von den Dingen, von dem Seienden und Wahren überhaupt, entfernt: es wird behauptet, *daß es nichts Widersprechendes gebe.*"[3] Das wird bereits von Aristoteles mit aller Entschiedenheit ausgesprochen:

τὸ γὰρ αὐτὸ ἅμα ὑπάρχειν τε καὶ μὴ ὑπάρχειν ἀδύνατον τῷ αὐτῷ καὶ κατὰ τὸ αὐτό.[4]

---

[1] Hegel IV. S. 31.

[2] Eine ausgezeichnete Formulierung dieses Sachverhaltes ist die These von der Uebergegenständlichkeit des echten Gegenstandes. Vgl. N. Hartmann, Grundzüge einer Metaphysik der Erkenntnis. Bln. 1925. Siehe bes. S. 220 ff.

[3] Hegel IV. S. 58.

[4] Aristoteles, Metaphysik Γ 3, 1005b.

Nach der traditionellen Logik ist also das Sein nur denkbar als ein in sich widerspruchsloses.[1] Damit wird der Sinn des Satzes vom Widerspruch klar; hatte der Sinn des Satzes der Identität das Wesen der unmittelbaren Gegenständlichkeit überhaupt definiert und dabei von der Tatsache, daß jener Sinn das Denken selbst ist, noch völlig abgesehen, so faßt umgekehrt der Satz vom Widerspruch die Notwendigkeit der Denkbarkeit und ihre besondere Möglichkeit ins Auge und ignoriert völlig, daß Identität als vom Denken unabhängiges Sein gemeint war. — Wir haben hier wieder jene doppelte methodische Einstellung Hegels, die im ersten Schritt des Gedankens sich ganz der naiv objektivistischen Einstellung des Denkens hingibt und sie zu verstehen sucht, um dann aus jenem Verstehen heraus im zweiten Schritt des Gedankens den ursprünglichen naiven Objektivismus als bloße Reflexion in sich selbst, mithin methodisch subjektivistisch zu begreifen.

So ist die Identität, wenn man versucht, sie methodisch subjektivistisch zu begreifen, „reine Bewegung der Reflexion" und „einfache Negativität". Von diesem methodischen Standpunkt aus gesehen, ist dann nicht nur das Denken der Identität durch das Widerspruchsgesetz eine Reflexionsbestimmung, sondern die Identität, die für das reine Sein gehalten wurde, wird selber zur Reflexion. Betrachtet man dann jene „beiden selbstständigen Reflexionsbestimmungen für sich", so ist die Identität das positive Moment des Gesetzt*seins*, das dadurch das negative Moment des *Gesetztseins* von sich ausschließt. „Damit aber macht sich das Positive (das als unabhängiges beziehungs*loses* Sein *gemeint* war) zur *Beziehung eines Nichtseins*, — zu einem Gesetztsein. — So ist es der Widerspruch, daß es als das Setzen der Identität mit sich durch *Ausschließen* des Negativen sich selbst zum *Negativen* von einem macht, also zu dem Andern, das es von sich ausschließt. Dieses ist als Ausgeschlossenes frei von dem Aus-

---

[1] Nach Aristoteles würde die Aufhebung des Widerspruchverbotes die vollständige Unbestimmtheit des Seins bedeuten. Also seine Undenkbarkeit. Vgl. Metaphysik Γ 4, 1007b.

schließenden gesetzt, hiermit als in sich reflektiert und selbst ausschließend."[1]

Es ist ein sehr altes Problem, mit dem Hegel hier ringt. Wir finden es schon bei Plato, in der dem Hegelschen Denken verwandtesten Form vielleicht im Sophistes. Die dort stattfindende Erörterung des Verhältnisses des Denkens zu Sein und Nichtsein zugleich ist es, die in neuer Fragestellung auch Hegel beschäftigt. Teilweise ist es noch die alte Terminologie, so in jenem merkwürdigen Schweben der Identität bei Hegel zwischen dem Sein und dem Nichts. Teilweise aber ringen sich bei ihm neue Gesichtspunkte durch und suchen nach frischen Formulierungen. Vollständig deutlich wird der Sinn des von Hegel Intendierten wohl überhaupt nicht zu machen sein, weil er selbst noch mit seiner Aufgabe, dort wo er schreibt, im Ringen begriffen ist, aber auch eine relativ deutliche Erklärung stößt für uns auf sehr erhebliche Schwierigkeiten. Trotzdem soll behelfsmäßig angedeutet werden, wie obige Sätze zu verstehen sind. Denn es kommt uns ja hier nur auf das Bild an, das Hegel sich von der traditionellen Logik macht.

Ganz wie bei Plato das Seiende und das Nichtseiende, so haben bei Hegel Identität und Widerspruch Teilhabe an einander. Aber seine Lösung ist eine andere als die Platos. Identität und Widerspruch sind dasselbe wie Sein und Nichtsein (Nichts). Aber als Sein und Nichtsein haben sie keine Teilhabe an einander. Sein und Nichts sind Unmittelbare und Gleichgültige gegeneinander, als solche sind sie „gesetzt". (Zwar berühren wir mit diesem Terminus „Gesetztsein" bereits das Problem der Thematik, das noch nicht abgehandelt worden ist, aber wir können uns hier provisorisch mit einer Umschreibung helfen). Weil nun Sein und Nichts als gegeneinander Unmittelbare „gesetzt" sind, d. h. weil es für uns zum Sinn des Seienden resp. des Nichtseienden gehört, daß sie Unmittelbare sind, weil also dieser Sinn für uns denknotwendig ist, so würden wir uns in unauflösliche Widersprüche verwickeln, wenn wir Sein und Nichtsein als einander teilhabend dächten. Die μέθεξις ist also kein Sachverhältnis oder ontologische Teilhabe — daß

---

[1] Hegel IV. S. 50. Das in Klammern Gesetzte ist erklärender Zusatz von uns.

also etwa das Nichtseiende als Nichtseiendes „ist" — sondern sie ist eine Sinnbeziehung. Der Sinn des Seins ist zugleich die Negativität des Sinnes des Nichts. Die Teilhabe wird also aus einer Sachbeziehung (einem ontologischem Faktum) zu einer Sinnbeziehung (einer Doppeldeutigkeit alles sinnhaften Denkens) für Hegel.

Mit dem Moment aber, — meint Hegel — wo die Sachbeziehung in einer Sinnbeziehung gedeutet und gedacht wird, können nicht mehr Sein und Nichtsein selber als Seiende an einander teilhaben, denn es liegt ja im Sinn dieser Begriffe, daß das in ihnen „Gesetzte" im absoluten Gegensatz gegeneinander ist. Soweit sie sich auf das rein Ontische beziehen, drücken sie gerade die Nichtteilhabe an einander aus. Das als Sein „Gesetzte" hat nicht Teil am Nichtsein. Das ist ja sein Wesen als einfache Unmittelbarkeit. Wohl aber ist der Sinn des Seins vermittelt durch seine eigene Negativität. Die Teilhabe kann also nur zwischen dem Sinn des Seins und dem Sinn des Nichts bestehen. Der Sinn des Seins und der Sinn des Nichts ist Widerspruch. So ist es zu verstehen, daß das Sein „als das Setzen der Identität mit sich durch Ausschließen des Negativen sich selbst zum Negativen von einem macht, also zu dem Andern, das es von sich ausschließt. Dieses ist als Ausgeschlossenes frei von dem Ausschließenden gesetzt, hiermit als in sich reflektiert und selbst ausschließend." Den Kern des in dem ersten Satz Zitierten formulierten wir bereits kurz als: Der Sinn des Seins ist zugleich die Negativität des Sinnes des Nichts.[1] Der zweite Satz kennzeichnet die Haltung der traditionellen Logik dazu. Das Wort „gesetzt" könnte hier übersetzt werden: so meint die traditionelle Logik. — Eine Bemerkung an anderer Stelle erläutert diesen Satz sehr gut: „Die gewöhnliche Zärtlichkeit für die Dinge aber, die nur dafür sorgt, daß diese sich nicht widersprechen, vergißt hier wie sonst, daß damit der Widerspruch nicht aufgelöst, sondern nur anderswohin, in die subjektive oder äußere Reflexion überhaupt ge-

---

[1] Die Gültigkeit dieses Satzes beruht bereits auf einem nicht klassischen Axiom. Wir müssen auf den Evidenzausweis deshalb hier verzichten. Das Problem nicht-klassischer Axiome kann erst später aufgeworfen werden.

schoben wird ..."[1] Die traditionelle Logik setzt also das von der Identität Ausgeschlossene (nämlich den Widerspruch) „frei" von dem Ausschließenden (als subjektive oder äußere Reflexion) und macht es damit selbst zu einem Ausschließenden (nämlich den Widerspruch Verbietenden).

Uebersetzen wir dies wieder in die platonische Sprechweise, so bedeutet das, daß die traditionelle Logik die Frage der Teilhabe des Nichtseienden am Sein verneint. Sie hält den Widerspruch als das Nichtseiende vom Seienden ab. Auch im Widerspruchaxiom entpuppt sich so die traditionelle Logik als reine und ausschließende Seinslogik. Sie ist eine ontologische Logik, die sich bemüht den Widerspruch vom Sein fernzuhalten.[2] Dem gegenüber wäre eine Logik, die den Widerspruch ruhig am Sein beläßt, um ihn desto ängstlicher vom Nichtsein fernzuhalten als meontische Logik zu bezeichnen. Sie wäre eine Logik nicht von endlichen Seinsverhältnissen, sondern von unendlichen Sinnfunktionen.

Daraus folgt, daß das Widerspruchaxiom nur für Seinsverhältnisse, also für Bestimmungen des Seins an sich Gültigkeit hat. Die Bestimmungen sind deshalb „nicht an sich gesetzt", denn dann hätte es ja gar keinen Sinn, von ihrer Gültigkeit resp. Ungültigkeit für das An-sich zu reden. Sie sind nur gültig für das bestimmungslose Sein. Auf diese Weise wird durch das Widerspruchaxiom der „Unterschied" gesetzt. Es ist 1. „unmittelbarer Unterschied, die Verschiedenheit, in der die Unterschiedenen jedes für sich ist, was es ist, und gleichgültig gegen seine Beziehung auf das andere, welche also eine ihm äußerliche ist ..." 2. ist der Unterschied an sich. D. h. es ist „die Entgegensetzung, nach welcher das Unterschiedene nicht ein Anderes überhaupt, sondern sein Anderes sich gegenüber hat ..."[3]

Mit diesen Gedanken leitet Hegel bereits zum Drittensatz über. Zwar analysiert er den Widerspruch außer als Unter-

---

[1] Hegel IV. S. 40.

[2] Da im Widerspruch die Entgegensetzung von Denken und Sein aufgehoben wird, weil ja in ihm das Sein als gedachtes auftritt, ist „die Bestimmtheit ebendarum als nicht an sich gesetzt". Hegel XVIIIa. S. 136.

[3] Hegel V. S. 130 ff.

schied auch noch als Gesetztsein und Vermitteltsein. Aber das ist rein spekulativ gemeint. Die Dreiteilung, die er hier vornimmt, entspricht den drei Stellungen des Denkens zur Objektivität. Da aber die klassische Logik nur die erste Stellung des Denkens zur Objektivität repräsentiert, fällt die spezielle Analyse des Gesetztseins und des Vermitteltseins des Widerspruchs an dieser Stelle und in diesem Zusammenhang aus dem Rahmen unserer Erörterung.

Wir können damit zu Hegels Interpretation des Drittensatzes übergehen. — War der Widerspruch die einfache Negativität des Identitätsatzes, so ist der Drittensatz der „Unterschied an sich" im Widerspruchsaxiom. Er wird auch als „das Ansich" „der Entgegensetzung" bezeichnet. Mit Ausnahme der Jenenser Logik, wo er als selbständiger Grundsatz im System des Erkennens rangiert[1], wird er von Hegel ziemlich stiefmütterlich behandelt. In der Großen Logik und in der Logik der Enzyklopädie ist nur anmerkungsweise von ihm die Rede.

Merkwürdigerweise nennt ihn Hegel in der Großen Logik erst einen „wichtige(n) Satz" und wenige Zeilen weiter meint er wegwerfend: „der Satz ist so unbedeutend, daß es nicht der Mühe wert ist, ihn zu sagen."[2] Aus solchen Indizien könnte man schließen, daß wenig Klarheit über das Wesen des Drittensatzes bei Hegel zu erwarten ist, aber jene beiden einander widersprechenden Urteile beziehen sich auf ganz verschiedene Gesichtspunkte, unter denen dieser Satz betrachtet werden kann, und die Beiläufigkeit, mit der die späteren Logiken ihn behandeln, besagt auch nicht viel, da sachlich die enzyklopädische Logik ihn noch genau so interpretiert wie die erste Logik Hegels. Zwar hat sich für die spekulative Betrachtungsweise Hegels Auffassung von den Axiomen mit der Zeit gewandelt, seine Ansicht über ihre formallogische Valenz aber ist immer dieselbe geblieben. Und nur die letztere hat hier für uns Gewicht.

Der Drittensatz ist nach Hegel ein wichtiger Satz, weil er „darin seine Notwendigkeit hat, daß die Identität in Verschie-

---

[1] Hegel XVIIIa. S. 137 ff.

[2] Hegel IV. S. 57.

denheit und diese in Entgegensetzung übergeht."[1] Man erkennt sehr deutlich, was gerade für Hegel an ihm wichtig ist, nämlich der sinnanalytische und nicht etwa der normative Gesichtspunkt. Auch dieser Satz hat Bedeutung als Moment des Sinnes des Denkens und muß als solcher aus den vorangehenden Momenten abzuleiten sein. Die Analyse nimmt dabei ungefähr folgenden Gang:

Die Verschiedenheit der Bestimmungen, auf der der Satz des Widerspruches beruht, ist eine äußerliche. Die Verschiedenheiten sind dabei gegeneinander „gleichgültige". „Um der Gleichgültigkeit der Verschiedenen gegen ihren Unterschied willen fällt derselbe außer ihnen in ein Drittes, Vergleichendes."[2] So ist die Verschiedenheit selbst „nur der äußeren Vergleichung angehörig", das Verschiedene selbst aber ist etwas, das „für sich selbst nur identisch mit sich" ist. Identität aber ist sinnanalytisch das Ansich. Wenn das Verschiedene nun ein gegen seine Vergleichung gleichgültiges ist, und als solches nur für sich selbst identisch mit sich ist, dann ist es dadurch selbst ein Ansich. Oder wie Hegel an anderer Stelle bemerkt, das Verschiedene ist dann ein Unterschied, der „gesetzt" ist als Ansich. Denn die Identität war als Ansich „gesetzt", der gleichgültige Unterschied aber ist nichts weiter als Identität mit sich selbst, folglich ist er auch als Ansich „gesetzt."[3]

Damit scheinen wir uns im Kreise bewegt und wieder beim Ansich-Sein des Identitätsaxioms angekommen zu sein; das ist auch in gewissem Sinne richtig. Aber das Sein, das hier wieder auftritt, ist nicht mehr das bestimmungslose Sein, sondern ein Sein, das sich in Unterschieden bestimmt. Oder wie Hegel es formuliert: das Sein ist hier „der Unterschied an sich". Drücken wir das mit unseren Worten aus. Im Identitätsatz ist der reine Sinn «Sein überhaupt» gemeint (oder wie Hegel sagt: „gesetzt"), im Widerspruch die Gesetzlichkeit aufgedeckt, durch die das Denken das «Sein» setzt, und hier kehrt das Sein

---

[1] Hegel IV. S. 56 f.

[2] Hegel V. S. 130.

[3] In der Jenenser Logik XVIIIa. S. 137 wird das so ausgedrückt: „Das Viele als solches ist sich selbst gleich, und so ist es der Einheit entgegen, aber eben darum nicht unterschieden von ihr, weil diese die Sichselbstgleichheit ist."

wieder, nicht als «Sein überhaupt», sondern als gedachtes Sein. (Gedachtes aber wird es in der Verschiedenheit der Bestimmungen).

Doch kehren wir nach dieser kurzen Atempause zur weiteren Analyse des Sinnes des Drittensatzes zurück. — Der Unterschied war an sich gesetzt, aber er ist das Ansich als Verschiedenes, und enthält seine beiden Seiten als Momente.[1] Das Ansich von Unterschieden, oder daß das Sein verschiedene Bestimmungen haben kann, ist nicht die Einheit der Momente, diese fällt für die traditionelle Logik in die Reflexion. Die Momente sind gleichgültige gegeneinander. Und „um der Gleichgültigkeit der Verschiedenen gegen ihren Unterschied willen, fällt derselbe außer ihnen in ein Drittes, Vergleichendes." Dieses Vergleichen ist der „Gegensatz". „Im Gegensatze als solchem sind sie Seiten des Unterschiedes, eines nur durchs andere bestimmt, somit nur Momente; aber sie sind ebensosehr bestimmt an ihnen selbst, gleichgültig gegeneinander und sich gegenseitig ausschließend: die selbständigen Reflexionsbestimmungen."[2]

Die selbständigen Reflexionsbestimmungen sind nach Hegel das Positive und das Negative. Aber das Positive „als das an ihm selbst Positive", das Negative hingegen „als das an ihm selbst Negative". Das soll heißen: an sich sind die Momente als gleichgültige gegeneinander gesetzt, deshalb ist das Negative nicht an dem Positiven gesetzt — das verstieße gegen den Sinn des Ansich als Identität — sondern nur an ihm selbst. Was Hegel damit sagen will, ist offensichtlich. Wenn eine Bestimmung als seiende gesetzt wird, so geschieht das nur unter dem Gesetz der vollkommenen Disjunktion. Das Positive und das Negative sind dabei nur der formalste Ausdruck einer bestimmten, vollkommenen Disjunktion.

Somit sind die Bestimmungen des Seins, weil nur das Sein in ihnen „gesetzt", sie aber selbst nicht gesetzt, sondern „an sich" sind, wenn sie naiv gebraucht werden, (d. h. als abstrakte Reflexionsbegriffe) undialektisch. Nur auf Grund dieser un-

---

[1] Vgl. Hegel IV. S. 48.

[2] Hegel IV. S. 49.

dialektischen Struktur der Bestimmungen des Seins[1] ist die vollkommene Disjunktion möglich. Man hätte oben bei der Erklärung des Positiven und des Negativen echt hegelisch erwarten müssen: das Positive ist das an ihm selbst Negative. Statt dessen heißt es: das Positive ist „das an ihm selbst Positive", das Negative „das an ihm selbst Negative". Die Begriffe «positiv» und «negativ» werden also ganz bewußt undialektisch genommen, und bilden so als Gegensatz überhaupt die Grundlage für den Satz vom ausgeschlossenen Dritten. Aber die Ableitung des Satzes, der als abstrakte Regel natürlich selbst undialektisch ist, gelingt nur, indem die vorausgehenden Sätze nicht in ihrer Eigenschaft als abstrakte Regeln des Denkens, sondern als bloße Momente des Geistes begriffen werden.

Man macht sich das am besten dadurch deutlich, daß man das Ansich im Identitätsaxiom und jetzt im Drittenaxiom vergleicht. Im Identitätsaxiom ist das Ansich reines Sein, das „an ihm selbst" ist. Oder „einfache Unmittelbarkeit", wie es sonst heißt. Das will weiter nichts besagen, als daß das Ansich in diesem Axiom ganz naiv objektivistisch genommen wird. Eben als Sein, das ganz unabhängig vom Denken ist. Im Drittenaxiom aber ist das Ansich nicht mehr Sein an ihm selbst, sondern Unterschied, resp. Verschiedenheit an ihr selbst. Mithin Bestimmtheit an sich (an ihr selbst). Das bedeutet, daß der Accent des naiven Objektivismus vom Sein hinweg auf die Bestimmungen des Seins vorwärtsgerückt ist. Die Bestimmtheit ist das eigentlich Seiende, und das reine Sein selbst ist nur ihr geheimnisvolles „metaphysisches" Substrat.

Dieses Substrat ist Eines. Es ist der letzte Gesichtspunkt, auf den alle Bestimmungen ausgerichtet sind, unter dem sie als seiende gefaßt werden, und so ist die vollkommene Disjunktion des Drittensatzes möglich. Das reine Sein wird nicht mehr naiv aufgefaßt, es ist problematisch, „metaphysisch" geworden. Im Drittensatz kommt das reine, unmittelbare Sein nur noch als der Sinn vor, unter dem alles disjunktive Bestimmen letztlich erfolgt. Wird diese Bestimmung durch den

---

[1] Das selber „gesetzt", d. h. in den Bestimmungen gemeint ist. Dadurch ist das Sein auf diesem Standpunkt Reflexion in sich.

Drittensatz selbst auch ganz naiv definiert als Sein des Einzelnen, so können wir trotzdem hier, der Methode der Hegelschen Begriffs- oder Sinnanalyse folgend, den Sinn jedes Momentes des Bestimmens allgemein festlegen und aus ihm dann unmittelbar die Hegelsche Formulierung dieses Satzes folgern.

Die selbständige Reflexionsbestimmung hat „gleichgültige Selbständigkeit für sich". (D. h. ist naiv objektivistisch gemeint.) Das ist dadurch möglich, daß jeder Bestimmungsmoment „die Beziehung auf sein anderes Moment an ihm selbst hat; so ist es der ganze in sich geschlossene Gegensatz. — Als dieses Ganze ist jedes vermittelt durch sein Anderes mit sich und enthält dasselbe. Aber es ist ferner durch das Nichtsein seines Andern mit sich vermittelt; so ist es für sich seiende Einheit und schließt das Andere aus sich aus."[1]

Der Kenner Hegels wird hier einwerfen, daß das eben angeführte Zitat den vorletzten Schritt der Analyse des Widerspruches bedeute, mit demselben aber der Drittensatz garnicht gemeint sein könne. Die erste Behauptung sei zugegeben, die zweite nicht. Denn es ist ja gerade der Kern der Hegelschen Methode an dieser Stelle, daß die Synthese der Ergebnisse, die durch die Sinnanalyse des ersten und zweiten Axioms gewonnen worden sind, das dritte Axiom ergeben müssen. Das Denken des Ansich wird durch die beiden ersten Sätze noch nicht erschöpfend definiert. „Es ist eine der wichtigsten Erkenntnisse, diese Natur der betrachteten Reflexionsbestimmungen, daß ihre Wahrheit nur in ihrer Beziehung aufeinander und damit darin besteht, daß jede in ihrem Begriffe selbst die andere enthält, einzusehen und festzuhalten."[2]

Es ist wohl wesentlich und muß für das Verständnis des Axioms vom ausgeschlossenen Dritten als unerläßlich hervorgehoben werden, daß es dadurch unmittelbar aus dem Widerspruchssatz hervorgeht, daß letzterer sich auf das Denken des Seins bezieht. Nur dadurch haben die einzelnen Bestimmungen des Denkens jene „gleichgültige Selbständigkeit für sich", wodurch jedes Moment zu einem ganzen in sich geschlossenen Gegensatz wird und nur durch das Nichtsein seines Anderen

---

[1] Hegel IV. S. 49.

[2] Hegel IV. S. 56.

mit sich vermittelt ist. (Sonst ist es überhaupt nicht vermittelt.) Dadurch werden alle positiven Bestimmungen des Seins eine „für sich seiende Einheit" und schließen „das Andere aus sich aus". Das Andere aber ist nur die Negativität ihrer selbst.

Was im Denken, das sich der Leitung des Drittensatzes fügt, also gemeint wird, ist folgendes: „Für sich" und „an ihnen selbst" sind die Bestimmungen (in ihrer Vielheit) entweder positive oder sie „sind" garnicht. Ein Drittes ist ausgeschlossen. „Das Viele als an sich seiend, ist gesetzt als ausschließend das ihm Entgegengesetzte . . ."[1]

Es soll hier noch kurz darauf hingewiesen werden, daß das „gesetzt", indem es dem „ausschließend" zugefügt wird und nicht dem „an sich seiend", bedeuten soll, daß natürlich nicht die negative Seinsalternative ausgeschlossen wird, sondern daß das Dritte, was man ausschließen muß, eine dritte Urteilsqualität ist.[2] — Dies hier nur zur Vermeidung von Mißverständnissen am Hegelschen Text. Es besteht nämlich heute im intuitionistischen Lager der mathematischen Logik die Neigung, die „Unentscheidbarkeit" als dritte Urteilsqualität anzusehen. Die Möglichkeit einer dritten Urteilsqualität ist nach Hegel aber ausdrücklich ausgeschlossen.

Wir haben, den Gedanken Hegels folgend, bereits darauf hingewiesen, daß der Seinsbegriff für das erste Axiom noch durchaus einschichtig, oder homogen aufzufassen ist, daß aber der Sinn des Satzes vom ausgeschlossenen Dritten sich nur enthüllt, wenn wir die Bedeutung des Begriffes Sein (oder Ansich) in einem zweifachen Sinne nehmen. Einmal naiv und einmal in sich reflektiert; denn wenn der Begriff des Seins auch für den Sinn des Drittensatzes homogen bliebe, entstünde die gefährliche Frage: wenn das Sein selbst das Seiende ist, wie können dann seine Bestimmtheiten seiende sein? Wenn aber die Bestimmtheiten wirklich „sind" so müßte doch das Sein selber nicht „sein". Was Hegel zeigen möchte ist das, daß dieses Dilemma nur ein scheinbares ist, weil man höchst irr-

---

[1] Hegel XVIIIa. S. 137. Es sei ausdrücklich darauf hingewiesen, daß das Viele nicht als Seiendes „gesetzt" ist. Nein, als Seiendes ist es ganz naiv objektivistisch gemeint, „gesetzt" ist es nur als ausschließend.

[2] Vgl. J. Cohn, Theorie der Dialektik. S. 135.

tümlicherweise glaubt, im Sein der Bestimmtheiten noch denselben Seinsbegriff vor sich zu haben wie im Sein des Seins. In Wirklichkeit sind die beiden «Sein» nicht mehr homogen. Sie gehören verschiedenen Tiefenschichten der Objektivität an. In Hegelscher Formulierung: „Sein als einfache Unmittelbarkeit" und „Sein gesetzt als an ihm selbst".

Was Hegel hier logisch versucht hat, ist in der Folgezeit überhaupt nicht verstanden worden. Ein Wunder ist das gerade nicht, denn dunkler und konfuser, als sich das alles bei Hegel darstellt, können diese komplizierten Beziehungen des Denkens wirklich kaum mehr entwickelt werden. Und leider ist es so, daß diese grundsätzlichen Fragen für Hegel nur belanglose kleine Nebenprobleme auf seinem Wege zum Absoluten bilden. Da lohnt sich ihm die Sorgfalt eben nicht. Die Folge davon ist, daß sich dann Herbart wieder den Kopf zerbricht, wie *einem* Dinge *viele* Bestimmungen zukommen können, da ja das Sein eines dieser Merkmale ein vom Sein eines anderen Merkmales zu unterscheidendes Sein sein würde und dadurch die Einheit des Seins des Dinges zerstört werden müßte.[1]

Wie sich Herbart dann hilft, interessiert uns hier nicht, wohl aber ist es nötig, die Hegelsche Auffassung der Sachlage jetzt in unserer Ausdrucksweise zu skizzieren. In modernerer Sprechweise würde sich Hegel vielleicht so ausdrücken: Die Scheidung zwischen Substanz und Akzidenz ist falsch, denn sie verwischt den eminent wichtigen logischen Unterschied zwischen Denken des Seins als eines *an sich* (denkunabhängig) Seienden und dem Denken des Seins als *gedachten* Seins. Der Seinsbegriff, dessen sich unser Denken beim Denken der Substanz bedient, ist von der ersten Art. Beim Denken des Seins der Akzidenz aber bedienen wir uns der zweiten Art. Trotzdem aber beruht der alte Unterschied zwischen Substanz und Akzidenz auf einer sehr richtigen Ahnung. Daß man diesen Unterschied gemacht hat, zeugt von einem instinktiven Gefühl dafür, daß die „absolute Substanz" eben nicht bloß Substanz sondern zugleich auch Subjekt ist. Tatsächlich aber kommt diese Unterscheidung in der Trennung von Substanz und Accidenz am Erkenntnisobjekt nicht zum Ausdruck. Denn Substanz und

---

[1] Vgl. Herbart, Lehrbuch.. S. 193 ff.

Akzidenz sind beide nur objektiv als dem Subjekt gegenüberstehend gedacht. Bei dieser Auffassung der Sachlage ist aber nicht einmal das Zustandekommen des Widerspruchverbots zu verstehen, da sich ja das Sein selbst widerspricht (wie bereits gezeigt wurde). Deshalb ist es erst recht nicht möglich, auf dieser Basis den Sinn des Satzes vom ausgeschlossenen Dritten sich verständlich zu machen, da dieser ja die Ausschließung des Widerspruches vom Seienden zur unausweichlichen Voraussetzung hat.

Die richtige Deutung der Unterscheidung von Substanz und Akzidenz ist vielmehr die, daß im Denken des Seins dieses immer zugleich als Substanz und Subjekt gedacht wird. Jede objektive Bestimmung kann zugleich als Subjektivität des Denkens selbst begriffen werden. Jede Bestimmung ist sowohl subjektiv als auch objektiv als der Sinn, durch den dieses ganz unbestimmte Sein-überhaupt als solches bestimmt, gemeint, „gesetzt" wird. So ist die abstrakteste Grundbestimmung des Denkens, wenn ich sie objektiv auffasse, das Sein, wenn ich aber subjektiv nach dem Sinn dieser abstraktesten Grundbestimmung frage, so kommt die Antwort, daß dieselbe Bestimmung das Nichts ist. D. h. ich habe tatsächlich im objektiven Sinne (d. h. im aufs Objektive gerichteten Meinen, resp. „Setzen" wie Hegel sich ausdrückt) noch gar nichts, wenn ich bloß «Sein überhaupt» habe. — In anderen Worten ausgedrückt bedeutet das, daß das Nichts wirklich nichts anderes ist, als der Sinn des Seins. Absolut nichts anderes. Es ist die bloße einfache Umkehrung der Abstraktion ins Subjektive. Aber diese Umkehrung, die selbst als subjektiv begriffener Sinn „ist" oder besser: „lebt", meint immer das entsprechende Objektive. Nie etwas anderes. Das Nichts ist selber das „gesetzte Sein". Freilich ist es in „gleicher Unmittelbarkeit" gesetzt. Aber es ist doch eben „gesetzt" und als solches nur und ganz ausschließlich Sein.[1] Es richtet sich ebenfalls auf das Ansich, allerdings mit negativem Vorzeichen.

[1] Diese Relativität der Objektivität selber ist eine der logischen Grundvoraussetzungen der Hegelschen Philosophie. Vgl. Hofmann, Das Problem.. S. 17. Hegel ist bis in die Gegenwart der einzige Logiker gewesen, „der die Korrelation von Subjekt und Objekt als konstituierend für das Objektbestimmen erkannt hat." Diese und die folgenden Ausfüh-

Wenden wir das auf den Satz vom ausgeschlossenen Dritten an: Solange die Substanz eben bloß Substanz war (und nicht auch Subjekt) müssen alle Bestimmungen in derselben Ebene der Objektivität liegen wie die absolute Substanz selber. Ausdrücke wie „objektiv" und „weniger objektiv" (also relativ subjektiv) haben dann überhaupt keinen logisch angebbaren Sinn. Die Objektivität ist für diesen Standpunkt völlig einschichtig. Wie aber ist — so lautet jetzt die Frage — die Disparatheit der objektiven Bestimmungen untereinander in Einklang zu bringen, wenn sie doch alle letztlich in einer Ebene liegen? Die Aufgabe war immer unlösbar und man schob in der Geschichte der Philosophie den Mangel in das Denken ab. Das menschliche Denken sei endlich und beschränkt, es sei nicht wie das göttliche Denken imstande, die objektiven Bestimmungen des Seins in ihrer Allheit indisparat zu denken. Aber indisparat müßten sie letztlich sein, wenn nicht das Sein am Widerspruch zugrunde gehen solle.[1] Die Bestimmungen seien letztlich an sich, d. h. als absolut objektiv Seiendes, nur einem absolut objektiven System des Denkens einzuordnen und die menschliche Disparatheit des Bestimmens sei bloß als „Schein" und „subjektive Täuschung" zu verstehen. Absolut objektiv könne allerdings nur Gott denken. Subjektivität sei immer eine Quelle der Täuschung. — Für diese, aus der naiv objektivistischen Haltung der traditionellen Logik entstandene Auffassung muß Gott als Garant der Axiome auftreten.[2]

---

rungen über den Drittensatz lehnen sich eng an Hofmann als an denjenigen Logiker an, dessen Auffassung des Drittensatzes die meiste Verwandschaft mit der Hegelschen hat.

[1] Vgl. Hegel IV. S. 51 f.

[2] Die Auffassung ist bis zu Kant wirksam geblieben. Kant vertritt sie selbst noch. Nur heißt der Garant bei ihm nicht mehr Gott, sondern die Vernunft. Aber bei Kant findet sich bereits ein Ansatz zu der neuen, der Hegelschen Auffassung. In der Kritik der reinen Vernunft (III. S. 331) bemerkt Kant nämlich: „daß die Transzendentalphilosophie unter aller spekulativen Erkenntnis dieses Eigentümliche habe: daß gar keine Frage, welche einen der reinen Vernunft gegebenen Gegenstand betrifft, für eben dieselbe menschliche Vernunft unauflöslich sei, und das kein Vorschützen einer unvermeidlichen Unwissenheit und unergründlichen Tiefe der Aufgabe von der Verbindlichkeit frei sprechen könne, sie gründlich und vollständig zu beantworten, weil ebenderselbe Begriff, der uns in den Stand setzt zu fragen, durchaus uns auch tüchtig machen muß, auf diese Frage

Diese cartesianische Auffassung ist für Hegel nicht mehr möglich. Denn wenn die Korrelation zwischen Subjekt und Objekt als konstituierend für das Objektbestimmen erkannt wird, und ein Begriff, je objektiver[1] er formuliert wird, auch desto subjektiver begriffen werden muß, dann kann unmöglich das Subjekt nur Quelle aller Täuschung sein, dann muß es ebenso Moment am Wahren sein wie das Objekt. Dann ist aber Gott als Garant der Axiome nicht nur überflüssig, dann muß die Gültigkeit der Axiome durch eine Analyse des Sinnes der Aufgabe, die sich das Denken in ihnen selbst gestellt hat, erwiesen werden können.

Und in der Tat geht aus dem Sinn des Satzes vom Widerspruch resp. ausgeschlossenen Dritten selbst hervor, daß und vor allem wie und in welchen Grenzen diese Sätze gelten. Es ist nicht nötig, infolge der absoluten Indisparatheit aller möglichen Bestimmungen sich für die Geltung des Satzes vom ausgeschlossenen Dritten auf einen Garanten zu verlassen. Die Gültigkeit folgt aus dem Sinn, in dem dieser Satz allein angewendet werden kann. Um das zu erläutern, kommen wir noch einmal auf die Unterscheidung von Sein als einfacher Unmittelbarkeit und Sein als gesetztem Sein zurück. Wir hatten den Unterschied bereits oben dahingehend charakterisiert, daß im ersten Fall das Sein als an sich Seiendes, mithin als vom Denken unabhängiges[2] gedacht wird, daß man aber im zweiten Fall das Sein gerade als gedachtes Sein denkt.

---

zu antworten, indem der Gegenstand außer dem Begriff garnicht angetroffen wird.“ Das ist vollständig sinn-analytisch gedacht. Hier nimmt Kant die Haltung, die später die Logik Hegels eingenommen hat, bereits vorweg. Vgl. Cassierer, Erkenntnisproblem II. S. 740. „Denn die Vernunft, die das Problem aufgeworfen hat, muß in sich selbst auch die Mittel finden, es rückschreitend durch Analyse wieder in seine einzelnen Momente aufzulösen und es damit kritisch zu entscheiden“.

[1] Dieser Gedanke der Relativität von «subjektiv» und «objektiv» findet sich auch bei Novalis. „Alles Objekt wird Reiz (und Formel) einer neuen Objektion. Es ist die unterste Reihe — das nächste Subjekt ist die Differenzreihe. Es ist ein Geronnenes und das Subjekt ein Flüssiges, eine Atmosphäre. Es ist eine beständige Größe, das Subjekt eine veränderliche. Beide in einer Funktion“. Novalis III. S. 140.

[2] Ob es das wirklich ist, kommt dabei garnicht in Frage. Wichtig aber ist, daß es als solches tatsächlich gedacht wird.

Der erste Fall wird durch den Satz der Identität definiert. Identität ist der Gedanke des Seins als eines Denkunabhängigen. Den zweiten Fall hingegen umschreiben Widerspruchsaxiom und Drittensatz. In ihnen ist nicht mehr das Sein ein Ansich, oder einfache Unmittelbarkeit, sondern ein gesetztes. Dafür ist in ihnen der „Unterschied an sich".[1] Das bedeutet: während im Identitätssatz das Sein als denkunabhängiges Sein gedacht wird, wird es in den folgenden Axiomen als gedachtes Sein gedacht. Dafür aber werden in den letzteren die unterschiedlichen Bestimmungen als denkunabhängige (an sich) gedacht. Sie sind jetzt dasselbe Sein, das im Identitätssatz gedacht wurde. Und umgekehrt: das Sein, auf das sich der Identitätssatz bezieht, wird im unmittelbaren Sein der Bestimmungen gemeint. Es ist in ihnen „gesetzt".

Wir verstehen jetzt die oben gemachte Bemerkung, daß das Sein im Drittensatz zweimal auftrete. Einmal als einfache Unmittelbarkeit, zum andern als Gesetztsein. Was wir aber noch nicht verstehen, ist, wie daraus die spezielle Geltung des Drittensatzes folgen soll. Wir müssen deshalb in der sinnanalytischen Beziehung der beiden Seinsbegriffe auf einander etwas weiter fortfahren.

Wir hatten gesehen, daß das Sein und das Nichts als einfache Unmittelbarkeiten dasselbe waren. Es war derselbe Gedanke einmal relativ objektiv, darauf relativ subjektiv gesehen. Genau so verhält sich hier im Drittensatz das unmittelbare Sein zum gesetzten Sein. Daß es sich um dasselbe Verhältnis handelt, wird deutlicher, wenn wir uns daran erinnern, daß von Hegel selbst die reine Identität als das bloße Nichts bezeichnet worden ist.[2] Das Verhältnis von unmittelbarem Sein und ge-

---

[1] Das ist nach Hegelschem Sprachgebrauch nicht korrekt. „An sich" ist der Unterschied bloß im Widerspruch; im Drittensatz ist hingegen das positive Moment der Entgegensetzung „an sich". Absichtlich aus Gründen der Uebersicht vereinfachen wir das im Text (hier, wie an einigen andern Stellen). Der Gedankengang bleibt ohnehin kompliziert genug.

[2] Das Verhältnis ist hier nur komplizierter, weil im ersten Teil der Logik nicht nur das behandelte Gedankenmaterial die einfache Unmittelbarkeit war, sondern weil auch die von Hegel angewandten Bestimmungsmethoden einfache unmittelbare waren. Im zweiten Teil der Logik ist das verarbeitete Gedankenmaterial dasselbe geblieben. Nämlich der Gedankenkomplex des Seins, resp. der einfachen Unmittelbarkeit. Aber die Be-

setztem Sein war, wie wir bisher gesehen haben, nur ein Unterschied der logischen Struktur. Aber auch inhaltlich unterscheiden sich diese beiden Momente des Denkens voneinander. Das unmittelbare Sein war bloße Einheit (und noch getrennt von der Vielheit); das gesetzte Sein dagegen ist Vielheit (und als solche „getrennt“[1] von der Einheit). Also: „Das Viele als solches ist sich selbst gleich, und so ist es der Einheit entgegen, aber eben darum nicht unterschieden von ihr, weil diese die Sichselbstgleichheit ist.“[2]

Im Drittensatz tritt damit das gesetzte Sein als Einheit, das unmittelbare Sein aber als Vielheit auf.[3] „Gesetzt“ aber heißt „gemeint“. So haben wir es wenigstens provisorisch übersetzt. Aber dieser Terminus (von dem wir ja im Abschnitt über die Thematik mehr zu sagen haben werden) hat bei Hegel eine engere Bedeutung. Ein Begriff ist nicht d u r c h eine x-beliebige Bestimmung gesetzt, sondern er ist gesetzt i n einer Bestimmung, die durch seine eigene Negativität vermittelt ist.[4]

Wenden wir diese Bedeutung des Terminus „gesetzt“ hier an: Im Drittensatz wird das (unmittelbare) Sein der Vielheit als Einheit „gesetzt“, resp. gemeint als in sich geschlossenes (sich nicht widersprechendes) Sein. Auf diese Weise ist es „die E i n h e i t von solchen, die nur sind, insofern sie n i c h t

---

stimmungen, mit denen Hegel jetzt denselben Gedanken behandelt, sind andere geworden. Und zwar methodisch andere, denn Hegel arbeitet jetzt nicht mehr mit einfach-unmittelbaren Bestimmungen, sondern mit in sich reflektierten Bestimmungen.

[1] So wie die logische Struktur von unmittelbarem Sein und gesetztem Sein sich unterscheidet, in gleicher Weise unterscheidet sich logisch strukturell die Bedeutung des «getrennt» im ersten und im zweiten Fall. Deshalb die Anführungsstriche im zweiten Fall. Im ersten Fall bedeutet die Trennung, daß beide unmittelbar gegeneinanderstehen, im zweiten, daß die Trennung Reflexion in sich und die getrennten Teile dadurch vermittelt werden. Vgl. das im Text folg. Zitat.

[2] Hegel XVIIIa. S. 137.

[3] Man lasse sich nicht dadurch irreführen, daß eben erst das unmittelbare Sein als Einheit erklärt worden ist. Denn es ist ja gerade dasselbe unmittelbare Sein, das im Drittensatz als gesetztes Sein auftritt. Infolgedessen ist hier das gesetzte Sein Einheit.

[4] Denn „der Begriff setzt sich selbst“.

eins sind, — und die Trennung solcher, die nur sind als in derselben Beziehung getrennte."[1]

D. h. also in dem durch Drittensatz (und Widerspruch) definierten Bestimmen wird der Sinn (Gesetztsein) des Seins bestimmt. Der Sinn des Seins ist Einheit, wenn auch das Sein als bestimmtes Vielheit ist. Aber das Bestimmen selbst steht immer unter dem Sinn des Seins. Es folgt also aus dem Sinn des Seins selbst, daß seine Bestimmungen nie disparat sein können. Wohl kann die Willkür des abstrakten Denkens disparate Bestimmungen des „absoluten" Seins aufstellen, aber sie explizieren dann den Sinn des Seins nicht.

Es folgt eben aus dem Begriff des „absoluten" Objektivismus selbst, daß seine Bestimmungen nie disparat sein können. Auf dem Standpunkt, auf dem „das Absolute zuerst als Sein bestimmt war"[2], war es Einheit. Da dieser Sinn in den Bestimmungen des Seins „gesetzt" ist, können sie als absolut objektive gar nicht anders gedacht werden als **in**disparate. Solange Bestimmungen noch als disparate im Denken auftreten, sind sie bloß subjektiv und nicht objektiv. Das Sein ist in solchen Bestimmungen nicht „gesetzt". Deshalb müssen wir je nach dem Grade der Disparatheit Stufen der Objektivität oder genauer des Denkens der Objektivität unterscheiden.

Die Tatsache aber, daß es nie restlos gelingt, die Disparatheit der Begriffe zu überwinden, braucht nicht mehr zu Zweifeln an der Gültigkeit des Drittensatzes Anlaß zu geben. Man braucht nicht mehr zu fragen: beruht etwa die nie restlos aufhebbare Disparatheit des Inbegriffs aller Bestimmungen des Seins auf einer reellen Uneinheitlichkeit des Seins selber? Denn wäre letzteres der Fall, so würde der Satz vom ausgeschlossenen Dritten nach alter Auffassung nicht gelten können. Nach Hegel aber beruht die Geltung dieses Satzes (wie überhaupt die der klassischen Axiome) überhaupt nicht auf der (hypostasierten) Tatsächlichkeit der Einheit des Seins, sondern allein auf dem Sinn der Einheit. Solange Begriffe also noch in disparaten Ver-

---

[1] Hegel IV. S. 49.

[2] Hegel IV. S. 3.

hältnissen stehen, ist das nur ein Sympton dafür, daß das absolute Sein in ihnen noch nicht „gesetzt" ist, daß sie noch nicht absolut objektiv zu deuten sind. Der Sinn des Seins ist erst in solchen Bestimmungen adaequat ausgedrückt, auf die der Satz vom ausgeschlossenen Dritten anwendbar ist. Der Sinn des Seins — mithin das Sein selber — kann bei Ungültigkeit des Satzes vom ausgeschlossenen Dritten überhaupt nicht gedacht werden, darauf beruht die Gültigkeit dieses Axiomes. Die Frage, ob es noch ein drittes Seiendes jenseits der Bestimmungsmöglichkeiten der totalen Disjunktion gibt, ist sinnlos, weil es ja gerade der Sinn des Seins ist, daß es kein Drittes im angeführten Falle gibt.

Diese Lösung ist echt kantisch. Die formallogischen Gesetze haben sich nicht nach der Struktur eines transzendenten Seienden zu richten und sie im Denken nachzubilden, sondern die formalen Gesetze des Denkens offenbaren nur erst den Sinn dessen, was wir meinen, wenn wir «Sein» sagen. Die Frage nach dem Sein kann — wenn sie sich ans Denken richtet, und damit philosophisch sein will — nur eine Frage nach dem Sinn des Seins sein. —

Auch das dritte Axiom hat sich uns als Axiom einer echten Seinslogik gezeigt. Wir haben uns vorläufig bloß mit Hegels sinnanalytischer Stellungnahme zu ihm als einem Moment des reinen Denkens befaßt. Soweit ist ihm dieses Axiom ein „wichtiger" Satz. Aber in der traditionellen Logik selbst pflegt er nicht sinnanalytisch verstanden zu werden (durch welche Methode seine, allerdings einseitige, Geltung aufgewiesen werden kann). In der abstrakt-formalen Logik wird er vielmehr als Axiom vorausgesetzt (und auf seinen Gehalt garnicht reflektiert). Er soll dort „gewöhnlich so viel heißen, daß einem Dinge von allen Prädikaten entweder dieses Prädikat selbst oder sein Nichtsein zukomme." Die Erwähnung eines solchen Satzes hat in der Philosophie nur „historisches Interesse" und eigentlich ist es „nicht der Mühe wert" ihn überhaupt anzuführen — so meint wenigstens Hegel.[1]

Wir aber führen auch diese „unbedeutende" Formulierung an, weil für uns die Frage, ob Hegel überhaupt die traditionelle

[1] Hegel IV. S. 57.

Logik verstanden, oder ob er nur ein Zerrbild von ihr gehabt hat, brennend wichtig ist. Hegel hat ein Neues an die Stelle oder besser neben die traditionelle Logik setzen wollen. Er hat darum Kritik an ihr geübt. Voraussetzung der Fruchtbarkeit einer solchen Kritik ist, daß das Wesen der traditionellen Logik wirklich von ihm begriffen worden ist. Nur dann dürfen wir seiner Behauptung, das Denken reiche weiter als die traditionelle Logik es wahr haben wolle, Vertrauen schenken. —

Zu den klassischen Axiomen gehört aber noch der Satz vom Grunde. Er steht auch bei Hegel etwas gesondert von den übrigen, sodaß wir gewisse allgemeine Bemerkungen über die klassischen Axiome bereits bei der Analyse des Drittensatzes gebracht haben. Diese Analyse ist deshalb so breit ausgefallen, weil in diesem Axiom Identität, Widerspruch und ausgeschlossenes Drittes sich so zusammenschließen, daß man ihre Momenthaftigkeit im Gesamtsinn des ontologischen Denkens besonders stark herausfühlt. Das geht bei Hegel soweit, daß die Analyse des Widerspruchs zugleich selbständige Bedeutung als Analyse des Drittensatzes hat. Man kann fast sagen, in der Explikation des Drittensatzes werden die beiden ersten Axiome noch einmal mitanalysiert. Jedenfalls bilden sie gegenüber dem letzten Axiom, dem Satz vom Grunde, eine gewisse Einheit. In der Jenenser Logik ist das noch nicht so deutlich zu bemerken. Zwar bilden auch dort Identität und Widerspruch einen einheitlichen Gedankenkomplex. Aber der Drittensatz steht noch isoliert. Er bildet ganz allein den Uebergang zum Satz vom Grunde.[1] In der Großen Logik und in der Logik der Enzyklopädie hat sich dies Verhältnis verschoben. Der Grund wird nicht mehr durch den Drittensatz vermittelt, sondern geht unmittelbar aus dem ganzen Komplex Identität, Widerspruch und Drittensatz hervor. Am ehesten ist er hier noch

---

[1] Bezeichnenderweise zählt Hegel in der Jenenser Logik die Axiomatik in Form von drei Grundsätzen auf. Identität oder Widerspruch rangiert als erster, der Drittensatz als nächster und der Satz vom Grunde als dritter Grundsatz. In den späteren Logiken zählt Hegel überhaupt nicht mehr. Er mag wohl gefühlt haben, daß alle vier Axiome keinesfalls linear zueinander stehen können, und daß eine Aufzählung leicht eine solche bloß lineare Folge vortäuscht.

durch den Widerspruch (mit Uebergehung des Drittensatzes) vermittelt.

Wir werden den Satz vom Grunde ebenfalls etwas ausführlicher als die ersten beiden Axiome behandeln müssen. Er nimmt, wie wir noch sehen werden, als Axiom den übrigen Axiomen gegenüber eine ausgezeichnete Stellung ein. Warum, das wird sich uns aus dem Verlauf der Analyse ergeben. Es ist aber trotzdem ein wichtiger Anlaß vorhanden, der uns zu einer gewissen Reserve ihm gegenüber zwingt. Die axiomatische Bedeutung dieses Satzes erschöpft sich nämlich nicht im Rahmen der traditionellen Logik. D. h. es kann ihm auch noch eine andere Bedeutung als Axiom zugeschrieben werden, eine Bedeutung, die außerhalb des Rahmens der traditionellen Logik liegt.[1] Auf diese letztere Bedeutung kann hier nicht anders als in flüchtigen Andeutungen eingegangen werden. Jetzt interessiert uns nur der Sinn dieses Grundsatzes als eines Axioms der traditionellen Logik.

„Der Grund ist", sagt Hegel in der Enzyklopädie[2], „die Einheit der Identität und des Unterschiedes; die Wahrheit dessen, als was sich der Unterschied und die Identität ergeben hat, — die Reflexion-in-sich, die ebensosehr Reflexion-in-anderes und umgekehrt ist." Dieser Satz enthält den Schlüssel zum Verständnis dessen, was Hegel als den Sinn des Satzes vom Grunde verstanden wissen will. Suchen wir uns deshalb über die Bedeutung dieser Behauptung zu verständigen: „Der Grund ist die Einheit der Identität und des Unterschiedes..." das ist sehr vieldeutig und kann uns deshalb schon nichts Bestimmtes sagen, weil wir ja bereits den Drittensatz als die Einheit der Identität und des Unterschiedes kennen gelernt haben.[3] Wir erfahren bloß, daß der Grund zu Identität und Unterschied in einer Beziehung stehen muß, die irgendwie ihre Einheit ist, ohne daß aber diese Beziehung so verstanden werden darf, wie sie aus Anlaß des Satzes vom ausgeschlossenen Dritten von uns begriffen worden ist. Da der nächste Satzteil im selben

---

[1] So spricht Hegel von zwei „entgegengesetzten Richtungen der Grundbeziehung.." IV. S. 80. Vgl. auch Jen. Log. S. 140.

[2] Hegel V. S. 134.

[3] Hegel XVIIIa. S. 137.

Tenor gehalten ist, ist von ihm vorläufig auch nicht viel zur Interpretation zu erhoffen. Wir wenden uns deshalb gleich zum schließenden Teil des Satzes: „Der Grund ist... die Reflexion-in-sich, die ebensosehr Reflexion-in-anderes und umgekehrt ist."

Der Grund ist also die Reflexion einer Reflexion. Als solche ist er übrigens „die letzte" Reflexionsbestimmung des Wesens.[1] Als die ersten beiden Reflexionsbestimmungen haben wir bereits Identität und Widerspruch kennen gelernt. Von diesen beiden war die Identität Reflexion in sich und der Widerspruch Reflexion in anderes. (Und beide waren vermittelt durch diejenige Reflexion, die als Reflexion in anderes Reflexion in sich selbst war. D. h. durch den Drittensatz). Nun ist der Grund, wie wir gesehen haben, die Reflexion-in-sich, die ebenso sehr Reflexion-in-anderes, wie auch in-sich ist. Wieder haben wir die fatale Aehnlichkeit mit dem Drittensatz. Aber hier können wir den Unterschied zwischen beiden feststellen. Die Aehnlichkeit besteht darin, daß in beiden Fällen die Reflexion an sich selbst doppelseitig ist.[2] Darin erschöpft sie sich aber auch. Die Reflexion des Drittensatzes ist ebenso einfache Reflexion in sich (und anderes), wie die Reflexion von Identität und Widerspruch einfache Reflexion in sich (und anderes) war.

Die Reflexion des Grundes aber ist doppelte Reflexion. Sie ist Reflexion der Reflexionsbestimmungen. Und sie ist außerdem doppelseitig. Sie ist erstens Reflexion-in-sich der Reflexion-in-anderes, und sie ist zweitens Reflexion-in-sich der Reflexion-in-sich. Das hieß bei Hegel: der Grund ist... die Reflexion-in-sich, die ebensosehr Reflexion-in-anderes und umgekehrt ist.

Damit ist das Denken wieder einen Schritt weiter. Resümieren wir kurz: Im ersten Buch der Logik fanden wir die naiv objektivistischen Seinsbestimmungen, deren Sinn analysiert wurde. Im zweiten Buch traten dieselben Seinsbestimmungen als gedachte auf und wieder wurde ihr Sinn analysiert, aber nicht mehr in ihrer Eigenschaft als naiv objektivistische, sondern

---

[1] Hegel IV. S. 63.

[2] Wir haben das für das Axiom vom ausgeschlossenen Dritten an der Doppelseitigkeit des Seinsbegriffes erläutert.

als gedachte Seinsbestimmungen. Als „reflektiert in sich" wurden sie analysiert. Das Resultat dieser Analyse des Sinns des Denkens des Seins waren zwei oder drei Wahrheitsmomente, die in selbständiger Satzform in der traditionellen Logik als Axiome vorkommen. — Wir haben also damit bisher zwei Stufen des Hegelschen Denkens, die wir sorgfältig festhalten wollen:

1. Das Denken wird als Sein gedacht, (äußere Reflexion).
2. Das Denken des Seins wird als Denken (Sinn) gedacht, (Reflexion in sich).

Dieses bisher gerade noch übersehbare Verhältnis kompliziert sich jetzt weiter, indem die auf der zweiten Stufe erscheinenden Grundbestimmungen der inneren Reflexion jetzt selber wieder als reflektiert in einer höheren Reflexion erscheinen sollen. Jene erneute Reflexion, die eine dritte Stufe repräsentieren würde, wäre dann das Wesen des Grundes. Oder „das Wesen als Grund", wie Hegel sagt.

Da bei dieser erneuten Forderung an Abstraktion das Denken endgültig zu versagen droht, suchen wir nach bildlicheren Formulierungen des Sachverhaltes. Wir finden sie in der Jenenser Logik, in der Hegel Gott sei Dank noch nicht dieselbe Kraft der Abstraktion bewiesen hat, wie in den späteren logischen Arbeiten. In den Erörterungen über den Satz des Grundes findet sich dort folgender Passus: „Die Bestimmtheit hat einen Grund, heißt das gedoppelte: sie ist gesetzt in sich selbst als in einer Einheit ihrer selbst und ihres Gegenteils, sie als diese bestimmte hat diese Einheit zu ihrem Grunde, der sich in sich, d. i. in sie und in sein Gegenteil einteilt oder sie erzeugt."[1] Das Gesetztwerden der Bestimmtheit in sich selbst haben wir in den ersten drei Axiomen gesehen. Es ist das naive Denken des Seins, das in dieser Bewegung axiomatisiert wird. Darauf folgt aber noch eine zweite Bewegung. Diese naiv ungebrochene Einheit des Denkens weiß sich selbst als Denken und teilt sich so in sich selbst (als Grund) und in sein Gegenteil. Das ist der zweite Gang des Denkens. „Im ersten wird es, im zweiten wird es für sich selbst."[2] Deshalb ist auch der Grund

[1] Hegel XVIII a. S. 140.

[2] Hegel XVIII a. S. 141.

„ein Erkennen, aber als Erkanntes, als ein gegen das Erkennen noch mit Gegensätze affiziertes.“[1]

Die hier auftauchende Frage, warum sich das Denken, wenn es auf seine eigene Axiomatik reflektiert, sich wieder in sich selbst und sein Gegenteil trennt, müssen wir trotz ihrer Wichtigkeit auf später verschieben. Hier heißt es vorläufig, das doppelte Reflexionsverhältnis im Satz des Grundes zu erklären. — Wir hatten oben bereits gesehen, daß die einfache Reflexion in sich die Bedeutung hatte, daß die in ihr auftauchenden Momente axiomatisch für die erste Stufe des Denkens waren. „Im ersten wird es“, hat also eigentlich die Bedeutung, im ersten Grad der Reflexion (seinem Werden) wird das Denken überhaupt axiomatisch. Im zweiten Grad der Reflexion (seinem „zweitem“ Werden) „wird es für sich selbst“ axiomatisch.

Der Satz des Grundes hat also vorläufig die Bedeutung, daß in diesem neuen Axiom das Denken sich selbst axiomatisch wird. Die Reflexion-in-sich der Reflexion-in-sich (und anderes) hat also eine doch recht leicht faßliche Bedeutung. Die einfache Reflexion-in-sich war der Gedanke der Notwendigkeit und Einheit des Seins. Denn „in dieser Natur dessen, was ist, in seinem Sein sein Begriff zu sein, ist es, daß überhaupt die logische Notwendigkeit besteht.“[2] Diese Notwendigkeit wird durch die ersten drei Axiome ausgedrückt. Sie sind die Notwendigkeit, aber das naive Denken, das sich ihrer bedient, weiß es nicht. Die Notwendigkeit ist nur am Denken, aber noch nicht für es selbst. Das geschieht erst im Satz vom Grunde. Indem dieses Axiom Reflexion-in-sich der Reflexion ist, ist es Notwendigkeit der Notwendigkeit, oder besser: ist es das Denken als seine eigene Notwendigkeit forderndes Denken. Im Satz des Grundes ist die Notwendigkeit der ersten drei Axiome „für sich selbst.“

Damit wäre die Bedeutung des Satzes vom Grunde als einer in sich gedoppelten Reflexionsbestimmung geklärt. Aus ihr ergibt sich auch die gesonderte Stellung, die dieses Axiom ein-

---

[1] Ibidem. Hegel spricht in der Jenenser Logik vom „Erkennen“ überall dort, wo er das Denken des Seins erläutert. Die Axiome sind Grundsätze des „Erkennens“.

[2] Hegel II. S. 17. Vgl. auch S. 264.

nimmt. Gehen die ersten drei Axiome unmittelbar als Reflexionsbestimmungen auf das Sein, indem sie es

1. als Sein
2. als Gedachtes und
3. als gedachtes Sein

definieren, so ist hingegen beim Satz des Grundes eine solche unmittelbare Beziehung auf das Sein nicht vorhanden. Er ist eben nicht Reflexion auf das Sein, sondern Reflexion auf die Reflexion des Seins. Er bezieht sich deshalb nur durch die Vermittlung der ersten drei Axiome auf das Sein. Unmittelbar bezieht er sich auf diese Axiome selbst.[1] In diesem Sinne ist der Grund als „die Einheit der Identität und des Unterschiedes ... die Reflexion-in-sich, die ebensosehr Reflexion-in-anderes und umgekehrt ist."

Welcher Art ist aber diese unmittelbare Beziehung? Also die Beziehung auf die vorangehenden Axiome selbst statt auf das Sein. Sie ist eine Beziehung der Notwendigkeit, das haben wir schon gesehen. Die Reflexion war die Rückkehr des Seins in sich selbst als reine Negativität,[2] oder Bestimmtheit. „Aber diese Bestimmtheit ist nicht durch es selbst gesetzt; oder es ist nicht Grund, eben insofern es diese seine Bestimmtheit nicht selbst gesetzt hat. Seine Reflexion aber besteht darin, sich als das, was es an sich ist, als Negatives zu setzen und sich zu bestimmen."[3] Im Satze des Grundes wird also die Notwendigkeit der Bestimmtheit, die in den ersten drei Axiomen an sich war, „gesetzt". Das bedeutet aber nichts anderes, als daß diese Axiome selbst als notwendige gesetzt werden. Diese Setzung erfolgt durch den Satz des Grundes. Sie ist vielmehr dieser Satz.

Der Satz vom Grunde fordert also die vorangehenden Axiome als notwendige. Indem er aber ihre Bestimmtheit setzt, fordert er sie als notwendige gerade im Hinblick auf diese Bestimmtheit. Diese Bestimmtheit aber ist das Ansich, oder das

---

[1] Der Grund ist „das auf das Setzende rückschlagende Setzen". Hegel IV. S. 66. Das Setzende sind die voraufgehenden Reflexionsbestimmungen.

[2] Negativität kann bei Hegel oft (nicht immer) mit Subjektivität oder setzender Subjektivität übersetzt werden.

[3] Hegel IV. S. 63.

Sein. Die vorangehenden Axiome werden durch ihn also nicht etwa schlechthin als Axiome für das Denken gefordert, sondern sie werden speziell als Grundsätze für das Denken des Seins gefordert. Wir können also sagen: sind Identität und Widerspruch als axiomatischer „Grund" des Denkens gesetzt, so ist solches Denken notwendig ein Denken des Seins. Oder umgekehrt: wenn Sein gedacht wird, so ist der „Grund" in welchem dieses Denken sich als notwendig weiß, immer Identität und Widerspruch (Unterschied).

Das Absolute ist sowohl Substanz als auch Subjekt; oder wenn wir in der bisherigen Terminologie bleiben wollen: das Absolute ist sowohl Sein als auch Nichtsein. Die Bedeutung, die der Satz vom Grunde als Axiom selbst hat, ist also die, daß er fordert, wenn das Absolute als absolutes Sein gedacht wird, so müssen notwendig die drei Momente des Denkens: Identität, Unterschied und Entgegensetzung als die drei Axiome der Identität, des Widerspruches und des ausgeschlossenen Dritten auftreten. Der Satz vom Grunde ruft also diese drei Axiome gleichsam zum Dienste auf, wenn sich das Denken auf den Gedanken des absoluten Seins besinnt.

(Wir wollen beiläufig bemerken, daß hier bereits in dieser über die übrigen Axiome übergreifenden Funktion des Grundes sich die Doppeldeutigkeit dieses letzten Axiomes enthüllt. Denn wenn sich das Denken ebenso einseitig auf den Gedanken des absoluten Subjektes besinnt, wenn also das Absolute nur als Subjekt, resp. als Nichtsein gedacht werden soll, dann muß der Satz des Grundes entsprechend seiner Funktion in der Seinslogik jetzt auf einmal ganz andere Momente des Denkens als Axiome zum Dienste aufrufen. Der Satz des Grundes muß dann eine dem Denken des Seins inverse Axiomatik als notwendigen Grund für das Denken des Denkens fordern. Dieser Gedanke scheint implicit in den Hegelschen Erörterungen über den Grund zu stecken und macht sie besonders dunkel. Bewältigt aber hat Hegel das Problem nicht, obwohl er sehr mit den „beiden entgegengesetzten Richtungen der Grundbeziehung" ringt.[1] Er interpretiert schließlich beide mühsam im Sinn der reinen Seinslogik.)

Es bleibt noch die Frage, die wir weiter oben vorläufig zurückgestellt haben, zur Beantwortung übrig. Warum weiß sich denn die in den Axiomen definierte naive, ungebrochene Einheit des Denkens selbst als Denken und teilt sich so in sich selbst (als Grund) und in ihr Gegenteil? Wir erinnern uns, es war jener zweite Gang des Denkens, in welchem die Reflexion in sich selbst „für sich selbst" wurde. Wir haben die nun zu beantwortende Frage damals zurückgestellt, weil wir jetzt auf Grund der inzwischen gewonnenen Ergebnisse in der Lage sind, sie weniger abstrakt zu formulieren. Denn inzwischen haben wir das Reflexionsverhältnis des Satzes vom Grunde zu den übrigen Axiomen als Reflexionsbestimmungen kennen gelernt und können deshalb die obige Frage in folgender äußerlich zwar höchst abweichender, sachlich aber dasselbe besagender Formulierung aussprechen: Woher kommt es, wenn doch die ersten drei Axiome durch ihren eigenen Sinn bereits ihre Gültigkeit bestimmt haben und sie den Sinn des Seins bereits erschöpfend definieren, daß in der Seinsaxiomatik eine Zäsur nach dem dritten Axiom entsteht und jenseits von ihr noch ein weiteres Axiom auftreten muß? Warum ist das, was ist, nämlich in den logischen Urteilen ist, „nicht als seiendes Unmittelbares, sondern als Gesetztes zu betrachten"? Warum „ist nicht bei dem unmittelbaren Dasein oder bei der Bestimmtheit überhaupt stehen zu bleiben, sondern davon zurückzugehen in seinen Grund, in welcher Reflexion er als Aufgehobenes und in seinem An- und Fürsichsein ist"?[2]

In den ersten drei Axiomen wird dem Denken die „Bestimmtheit überhaupt" (natürlich des Seins) bereits vollständig gegeben, warum also in aller Welt soll es noch darüber hinaus? Die Antwort, die Hegel darauf in der Großen Logik gibt, ist bei aller Abstraktion leidlich deutlich. Sie beruht auf dem Ge-

[1] Hegel sieht die Doppelseitigkeit der Grundbeziehung in der Beziehung des Begründeten auf den Grund einerseits und in der Beziehung des Grundes auf das Begründete andererseits. Wie diese zweite Beziehung möglich sein soll, bleibt völlig unverständlich.

[2] Hegel IV. S. 65.

danken, daß zwar der Sinn des Seins kein neues Axiom nötig macht (denn er ist ja in den ersten drei schon erschöpfend definiert); wohl aber fordert der Sinn der Axiome selbst eine solche Ergänzung.[1] In den ersten drei Axiomen war das unmittelbare Sein in seinen Bestimmungen unmittelbar oder an sich geworden. Das drückte die Entgegensetzung des Positiven und des Negativen (im Drittensatz) aus. Aber die Selbständigkeit der positiven resp. negativen Bestimmungen war nur eine gemeinte.[2] Die Frage, ob diese Bestimmungen also wirklich das Ansich waren, naiv gesprochen, ob sie wirkliche Bestimmungen des Ansichseienden waren, blieb offen. Es war vermittels der ersten drei Axiome unmöglich auszumachen, ob die Bestimmungen das Ansich, das in ihnen gemeint („gesetzt") war, auch tatsächlich trafen. Diese Verlegenheit entwickelt sich unausbleiblich aus der Struktur des Drittensatzes, wie Hegel vorbildlich zeigt. Er sagt vom Gebrauch der Bestimmungen im Drittensatz: „Ihre ausschliessende Reflexion hebt dies Gesetztsein auf, macht sie zu fürsichseienden Selbständigen, zu solchen, die nicht nur an sich, sondern durch ihre negative Beziehung auf ihr Anderes selbstständig sind; ihre Selbständigkeit ist auf diese Weise auch gesetzt. Aber ferner machen sie sich durch dies ihr Setzen zu einem Gesetztsein. Sie richten sich zugrunde, indem sie sich bestimmen als das mit sich Identische, aber darin vielmehr als das Negative, als ein mit sich Identisches, das Beziehung auf anderes ist."[3] Dieser Gedanke wiederholt sich noch einige Male, dann fährt Hegel fort: „Nach dieser positiven Seite, daß die Selbständigkeit im Gegensatze als ausschließende Reflexion sich zum Gesetztsein macht und es ebensosehr aufhebt, Gesetztsein zu sein, ist der Gegensatz nicht nur zugrunde, sondern in seinen Grund zurückgegangen.[4]"

---

[1] Dieser Sachverhalt war bereits in den vorausgehenden Erörterungen dadurch ausgedrückt, daß wir den Satz des Grundes als axiomatische Reflexion der axiomatischen Reflexion des Seins auffaßten.

[2] „Das Positive und das Negative machen das Gesetztsein der Selbständigkeit aus." Hegel IV. S. 51.

[3] Hegel IV. S. 51.

[4] Hegel IV. S. 52.

Die Interpretation dieser Stellen ist sehr einfach. Die ausschließende Reflexion bedeutet, daß die Urteile, in denen die Bestimmungen ausgesprochen werden, reine Seinsurteile sind. Denn in Seinsurteilen ist eine dritte Urteilsqualität außer positiv oder negativ tatsächlich ausgeschlossen. Durch diese Urteilsstruktur ist das „Gesetztsein" der Bestimmungen aufgehoben. In solchen Urteilen werden also die Bestimmungen nicht mehr als „gesetzt", sondern als tatsächlich seiende gemeint. Als solche sind sie aufzufassen, als Bestimmungen, die dem Sein auch unabhängig vom Denken zukommen. Aber sie sind nicht nur an sich selbständig, sondern auch durch „ihre negative Beziehung auf ihr Anderes". Dies ist die entscheidende Stelle des ganzen Gedankenganges. Wir haben bereits früher bei Behandlung des Drittensatzes ausdrücklich darauf hingewiesen, daß das Sein an sich in den im Drittensatz auftretenden Bestimmungen g e s e t z t war. Dadurch wurden die Bestimmungen selbst an sich. (Eben weil in ihnen das Ansichsein „gesetzt" war). Ihr Sein war also das Sein des Seins. D. h. ihr Sein war völlig durch den Sinn des Seins definiert. Auf diese Weise war ihr Sein rational völlig faßbar, weil es völlig innerhalb des Bereiches des Sinns des Seins zu explicieren war. Aber, so wird hier gesagt, sie sind nicht nur a n s i c h selbständig, sondern auch durch „ihre negative Beziehung auf ihr Anderes". Das will soviel heißen: sie haben auch innerhalb des Rahmens des Seins überhaupt noch eine spezielle Seinsbestimmung, w e l c h e, weil s i e e b e n n i c h t m e h r b l o ß E x p l i k a t i o n d e s S i n n e s d e s S e i n s i s t, f ü r d i e A x i o m e d e s S e i n s b l o ß f a k t i s c h i s t. Der Drittensatz enthält den Sinn des Seins in der Form einer vollkommenen Disjunktion, aber warum eins (und welches?) der beiden Glieder der Entgegensetzung im konkreten Fall seiend ist oder warum nicht, das bleibt im Sinne des Seins völlig kontingent, weil ja der Sinn des Seins das Sein nicht selber ist. Der Sinn des Seins kann ja nicht das Sein selber für das Denken sein, denn der Sinn des Seins ist — nach Auffassung der spekulativen Logik des Absoluten — der Gedanke der objektiven Transzendenz. Anders gesagt: ist der G e d a n k e des unabhängig vom Denken bestehenden Fürsichseins des Seins. Das war ja der Inhalt des Identitätsaxioms, welcher so im Drittensatz wiederkehrt, daß die Bestimmungen nicht bloß an sich selbständig seiende seien, sondern daß sie auch durch ihre negative Beziehung auf ihr Anderes als seiende gemeint seien. Damit vollendet sich erst der Sinn des Seins (der Transzendenz) im Drittensatz, indem durch diese Eigenschaft der Bestimmungen einer vollkommenen Disjunktion: seiend durch ihre negative Bestimmung auf ihr Anderes zu sein, der Sinn der Faktizität im Sein ausgedrückt ist. Faktizität hier gleich Transzendenz oder Unabhängigkeit (gegenüber dem Denken).[1] Wenn das Denken Sein sagt, so meint es objektive Transzendenz. Korrekter nach Hegel: im Denken wird die objektive Transzendenz gesetzt.

Setzen wir jetzt die Interpretation des Textes fort. Die Bestimmungen des Denkens sind durch das Ausschließende der Reflexion nicht nur an sich Selbständige, sondern dies Moment des Ausschließens setzt sie auch als selbständig durch ihre negative Beziehung auf ihr Anderes. Durch das Ausschließen also werden die durch ihre negative Beziehung auf ihr Anderes selbständigen Bestimmungen selbst zu einem Gesetztsein. So „machen sie sich durch dies ihr Setzen zu einem Gesetztsein." Aber dadurch richten sie sich zugrunde. Denn jetzt ist in ihnen als seiend gesetzten nicht der volle Sinn der Identität gesetzt. Denn sie bestimmen sich zwar als das Identische, aber darin vielmehr als das Negative, als ein mit sich Identisches, das Beziehung auf Anderes ist. Diese Identität aber ist nicht die Identität des reinen Seins. Denn das Sein ist reine Unmittelbarkeit der Sichselbstgleichheit. Die Sichselbstgleichheit oder Identität, die die Bestimmungen jetzt aber haben, ist Identität, die „Beziehung auf Anderes ist". Die Identität, die die Bestimmungen als Bestimmungen des Seins hat, ist nicht die im Identitätssatz ausgesprochene Identität des Seins selbst, ist nicht unmittelbare Identität, sondern nur Identität, die Beziehung auf Anderes ist. Also vermittelte Identität. Ihre Identität ist eine durch Vermittlung eines Anderen gesetzte Identität des Seins. Die Identität der Bestimmungen bleibt eine bloß gemeinte oder gedachte, und damit erfüllen die Bestimmungen nicht die Aufgabe, die ihnen im Identitätssatz gestellt war, auf

---

[1] Lask hat diesen Sachverhalt mit einer sehr glücklichen Formulierung als „transzendentallogischen Zufallsbegriff" bezeichnet. Vgl. WW. I. S. 38 ff.

wirklich adaequate Weise. Sie versagen vor der gestellten Aufgabe und richten sich dadurch selbst zugrunde, wie Hegel sagt.

Um des Ueberganges zum Satz vom Grunde willen, wollen wir noch einmal die Aufgabe, die sich das Denken stellt und die ganz inadaequate Weise, in der es sie erfüllt, rekapitulieren. Der Identitätssatz verlangt, daß das Sein als die einfache Unmittelbarkeit der Identität gedacht werden soll. Denn das ist der Sinn des Seins. Diese Aufgabe aber ist nie adaequat lösbar, weil sie in sich widerspruchsvoll ist. Denn Denken bedeutet Vermittlung. Die Unmittelbarkeit der Identität kann in ihr immer nur als vermittelte Unmittelbarkeit gedacht werden. Die einfache Unmittelbarkeit der Identität ist in den Bestimmungen des Denkens nur „gesetzt", gemeint; intendiert, wenn man einen modernen Ausdruck gebrauchen will. Das Ansich ist nur an den Bestimmungen, aber sie sind nicht das Ansich. In der Jenenser Logik beim Uebergang des Drittensatzes in den Satz des Grundes spricht Hegel das selbst in gleicher Weise aus. (Zu bemerken ist für das äußere Verständnis des Satzes nur, daß Hegel dort den Drittensatz erst als zweites Axiom und den Satz des Grundes als drittes zählt.) „Das Ansich ist also nicht der erste, noch der zweite Grundsatz, wie sie sich ausdrückten, sondern an sich sind sie der dritte.[1]

In der Entwicklung des Denkens durch seine ersten drei Momente hindurch ist also das Sein nicht wirklich begriffen. Es bleibt für das Begreifen ewig in seinen Bestimmungen „gesetzt". Es ist „aufgegeben", um einen bekannten Terminus Kants zu verwenden, und es ist darum als Unmittelbarkeit der Sichselbstgleichheit aus dem Denken ausgeschlossene und von ihm unabhängige Transzendenz. Aber indem die Bestimmungen diesen Sinn des Seins setzen, „machen sie sich durch dies ihr Setzen zu einem Gesetztsein." Sie sprechen damit das Sein als gedachtes und damit im Denken tatsächlich nicht erreichtes aus. Aber der paradoxe Gedanke, das Sein als **nicht** gedachtes in den Bestimmungen auszusprechen, ist der Grund der Bestimmungen und so gehen sie an ihrem Widerspruch nicht nur zugrunde, sondern in ihren Grund zurück. „Nach dieser positiven Seite, daß die Selbständigkeit im Gegensatze als ausschließende

[1] Hegel XVIIIa. S. 139.

Reflexion sich zum Gesetztsein macht und es ebensosehr aufhebt, Gesetztsein zu sein, ist der Gegensatz nicht nur zugrunde, sondern in seinen Grund zurückgegangen."

Wenn das Denken bei der hoffnungslosen Paradoxie, in die sich der Gedanke des Seins allmählich in seinen Momenten auseinanderwickelt, nicht stehen bleibt und weiterfragt: was ist nun eigentlich jenes Sein, daß in den ersten Axiomen so inadaequat, d. h. nur als gesetztes, entwickelt wird, so lautet die Antwort an dieser Stelle des Denkens: jenes Sein ist der Grund der vorausgehenden Axiome, aber jener Grund ist selber nicht Seiendes, sondern auch nur ein Axiom.

Der Satz des Grundes beruht also auf dem Gedanken, daß das Sein dem Denken selber transzendent ist. Weil das Sein im Denken nicht selbst gehabt, sondern nur „gesetzt" wird, muß ein Grund für diese Setzung bestehen. Das ist nach Hegel der Sinn des Satzes vom Grunde. „Der Grund... entspricht dem Momente in der nicht reflektierten Logik, welches das Verhältnis des Seins genannt wurde und das jetzt als an und für sich seiend, in sich geschlossen und dem Verschwinden in der Dialektik entnommenen gesetzt ist."[1] In völlig anderer Ausdrucksweise, aber sachlich genau dasselbe sagt Hegel in der Großen Logik. „Das Wesen schließt als Grund sich von sich selbst aus, es setzt sich; sein Gesetztsein, — welches das Ausgeschlossene ist, — ist nur als Gesetztsein, als Identität des Negativen mit sich selbst. Dies Selbständige ist das Negative, gesetzt als Negatives; ein sich selbst Widersprechendes, das daher unmittelbar im Wesen als seinem Grunde bleibt."[2] —

Jetzt endlich sind wir in der Lage, eine endgültige Antwort auf die Frage zu geben, die wir uns oben in folgender Form stellten: Woher kommt es, wenn doch die ersten Axiome durch ihren eigenen Sinn bereits ihre Gültigkeit legitimiert haben und sie den Sinn des Seins bereits erschöpfend definieren, daß in der Seinsaxiomatik noch ein weiteres Axiom auftreten muß? Die Antwort lautet: Gerade weil sie ausschließlich den Sinn des Seins

[1] Hegel XVIIIa. S. 142.

[2] Hegel IV. S. 53.

1. als Sein
2. als Gedachtes
3. als gedachtes Sein

definieren, sind sie als ein System der Axiomatik unvollständig, denn sie berücksichtigen die in ihnen entstehende Paradoxie, daß das Sein als denkunabhängiges gedacht wird und daß dieses Verhältnis unauflösbar ist, weil es auf einer „absoluten Entgegensetzung" des Denkens selbst beruht, in gar keiner Weise. Weil die ersten drei Axiome das aber überhaupt nicht berücksichtigen, kommt in ihnen als einem trinitarischen System nicht zum Ausdruck, daß das im Identitätsaxiom vorgesteckte Ziel das Sein als transzendentes zu denken, nicht erreicht wird. Die trinitarischen Axiome definieren das Sein und den Sinn des Seins ganz unreflektiert, sie drücken damit ihr eigenes Verhältnis zum Sein nicht aus; so muß zu ihnen noch ein Axiom hinzutreten, das dieses Verhältnis ausdrückt. In den trinitarischen Axiomen reflektiert sich bloß das Sein, die Axiome sind selbst unreflektiert. Im Satz vom Grunde aber reflektiert das axiomatische Denken auf sich selbst. Das ist die Entzweiung des Denkens mit sich selbst, oder — die Reflexion-in-sich der Reflexion-in-sich und anderes — von der wir unsern Ausgang nahmen.

In den trinitarischen Axiomen wird bereits das ganze Sein gedacht. Insofern bilden sie eine Einheit. Und als solche erscheinen sie auch bei Hegel. Aber derselbe Gedanke des Seins wird dann noch einmal gedacht im Satz vom Grunde. Das erste Mal ist der Gedanke einfache Reflexion, im zweiten Fall ist er doppelte Reflexion. „Denn der Grund ist Identität des Positiven oder selbst auch des Gesetztseins mit sich; das Begründete ist das Gesetztsein als Gesetztsein, diese seine Reflexion in sich aber ist die Identität des Grundes."[1]

Unsere Erörterungen haben sich bisher darum bemüht, den Sinn des Satzes vom Grunde (als Axiom), so wie ihn Hegel versteht, darzustellen. Diese Aufgabe ist völlig erfüllt, wenn wir jetzt, vorbereitet durch unsere den Hegelschen Gedanken nachgehende Analyse, noch die Formel geben, in der Hegel diesen in der traditionellen Logik geltenden Sinn direkt

[1] Hegel IV. S. 67.

ausspricht. Der Satz heißt: Alles hat seinen zureichenden Grund. Und folgender „Sinn" ist damit „gewöhnlich verbunden" worden, „daß nämlich das Sein als solches in seiner Unmittelbarkeit für das Unwahre und wesentlich für ein Gesetztes, der Grund aber für das wahrhaft Unmittelbare erklärt wird."[1]

Es bleibt noch übrig, hinzuzufügen, daß Hegel diesen primären Sinn des Grundes auf dreierlei Weise ausspricht. Das ist aus dem Verhältnis des Satzes vom Grunde zu den übrigen Axiomen zu verstehen. Wir haben festgestellt, daß der Satz vom Grunde sich nicht auf das Sein direkt, sondern auf die vorausgehenden trinitarischen Axiome bezieht, die durch ihn erst aufgerufen werden. Dem entsprechend kann diese Beziehung als eine dreifache aufgefaßt werden.

1. bezieht sich der Grund auf den Identitätsatz,
2. auf den Satz vom Widerspruch,
3. auf den Satz vom ausgeschlossenen Dritten.

Die erste Beziehung erläutert Hegel so: „Der Grund ist zuerst absoluter Grund, in dem das Wesen zunächst als Grundlage überhaupt für die Grundbeziehung ist."

Unschwer erkennen wir auch das Verhältnis zum Satz vom Widerspruch in der Bemerkung: „Zweitens ist er bestimmter Grund als Grund von einem bestimmten Inhalt."

Erheblich dunkler finden wir dann die Beziehung zum Satz vom ausgeschlossenen Dritten ausgesprochen: „Drittens, der Grund setzt eine Bedingung voraus; aber die Bedingung setzt ebensosehr den Grund voraus; das Unbedingte ist ihre Einheit, die Sache an sich..."[2] Hier scheinen einige erläuternde Zusätze nötig, um die Beziehung zum Satz vom ausgeschlossenen Dritten durchsichtig zu machen.

Wir haben gesehen, daß der Satz vom Grunde an der Paradoxie entstand, in die das Denken des Seins gerät. Diese Paradoxie wurde offenbar im Satz vom ausgeschlossenen Dritten in der Verlegenheit, daß das gesetzte Sein und das Sein an sich sich nicht zur Deckung bringen ließen. Das Ansich blieb bloße Bestimmung und das Fürsichsein des Seins (der reine Identitätsgedanke) war in der Bestimmung nur „gesetzt". Aber

---

[1] Hegel IV. S. 65.

[2] Hegel IV. S. 64 f.

es war doch eben — und dies ist das Wesentliche — als Nichtgesetztes gesetzt. Das Nichtgesetzte ist also „vorausgesetzt“[1], aber, indem es gesetzt ist, geht vielmehr die Setzung „voraus“.

Diese Paradoxie nimmt der Grund in sich auf und bezieht sich dadurch auf den Drittensatz. Denn der Grund „ist das, woraus das Dasein begriffen werden soll; umgekehrt aber wird von diesem auf ihn geschlossen und er aus dem Dasein begriffen.“[2] Der Grund setzt also eine Bedingung voraus, nämlich seine eigene Setzung (von der auf den Grund geschlossen werden soll), aber diese Setzung setzt ihrerseits das Gesetzte bereits voraus (um aus ihm das Dasein zu begreifen). In diesem Sinne setzt der Grund, wie wir oben hörten, „eine Bedingung voraus; aber die Bedingung setzt ebensosehr den Grund voraus.“

Diese gegenläufige Beziehung selbst wird dann ihrerseits im Axiom des Grundes als unbedingt gesetzt, weil „an ihm selbst das Gegenteil der Bestimmtheit und der aufgehobenen Bestimmtheit ist.“[3]

Durch diese Unbedingtsetzung des in den trinitarischen Axiomen zu Tage getretenen Verhältnisses von Denken und Sein macht sich der Satz vom Grunde zugleich selbst zum systematischen Abschluß der Seinsaxiomatik überhaupt.[4] Mit ihm ist für dieses Denken der abstrakten und äußerlichen Reflexion das Sein „als an und für sich seiend, in sich geschlossen und dem Verschwinden ... entnommen gesetzt.“[5] —

Damit wäre unsere Darstellung dessen, was Hegel als den eigentlichen Sinn der traditionellen Logik ansieht, zu Ende geführt. Es ist jetzt unsere Aufgabe, kurz das Ergebnis zu skizzieren und die Konsequenzen zu ziehen, die sich für Hegel daraus ergeben.

---

[1] Hegel IV. S. 70 f.

[2] Hegel IV. S. 80.

[3] Hegel XVIIIa. S. 139.

[4] Das drückt sich auch darin aus, daß infolge der Transzendenz des Seins das Denken in ein Erkennen übergeht. Der Satz vom Grunde ist der Index dieses Ueberganges. „Demnach ist die Gesetzlichkeit, die das Gebiet des Erkennens durchzieht, der Satz vom Grunde in seinen sehr mannigfachen Erscheinungsformen“. Spranger, Lebensformen. S. 76.

[5] Hegel XVIIIa. S. 142.

Beginnen wir mit der Frage: hat Hegel die traditionelle Logik überhaupt verstanden, oder ist ihm ein Hinausgehen über sie nur dadurch ermöglicht worden, daß er sie völlig schief gesehen und gänzlich mißverstanden hat? Die fast unwidersprochene Meinung heute ist, daß das letztere der Fall ist. Und wenn man sich auch im allgemeinen nicht so kraß ausdrückt und schlechthin behauptet, daß Hegel die traditionelle Logik nur als Zerrbild gesehen habe, so beweist doch die Tatsache, daß die Arbeit Hegels auf die folgende Entwicklung der formalen Logik auch nicht die Spur einer Wirkung ausgeübt hat, dem Nachdenklichen genug. Gewiß, in den metaphysischen Perspektiven oder den der eigentlichen Logik angehängten Methodenlehren der späteren Zeit ist der Einfluß Hegels deutlich. Aber in den logischen Grundfragen der Elementarlehre oder gar in den Fragen eines möglichen Systems der Axiomatik des Denkens bleibt das Beispiel Hegels ohne jede wirksame Nachfolge. Hegel hat die formale Logik selbst abgelehnt, also hat er der formalen Logik nichts zu sagen. Unter dieser meist stillschweigend gemachten Voraussetzung ist die Weiterarbeit an der formalen Logik bis heute im Großen und Ganzen erfolgt.[1] Wo man sich aber die Hegelsche Logik zu erneuern bemüht, da geschieht es in bewußter Abkehr von der Idee der Logik als reinem Formbegriff des Denkens.[2] Kurz der allgemeine Eindruck gegenüber der Verbindung Hegel — formale Logik ist verlegenes Schweigen.[3] Cum tacent clament.

---

[1] Als Beispiel dafür kann die Sigwartsche Logik gelten. Man vergleiche bloß einmal die Sigwartschen Ausführungen über die Axiome mit der Rolle, die sie bei Hegel für das Denken spielen. — Das fängt übrigens in der unmittelbaren Gegenwart an anders zu werden. Merkbaren Einfluß Hegels zeigt die 1930 erschienene „formale und transzendentale Logik" Husserls.

[2] So etwa in der «Logik» von Benedetto Croce. Oder aber man vermeidet, ohne sich selbst von dem Gedanken der formalen Logik abzukehren, eine Konfrontierung Hegels mit der formalen Logik. So z. B. bei Emge, Hegels Logik und die Gegenwart.

[3] Eine Ausnahme bildet das Buch von Hans Leisegang, Denkformen. Aber die bedenkliche Konsequenz dieses Werkes ist, daß hier die Idee einer einheitlichen Logik überhaupt zerstört wird. Nach Leisegang gibt es überhaupt nur Logiken besonderer Bewußtseinshaltungen resp. spezieller Gegenstandsgebiete. Hier entfernt sich Leisegang weit von Hegel.

Demgegenüber hat sich die vorausgehende Darstellung bemüht nachzuweisen, indem sie alles das heraushob, was direkt oder indirekt auf die traditionelle Logik Bezug hat, daß Hegel die traditionelle Logik sehr wohl verstanden hat. Ja, daß er sie vielleicht bisher in der ganzen Geschichte der Logik am tiefsten verstanden hat. Freilich ist der Gesichtspunkt, unter dem Hegel die traditionelle Logik sieht, im ersten Augenblick befremdend. Er weicht darin grundsätzlich von allem, was vor ihm in der Geschichte der Logik da war, ab. Alle bisherigen Untersuchungen der Logik waren so verfahren, daß sie die von Plato und Aristoteles konzipierte Idee dieser formalen Logik voraussetzten und lediglich festzustellen suchten, ob die Ausführungen dieser Idee entsprachen oder nicht. Auch Kant verfährt hier nicht anders. Ja, er geht nicht einmal so weit wie manche seiner Vorgänger, die von der Idee dieser Logik ausgehend ihre empirische Gestalt kritisierten und wohl auch z. T. verbesserten. Kant übernimmt sogar beides, Idee und empirische Gestalt der formalen Logik von seinen Vorgängern und errichtet dann sein System unter der stillschweigenden Voraussetzung, daß sein Fundament — nämlich die ihm von Leibniz überkommene Gestalt der formalen Logik — die Idee des Denkens überhaupt repräsentiere. Von dieser ihm felsenfest stehenden Voraussetzung aus kritisiert er dann im grandiosen Gange seiner Transzendentalphilosophie das Erkennen. Dies Eine verbindet Kant mit allen seinen philosophischen Vorgängern, nämlich die unerschütterliche Ueberzeugung, daß die traditionelle Logik, ihrer Idee nach, „die" Rationalität, also das Denken überhaupt, definiere. Rationalität außerhalb dieser Logik war für diese Auffassung weiter nichts als eine Absurdität. Die (traditionelle) Logik und „das" theoretische Denken waren für die eben beschriebene Auffassung eine Gleichung, deren Seiten restlos ineinander aufgingen. In diesem Sinne repräsentierte die Idee der traditionellen Logik die klassische Logik überhaupt. Es war jene Logik, von der Kant sagt, sie habe seit Aristoteles keinen Schritt vorwärts oder rückwärts getan.

Die Gedanken Hegels über die traditionelle Logik sind aber nur zu verstehen, wenn man sich gegenwärtig hält, daß er diese durch die ganze Geschichte der bisherigen Logik geübte Stellung zu den logischen Problemen völlig aufgegeben hat. In dem ganzen Lebenswerk Hegels findet sich, so merkwürdig das auch klingen mag, keine einzige Stelle, wo er die empirische Gestalt der traditionellen Logik, ihre Idee als unerschütterliches Fundament der Kritik voraussetzend, unter dem Gesichtspunkt bemängelt, daß sie ihrer eigenen Idee nicht entspräche. Und wo er wirklich Einzelheiten ihrer besonderen Gestalt beanstanden muß, geschieht das nur unter dialektisch-absoluten Perspektiven.

Wo Hegels Kritik an der formalen Logik wirklich einsetzt, sehen wir erst, wenn wir diesen dialektisch-absoluten Standpunkt einklammern und beiseite schieben. Was alle seine Vorgänger als unerschütterliches Fundament hingenommen hatten, nämlich die Idee dieser Logik selbst, wird von ihm in Frage gestellt und kritisch untersucht. Dem Anspruch dieser Logik, das Wesen der Rationalität überhaupt zu definieren — ein Anspruch, der seither unbestritten hingenommen worden war — stellt Hegel die Aufgabe gegenüber, diesen Anspruch auf seine Gültigkeit zu prüfen. Was Kant für das Erkennen geleistet hatte, das wollte Hegel für das reine Denken nachholen; denn die Leistung Kants mußte notwendig eine mangelhafte bleiben, da sie auf einem unkritischen Begriff des reinen Denkens beruhte. Es galt „die Leistung Kants" für die formale Logik „zu wiederholen" und die „reinen Wesenheiten", „das, wodurch sich die Wissenschaft konstituiert, und dessen Darstellung sie ist", „in der leidenschaftslosen Stille der nur denkenden Erkenntnis zu erfassen."[1]

Der Gesichtspunkt, unter dem Hegel die traditionelle Logik sieht und darstellt, ist deshalb von allen bisherigen so abweichend, und seine Methode, die er sich analog der transzendental-kritischen Methode Kants erst schaffen mußte, auf den ersten Blick derart befremdend, daß die Verständnislosigkeit, mit der seine Kritik der traditionellen Logik aufgenommen worden ist, nur allzu begreiflich scheint. Die Methode, die sich Hegel analog der transzendentalen Methode Kants schafft, ist

[1] Vgl. Glockner, Hegel I. S. 24.

sinnanalytisch.[1] Das ist aus der Natur seiner Aufgabe leicht zu begreifen. Denn, wenn die Frage untersucht werden sollte, ob der Anspruch der traditionellen Logik, ihre Idee sei die Idee des Denkens, mithin der Rationalität überhaupt, zu Recht bestehe, so mußte von Hegel versucht werden, aus den Grundgesetzen dieser Logik den ihnen innewohnenden Sinn abzuleiten und dann zu prüfen, ob dieser so gewonnene Sinn der Sinn alles Denkbaren überhaupt oder nur ein Teilaspekt davon sei.

Die Art, wie Hegel, diese Aufgabe löst, ist recht undurchsichtig, weil Hegel, hierin von Kant völlig verschieden, nicht erst die Kritik und dann seine neuen Lösungen, sondern gerade umgekehrt von vornherein seine neue Lösung und nur implicit in ihr die Kritik des Alten gibt. Das hat auch bislang gehindert, so richtig zu erkennen, daß Hegel auf seinem Spezialgebiet des reinen Denkens ein ebenso nüchterner, erfolgreicher Kritizist ist, wie Kant auf dem Gebiete des Erkennens. Aber auch abgesehen von ihrer Verschlungenheit mit der im eigentlichen Sinne spekulativen Methode, ist das sinnanalytische Element in seinem Denken nur in äußerst schwerfälliger Weise zu Worte gekommen. Trotzdem aber ist über das Ergebnis der Sinnanalyse kein Zweifel möglich. Das Ergebnis ist folgendes:

Der Anspruch der traditionellen Logik, die Logik alles überhaupt Denkbaren zu sein, und deshalb die Idee des Denkens überhaupt zu repräsentieren, besteht zu Unrecht. Die traditio-Logik ist eine Logik des reinen Seins. Alles Denkbare wird in ihr als Seiendes „gesetzt“. Auch das Nichts wird in ihr als Seiendes „gesetzt“. Die traditionelle Logik ist so die Logik der „sich äußerlich bleibenden“ Unmittelbarkeit. Für das Bewußtsein, das in dem Gesetzten dieser Logik lebt, „ist das Ansichsein das Jenseits seiner selbst.“[2] In dieser Weise „der Gewißheit ist dem Bewußtsein das Wahre etwas anderes als es

---

[1] Bisher ist das unseres Wissens erst von Emge mit der wünschenswerten Deutlichkeit ausgesprochen worden. Vgl. Hegels Logik und die Gegenwart. S. 6.

[2] Hegel II. S. 175.

selbst."[1] Denn wenn auch dieses Bewußtsein sich selbst im Denken als Allgemeinheit weiß — denn „Ich ist das an und für sich Allgemeine"[2] — so ist es doch die Konsequenz dieses Denkens, weil es alles als Seiendes setzt, auch „sein unmittelbares Selbstbewußtsein zu einem D i n g e , zu einem gegenständlichen Sein gemacht zu haben."[3]

Das durch die traditionelle Logik definierte Denken denkt mithin allen und jeden Denkgegenstand »im Grunde« als Sein. Auch das Ich oder Selbstbewußtsein. Sie ist damit unfähig jenes im Sinn des Selbstbewußtseins liegende Moment, daß das Selbstbewußtsein dem totalen Sein gegenübersteht und nie restlos in letzteres auflösbar sei, angemessen auszudrücken. Sie macht aus dem Selbstbewußtsein, wenn sie versucht es zu denken, trotzdem dasselbe n i e restlos objektivierbar ist, daraus ein „Ding", ein „gegenständliches Sein", wie Hegel sagt. Das durch die traditionelle Logik definierte Denken verfehlt also grundsätzlich den Sinn des Selbstbewußtseins. Damit aber ist der Anspruch der traditionellen Logik a l l e s Denkbare überhaupt zu definieren, schwer erschüttert. Denn wenn das Denken Denken des Selbstbewußtseins, oder wie Hegel es formuliert, Denken des Denkens ist, dann denkt es „Etwas", was nicht unter dem „Grundsatz" des Seins gedacht werden darf. Tut es dies trotzdem, so verfehlt es den Sinn der eigenen Aufgabe. Wenn das Denken sich selber denkt, so darf es als „Grund" seiner selber nicht das „Sein" „setzen". Da aber die traditionelle Logik in den klassischen Axiomen „grundsätzlich" „Sein" als Grund des Denkens „setzt", muß ihr Anspruch das Wesen des Denkens überhaupt zu repräsentieren als unbegründet abgewiesen werden. Sie repräsentiert nur die Seite des Denkens, welche sich mit dem Sein beschäftigt. Deshalb wird im Rahmen der traditionellen Logik auch das Selbstbewußtsein, das Allgemeine als Sein gedacht.

---

[1] Hegel II. S. 133.

[2] Hegel V. S. 56.

[3] Hegel II. S. 170.

III. KAPITEL

ALLGEMEINGÜLTIGKEIT UND ALLGEMEINHEIT

Wir hatten unsere Betrachtung über die klassische Axiomatik bei Hegel mit der Bemerkung geschlossen, daß die traditionelle Logik, weil sie alles, was durch sie gedacht wird, als Seiendes setzt, nicht umhin kann, auch das Ich, „das an und für sich Allgemeine“ als Seiendes zu setzen. Diesen Sachverhalt können wir auch so ausdrücken: die traditionelle Logik weiß nur von einem *objektiven* Ich und darum bleibt ihr unverständlich wie dem Ich innere Allgemeinheit zukommen kann. Denn die innere Allgemeinheit als der tiefste Kern der Subjektivität, ist *als solche* nicht objektivierbar. Objektivierbar ist an ihr nur *ein* Moment, welches als interobjektive Allgemeingültigkeit auftritt. Der nicht-objektivierbare (größere) Rest muß für die Denkmittel der traditionellen Logik unverständlich bleiben.

Indem Hegel diese Situation klar erkennt und auf sie hinweist, legt er den Finger auf die wunde Stelle der ganzen Philosophie vor ihm. Er sieht die Fragwürdigkeit, der bisherigen philosophischen Formeln, die das Problem der Allgemeingültigkeit und sein Verhältnis zum Ich (resp. Denken) betreffen. Das ist sehr kantisch ausgedrückt; wir wiederholen es deshalb noch einmal in Hegelscher Redeweise: Es geht um das Verhältnis von Allgemeinheit und Selbstbewußtsein. — Wir hatten oben bereits darauf hingewiesen, daß nach den Lösungen, die innerhalb der philosophischen Tradition für Hegel vorlagen, nicht begriffen werden konnte, wie im Problem der Allgemeingültigkeit subjektive Gewißheit und objektive Geltung auf einander bezogen werden sollten. Hier nimmt sich

Hegel das Beispiel Kants zum Vorbild. Von dem Gedanken Kants, der die Allgemeingültigkeit durch die objektive Einheit der synthetischen Apperzeption begründet wissen wollte, nimmt Hegel seinen Ausgang. „Diese ursprüngliche Synthesis der Apperzeption ist eines der tiefsten Prinzipien für die spekulative Entwicklung; sie enthält den Anfang zum wahrhaften Auffassen der Natur des Begriffes und ist jener leeren Identität oder abstrakten Allgemeinheit, welche keine Synthesis in sich ist, vollkommen entgegengesetzt.“[1] Aber Kant hat damit nach Hegels Meinung eben nur einen Anfang gemacht. Den Gedanken der Synthese bis in seine letzten Konsequenzen zu durchdenken, daran ist Kant durch seine eigene These gehindert worden: „Die logische Form aller Urteile besteht in der objektiven Einheit der Apperzeption der darin enthaltenen Begriffe...“[2] — Wenn wir diese These im Sinne Hegels kritisieren wollen, so müssen wir sagen: „objektive Einheit der Apperzeption“ ist zu mindestens eine sehr irreführende Ausdrucksweise. Es müßte eigentlich heißen: Objektivität setzende Einheit der Apperzeption. Zu dieser Objektivität setzenden Einheit tritt nach Hegel eine Subjektivität setzende Einheit. Damit wird die Synthesis doppelseitig. Sie ist so geartet, daß sie sowohl objektive Allgemeingültigkeit als auch innere Allgemeinheit setzt. Das klingt sehr dunkel und ist in der Tat, solange man nur von den philosophischen Voraussetzungen Kants ausgeht, kaum zu verstehen.

Die Einseitigkeit der These Kants hängt, wie wir noch genauer sehen werden, damit zusammen, daß diese These ganz eng mit der traditionellen Logik verbunden ist. In ihr wird nämlich stillschweigend vorausgesetzt, daß die durch die traditionelle Logik erzeugten Begriffe die ausschließlichen Mittel des Denkens seien — und daß es Denken außerhalb des durch die klassischen Axiome definierten logischen Strukturbereiches schlechterdings nicht geben könnte. Hegel erkennt diese Schwäche im Synthesisbegriff Kants sehr wohl. Im Kapitel über die Idee des Erkennens in der Großen Logik bemerkt er: „Indem Kant die tiefe Bemerkung von synthetischen Grundsätzen

---

[1] Hegel IV. S. 227.

[2] Kant III. S. 113.

a priori aufstellt und als deren Wurzel die Einheit des Selbstbewußtseins, also die Identität des Begriffes mit sich, erkannt hat, nimmt er doch den bestimmten Zusammenhang, die Verhältnisbegriffe und synthetischen Grundsätze selbst, von der formalen Logik als gegeben auf." Acceptiert man diese Voraussetzung, so hat man keinerlei Möglichkeit, in dem Sinne an der obigen These Kants Kritik zu üben, daß sie einseitig sei. Aber wir wissen bereits, daß Hegel diese stillschweigende Voraussetzung Kants (daß nämlich die durch die traditionelle Logik erlangten Begriffe die ausschließlichen Mittel des theoretischen Denken seien) nicht zu seiner eigenen macht. Dadurch ist es Hegel dann gelungen in dieser These und den aus ihr folgenden Konsequenzen philosophische Schwächen zu entdecken, durch welche eine Kritik an der formalen Logik möglich geworden ist und die zugleich Ansatzpunkte für die (dann allerdings nicht konsequent durchgeführte) Reform der Logik gewesen sind. —

Bevor wir aber den Kantischen Beitrag zum Problem der Allgemeingültigkeit erörtern, wollen wir uns vergegenwärtigen, wie die philosophische Situation in dieser Richtung sich vor Kant gestaltet hatte, und worin man den Grund der Allgemeingültigkeit in der älteren Metaphysik zu erkennen glaubte. Es ist äußerst wichtig für uns zu wissen, was Allgemeingültigkeit vor der Schöpfung der transzendentalen Logik für die formale Logik bedeuten konnte. Denn da die Reform Kants sich nicht auf die formale Logik direkt bezieht, polemisiert Hegel, dort, wo er sich gegen die alte Auffassung der traditionellen Logik wendet, sozusagen über den Kopf Kants hinweg nach rückwärts. — Vom Standpunkte der traditionellen Logik selbst aus war die objektive Gültigkeit ihrer Denkformen nicht zu erweisen. Sie beruhte auf dem Postulat der Konformität von Denken und Sein. Nur unter der Voraussetzung, daß diese Konformität wirklich gewährleistet sei, waren die Sätze der Logik richtig, weshalb man einen Garanten für sie brauchte. Bekannt ist die cartesianische Lösung: Gott übernimmt die Garantie für die Uebereinstimmung von Denken und Sein. Das Problem der Allgemeingültigkeit des Denkens, das, wie wir gleich sehen werden, zwei Seiten (nach Hegel sein subjektives und sein objektives Moment) hat, löste sich nun auf folgende Weise: Allgemeine Aussagen gelten für alle Gegenstände, die sie betreffen, eben auf Grund der Konformität von Denken und Sein. Das ist das objektive Moment an der Allgemeingültigkeit. Zugleich aber gelten diese Aussagen für alle denkenden Subjekte. „Wo nämlich viele Personen ein identisches Ding (das Sein) wahrnehmen, da stimmen ihre Urteile überein infolge dieser Identität ihres Objektes und zwar ohne Induktion."[1] Das ist das subjektive Moment an der Allgemeingültigkeit. Beiden Momenten aber ist gemeinsam, daß sie zustande kommen durch die Beziehung auf das Sein. Das Sein ist der „Grund" der Allgemeingültigkeit. Das „jenseitige" Ansich war so in der Tat der Grund der trinitarischen Axiome der traditionellen Logik.

Indem dieser Gedanke von Hegel aber bis in seine letzten Konsequenzen verfolgt wird, erweist es sich als eine Unmöglichkeit, die Allgemeingültigkeit des Denkens auf dem Sein, also schlechthin objektiv zu begründen. Denn im Denken der traditionellen Logik war das Sein nur „gesetzt" und blieb transzendent. Da es aber in allen seinen Bestimmungen „gesetzt" war, blieb es selbst das Bestimmungslose und Unbestimmte. Die letzte Konsequenz der traditionellen Logik ist also tatsächlich das Ding-an-sich Kants oder lieber noch jenes unbestimmte Es, dessen Sinn es ist, unbekannt zu bleiben. „Man meint", so sagt Hegel, „mit dem Ansich etwas Hohes zu sagen, wie mit dem Innern; was aber Etwas nur ansich ist, ist auch nur an ihm; ansich ist nur eine abstrakte, damit selbst äußerliche Bestimmung... Es kann bemerkt werden, daß sich hier der Sinn des Dings-an-sich ergibt, das eine sehr einfache Abstraktion ist, aber eine Zeitlang eine sehr wichtige Bestimmung, gleichsam etwas Vornehmes, so wie der Satz, daß wir nicht wissen, was die Dinge an sich sind, eine vielgeltende Weisheit war. — Die Dinge heißen ansich, insofern von allem Sein-für-Anderes abstrahiert wird, das heißt überhaupt, insofern sie ohne alle Bestimmung, als Nichts gedacht werden. In diesem Sinn kann man freilich nicht wissen, was das Ding-an-sich ist. Denn die Frage: was? verlangt, daß Bestimmungen angegeben werden; indem aber die Dinge, von denen

[1] P. Hofmann, Das Verstehen von Sinn... S. 33.

sie anzugeben verlangt wurde, zugleich Dinge-an-sich sein sollen, das heißt eben ohne Bestimmung, so ist in die Frage gedankenloser Weise die Unmöglichkeit der Beantwortung gelegt, oder man macht nur eine widersinnige Antwort. Das Ding-an-sich ist dasselbe, was jenes Absolute, von dem man nichts weiß, als daß Alles Eins in ihm ist."[1]

Man wird sich fragen, was dieses lange Zitat mit dem Problem der Allgemeingültigkeit zu tun haben kann. Der Zusammenhang ist aber sehr leicht einzusehen. In dieser Analyse des Sinnes des Dinges-an-sich, das, wie er sehr treffend bemerkt, das absolute Sein ist, bekennt sich Hegel ganz unzweideutig zu dem Standpunkt, daß die Korrelation von Subjekt und Objekt als konstituierend für das Objektbestimmen angesehen werden muß.[2] Das Absolut-Objektive ist zugleich das Absolut-Bestimmungslose. Unter dieser Voraussetzung aber wird völlig unverständlich, wie Allgemeingültigkeit selbst objektiv (d. h. nur objektiv) begründet werden soll. Nimmt man diese Begründung der Allgemeingültigkeit durch ideale Gegenstände als ἀνάμνησις oder Wesensschau oder sonst irgendwie, es bleibt immer dasselbe; wo man sich an nichts erinnert, wo man nichts schaut, kurz, wo man sich nur auf das schlechthin Unbestimmte bezieht, da kann nicht eingesehen werden, wie dadurch die Allgemeingültigkeit des Bestimmten begründet werden soll.

Wieder tritt uns der Satz des Grundes entgegen. Gerade weil die trinitarischen Axiome sich auf das schlechthin Unbestimmte beziehen, brauchen sie noch einen Grund, denn die Notwendigkeit ihrer Geltung, d. h. ihr axiomatischer Charakter wird nicht durch diese Beziehung auf das absolute Ansich begründet. (Die Begründung ist erst von einem tieferen Standpunkt des Denkens aus, nämlich dem der Sinnanalyse, möglich). Das hat Hegel sehr wohl erkannt. Er bemerkt selbst: Die Axiome „pflegen mit Unrecht gewöhnlich als absolut Erste genommen zu werden, als ob sie an und für sich keines Beweises bedürfen. Wäre dies der Fall, so würden sie bloße Tautologien sein... Sind die Axiome aber mehr als Tautologien, so sind sie Sätze aus irgend einer andern Wis-

[1] Hegel III. S. 108. Vgl. auch IV. S. 111.

[2] Siehe unsere Anmerkg. Nr. 1 S. 80.

senschaft, weil sie für diejenige Wissenschaft, der sie als Axiome dienen, Voraussetzungen sein sollen."[1] Die Axiome der Logik sind mithin, ebenso wie die Axiome der Mathematik, Geometrie usw., Sätze aus einer andern Wissenschaft, in der sie als richtig erkannt und bewiesen sein müssen. Die Wissenschaft, aus der die Axiome der Logik als Sätze stammen, ist, wie wir sahen, die Sinnanalyse.[2] In ihr wurde allerdings die Notwendigkeit der Sätze der Identität usw. als Axiome aufgezeigt. Wir haben das in der Methode Hegels selbst feststellen können, außerdem aber sagt es Hegel ausdrücklich anläßlich des Euklidischen Parallelenaxioms: „Der Beweis jenes Axioms wäre aus dem Begriffe."[3]

Das heißt aber nichts anderes als: Allgemeingültigkeit ist nur sinnanalytisch aufweisbar und begründbar. Die sinnanalytische Methode aber ist nicht auf Seinsverhältnisse anwendbar. Nur auf den Sinn von Seinsverhältnissen kann sie sich allenfalls richten. Solange aber Allgemeingültigkeit als (einseitig) objektiv begründet aufgefaßt wird, wird das Verhältnis zwischen dem Allgemeinen und dem Ich als reines Seinsverhältnis gedacht, und das Ich selbst wird in Verfolg der Grundthese der traditionellen Logik, daß alles Denkbare überhaupt als Seiendes gedacht werden müsse, zu einem Ding gemacht.[4] Aber es ist notwendig einzusehen, „daß das Sein als solches überhaupt nicht die Wahrheit des Geistes ist."[5]

Entfernt sich Hegel so von der objektiven Begründung der Allgemeingültigkeit, so ist deshalb noch lange nicht deutlich, wie er sich die Lösung des Problemes denkt. Das wird auch nicht eher klar, ehe wir nicht einen kurzen Blick auf Kant werfen. Das Begründetsein der Allgemeingültigkeit im Absolut-Objektiven ist ja der vorkantische Standpunkt. Und lediglich dieser vorkantische Lösungsversuch wird in dem bisher gezeigten Zusammenhange von Hegel kritisiert.

---

[1] Hegel IV. S. 466.

[2] Auch die Axiome der Mathematik wären nach Hegel Sätze der Sinnanalyse.

[3] Hegel IV. S. 466.

[4] Vgl. Hegel II. S. 170.

[5] Hegel II. S. 248.

Kant erkennt klar die Unmöglichkeit, die Allgemeingültigkeit einseitig objektiv zu begründen. Da alle solche Versuche wissenschaftlich gescheitert waren, Kant aber auf Grund der dualistischen Struktur seines Systemes das Konformitätsschema als Grundlage jeder Lösung beibehalten zu müssen glaubt, blieb nur ein Ausweg offen. Die absolute Trennung zwischen Denken und Sein, die dem Allgemeingültigkeitsproblem so viel Schwierigkeiten machte, war nun einmal da. War sie doch das Fundament, auf dem die ganze traditionelle Logik ruhte. Kant nimmt nun „in bester minoischer Art den Stier bei den Hörnern" acceptiert den Gedanken der Konformität als maßgeblich für die Stellung des Problems, verlegt aber den „Grund" der Allgemeingültigkeit aus der Objektivität in die Subjektivität. „Bisher nahm man an, alle unsere Erkenntnis müsse sich nach den Gegenständen richten; aber alle Versuche über sie a priori, etwas durch Begriffe auszumachen... gingen unter dieser Voraussetzung zu nichte. Man versuche es daher einmal, ob wir nicht in den Aufgaben der Metaphysik damit besser fortkommen, daß wir annehmen, die Gegenstände müssen sich nach unserer Erkenntnis richten, welches so schon besser mit der verlangten Möglichkeit einer Erkenntnis a priori derselben zusammenstimmt... Man kann nach dieser Veränderung der Denkart die Möglichkeit einer Erkenntnis a priori ganz wohl erklären und, was noch mehr ist, die Gesetze, welche a priori der Natur, als dem Inbegriffe der Gegenstände der Erfahrung, zum Grunde liegen, mit ihren genugtuenden Beweisen versehen, welches beides nach der bisherigen Verfahrungsart unmöglich war."[1]

Denken und Sein sind also deshalb konform, weil sich das Sein nach dem Denken richtet. So könnte man sagen. Sprechen wir aber das Ergebnis Kants auf diese Weise aus, so sind wir in einem schweren Irrtum befangen. Denn Kant spricht ja garnicht vom Denken, sondern er spricht vom Erkennen. Hier liegt der entscheidende Unterschied in der Auffassung der Allgemeingültigkeit durch Kant und Hegel. Zwar haben beide Denker das gemeinsam, daß sie beide Allgemeingültigkeit statt auf Objektivität auf Subjektivität begründen wollen,[2] aber dann

[1] Kant III. S. 11 ff.

[2] Vgl. Hegel V. S. 56. „Die Allgemeingültigkeit des Ich ist jedoch

trennen sich ihre Wege sofort. Das Begründete, also die Allgemeingültigkeit ist bei beiden grundverschieden. Das kommt schon dadurch äußerlich an den Tag, daß Hegels feines Sprachgefühl ein anderes Wort für das Begründete wählt: die Allgemeinheit.

Der Unterschied der beiden Denker beruht, wie gesagt, darauf, daß Kant nach der Allgemeingültigkeit des Erkennens (wie sind synthetische Urteile a priori möglich?), Hegel dagegen nach der Allgemeinheit des Denkens fragt. Kant beurteilt in der These: „Die logische Form aller Urteile besteht in der objektiven Einheit der Apperzeption der darin enthaltenen Begriffe", nur den Erkenntniswert, der durch das Denken vermittelt wird, nicht aber die unmittelbare Allgemeinheit, die das Denken in sich selbst haben muß, wenn es als brauchbares Instrument der Erkenntnis dienen soll.

Die Folge davon ist, daß die Allgemeinheit des Denkens als wahre Allgemeinheit von ihm voraus gesetzt wird. Das Denken selbst wird für ihn durch die traditionelle formale Logik definiert. Kant nimmt also an, daß die traditionelle Logik die Allgemeinheit des Denkens überhaupt ausspricht. Es ist das dasselbe, was wir oben als die Theorie, die behauptet, die Idee des Denkens und die Idee der traditionellen Logik seien ein und dasselbe, vortrugen. — Wenn Kant von dieser stillschweigenden Voraussetzung ausgeht, so meint er also, die durch die traditionellen Denkgesetze formulierten Verhältnisse des Denkens sind die einzigen, in denen sich Denken überhaupt bewegen kann. Die Grundthese der traditionellen Logik aber ist, daß alles Denken auf Objektives als Objektives geht.[1] Das drückt Kant so aus, daß er lehrt, als Allgemeingültigkeit begründend ist die synthetische Einheit der transzendentalen Apperzeption objektiv. Der Gedanke, daß das Denken auch auf Objektives als Subjektives gehen könne, daß also das Denken sich selbst nicht als objektive Struktur, sondern als innere Allgemeinheit (als Sinn) denken könne, dieser Gedanke

nicht eine bloße Gemeinschaftlichkeit, sondern innere Allgemeinheit an sich selbst. Vgl. auch V. S. 45, 334, II. 111, 219, 236, 415, 478, 496.

[1] Denn in Allem, was durch die traditionelle Logik gedacht wird, ist laut der Axiome das Sein „gesetzt".

kann Kant garnicht kommen, denn Denken überhaupt heißt ja nach ihm Objektives als Objektives denken. Allgemeingültigkeit ist daher — in dem gefährlichen Doppelsinn des Wortes — Objektivität. Die transzendentale Einheit des Selbstbewußtseins „ist allein objektiv gültig."[1]

Damit aber taucht folgende Frage auf: wenn die transzendentale Einheit der synthetischen Apperzeption die Einheit des Subjektiven und des Objektiven ist, wie kann denn dann diese Einheit selbst begriffen werden, wenn alles Begreifen immer „objektiv" ist, denn diese Einheit ist als die Einheit des „Ich denke" doch ebenso subjektiv? Sie wird doch dann immer nur „einseitig" begriffen. „Diese höchste Einheit, in welcher der Gegensatz zwischen „Subjekt" und „Objekt" aufgehoben ist"[2], wird damit selber nur als Objekt begriffen. Mithin verfehlt das Denken, welches durch die traditionelle Logik definiert ist, hier unter allen Umständen sein Thema.

Die Aporie, in die das Denken hier gerät, ist ungeheuer wichtig. Denn sie ist es gewesen, an der sich die Problematik der Hegelschen Logik (als reiner Logik) entzündet hat. „Bezüglich ‚dieses' Problems stehen wir nicht an zu erklären, daß uns Hegel durch seine Kritik Kants vor ein neues von ihm erst entdecktes Problem gestellt hat, das um den Sinn des Selbstbewußtseins kreist."[3] Es gilt deshalb zu zeigen, daß diese Aporie vom Standpunkt Kants aus und mit den formallogischen Mitteln, die Kant zur Verfügung standen, tatsächlich nicht zu lösen ist.

Diese Einheit, die begriffen werden soll, ist, wie wir sahen, die Aufhebung des Gegensatzes von subjektiv und objektiv. Sie ist also — denn diese beiden Möglichkeiten bleiben übrig — entweder: sowohl subjektiv als auch objektiv, oder aber: sie ist weder subjektiv noch objektiv.[4] Für welche Möglichkeit man sich aber auch entscheiden mag, immer bleibt die gleiche Schwierigkeit, das Ganze kann von einem Denken, welches

---

[1] Kant III. S. 113.

[2] Cassierer, Erkenntnisproblem II. S. 648 f.

[3] E. Hammacher, Die Bedeutung der Philosophie Hegels... S. 25.

[4] Die zweite Möglichkeit ist vom Neukantianismus vertreten worden. Die erste von Paul Hofmann. Vgl. Paul Hofmann, Metaphysiker oder... S. 31.

durch die traditionelle Logik bestimmt wird, immer nur objektiv gedacht und begriffen werden. Denn „die subjektive Einheit des Selbstbewußtseins... setzt selbst eine objektive Einheit des Selbstbewußtseins... voraus.“[1] Wenn aber diese subjektive Einheit selbst nur als eine objektive (d. h. als seiende oder als empirisches Ich) begriffen werden kann, dann ist die synthetische Einheit selbst nur als ein „totes Ding“ begriffen. Sie ist nicht als „reines Selbstbewußtsein“ gedacht, sondern als „ein Bewußtsein gesetzt, welches nicht rein für sich, sondern für ein anderes, d. h. als seiendes Bewußtsein in der Gestalt der Dingheit ist.“[2]

Man kann jetzt fragen, ob denn diese Kritik Hegels an Kant berechtigt ist, da doch die subjektive Begründung der Allgemeingültigkeit für das Erkennen alles leistet, was man von ihr verlangen kann. Nun ist in der Tat kein Zweifel daran, daß es Kant gelungen ist, den Grund des objektiven Moments der Allgemeingültigkeit (d. h. interobjektive Allgemeingültigkeit) definitiv aufzudecken. Wie aber verhält es sich mit dem subjektiven Moment der Allgemeingültigkeit (der intersubjektiven Allgemeinheit)? Diesen Knoten aufzulösen ist Kant nicht gelungen.

Wir sahen eben, daß die subjektive Einheit des Selbstbewußtseins die objektive Einheit des Selbstbewußtseins voraussetzt. Das Selbstbewußtsein ist damit selbst „Eines“ und „Dieses“ geworden. Es tritt damit sich selbst als einem Anderen gegenüber. Es hat, so sagt Hegel, „sein Fürsichsein aus sich hinausgerungen und es zum Sein gemacht.“[3] Die Kluft, die ursprünglich zwischen Sein und Denken bestand, und die das Problem der Allgemeingültigkeit erst brennend machte, besteht jetzt zwischen den einzelnen Subjekten. Die kantische Lösung läßt also die Frage, wie Allgemeinheit zwischen verschiedenen Subjekten möglich ist, noch offen. Sie überbrückt zwar die Kluft zwischen Denken und Sein, also zwischen Subjekt und Objekt, aber nicht die zwischen Subjekt und Subjekt. Die Vernunft „versichert so nur, alle Realität zu sein, begreift

[1] Cassierer, Erkenntnisproblem II. S. 718.

[2] Hegel II. S. 145.

[3] Hegel II. S. 175.

dies aber selbst nicht."[1] Zwischen Subjekt und Objekt ist nach Kant nun zwar ein Garant der Wahrheit nicht mehr nötig, wohl aber zwischen den einzelnen Subjekten. Es ist die Vernunft.

Die Gründe für die Einseitigkeit der kantischen Lösung liegen klar zutage. Kant fragt von vornherein nur nach der Allgemeingültigkeit des Erkennens. Er bezieht also gleich von Anfang an den Gedanken der Allgemeingültigkeit nur auf das Verhältnis von Subjekt und Objekt. Er hätte nach der Allgemeinheit des Denkens fragen müssen, wenn er das Verhältnis von Subjekt zu Subjekt hätte klären wollen. Diese Allgemeinheit aber setzt Kant voraus, statt erst kritisch nach ihr zu fragen.

Das hat Hegel sehr deutlich erkannt und auch ausgesprochen. „Indem Kant die tiefe Bemerkung von synthetischen Grundsätzen a priori aufgestellt und als deren Wurzel die Einheit des Selbstbewußtseins, als die Identität der Begriffe mit sich, erkannt hat, nimmt er doch den bestimmten Zusammenhang, die Verhältnisbegriffe und synthetischen Grundsätze selbst, von der formalen Logik als gegeben auf; die Deduktion derselben hätte die Darstellung des Ueberganges jener einfachen Einheit des Selbstbewußtseins in diese ihre Bestimmungen und Unterschiede sein müssen; aber die Aufzeigung dieses wahrhaft synthetischen Fortgehens, des sich selbst produzierenden Begriffs, hat Kant sich erspart, zu leisten."[2]

Kant nimmt also, so faßt Hegel das auf, den bestimmten Zusammenhang des Denkens als gegeben hin. Ein bloß gegebener Zusammenhang ist aber nicht notwendig. Wir sahen das bereits früher: der bloß gegebene Zusammenhang der Bestimmungen des Denkens der traditionellen Logik, war kein notwendiger. Erst die Betrachtungsweise, die Hegel ihm gegenüber anwandte, zeigte die spezielle Gestalt seiner Notwendigkeit auf. Weil Kant aber diesen Weg der „Darstellung des Uebergangs jener einfachen Einheit des Selbstbewußtseins in... ihre Bestimmungen und Unterschiede" nicht gegangen ist, jenen

---

[1] Hegel II. S. 177.

[2] Hegel IV. S. 445.

Weg, den wir in der Analyse der klassischen Axiome durch Hegel vor uns haben, deshalb weiß er nicht, daß „die Vernunft" sich darin nur als Sein und nicht als Vernunft wiederfindet. „Aber wenn die Vernunft alle Eingeweide der Dinge durchwühlt und ihnen alle Adern öffnet, daß sie sich daraus entgegenspringen möge, so wird sie nicht zu diesem Glücke gelangen..."[1]

Hätte Kant statt eine Kritik des Erkennens zu geben, eine Kritik der Logik versucht, so würde er, meint Hegel, gesehen haben, daß die traditionelle Logik als die Logik des Seins nicht die Allgemeinheit des Denkens überhaupt repräsentiert. In ihr ist das Denken stets ein besonderes. Denn in jeder Bestimmung, die unter den Gesetzen der traditionellen Logik steht, ist das Sein „gesetzt".

Wenn aber nur das Sein gesetzt ist, so verfehlen wir, wie wir eben sahen, im Denken die Einheit des Selbstbewußtseins, die sowohl Sein als auch Negativität ist. Was aber Negativität ist, kann durch die Bestimmungen des Seins nicht gedacht werden, weil ja jene Bestimmungen sich selbst ja ausdrücklich auf das Sein und nicht auf die Negativität des Seins richten. Das Sein ist das Endliche, die Einheit des Selbstbewußtseins aber ist in ihren Bestimmungen unendlich. „Aber das Endliche bringt das Unendliche nicht hervor, setzt dasselbe nicht."[2]

Daß das Endliche das Unendliche tatsächlich nicht „setzt", haben wir oben bei der Aufgabe, die synthetische Einheit des Selbstbewußtseins (als Einheit des Subjektiven und Objektiven) mit den Mitteln der traditionellen Logik zu denken, gesehen. Das Denken dieser Logik verfehlte diese Aufgabe, denn es dachte jene Einheit selber als objektive. Dachte sie als „abstrakten Gegenstand", als „reine Begrifflosigkeit."[3] Das Denken des Endlichen „setzt" eben nur Endliches.

Damit ist gezeigt, daß die traditionelle Logik nur eine „einseitige" Form des Denkens darstellt. In ihr ist das Denken deshalb nicht wahre Allgemeinheit, sondern nur zum Fürsichsein

---

[1] Hegel II. S. 184.

[2] Hegel III. S. 109.

[3] Vgl. Hegel IV. S. 472.

gebrachte Besonderheit. Der Ausspruch der traditionellen Logik, die Idee d e s Denkens zu repräsentieren, erweist sich als trügerisch. Denn die von ihr hervorgebrachten Ergebnisse sind nicht in sich allgemein. Sie gelten nur allgemein f ü r anderes.

Das bedeutet nichts anderes, als daß das subjektive Moment der Allgemeinheit auf dem Boden der traditionellen Logik überhaupt nicht gefunden werden kann. Wie intersubjektive Allgemeingültigkeit entsteht, bleibt für dieses Denken ein Rätsel. Dieses Denken kann nur das objektive Moment der Allgemeingültigkeit (die interobjektive Geltung) klären. Was denn in der Tat auch bei Kant geschehen ist. Für die subjektive Seite braucht es weiter einen Garanten: die Vernunft; wieso aber d i e Vernunft in allen Wesen dieselbe Bestimmtheit hat, kann Kant nicht aufklären, weil er die Bestimmtheit selbst aus der Vernunft nicht ableitet. Ableiten aber kann er sie nicht, weil die traditionelle Logik ihm nicht das Rüstzeug dazu liefert.

Aus diesem Mangel an Allgemeinheit, der mithin den Bestimmungen der traditionellen Logik eigen ist, zieht Hegel eine sehr wichtige Konsequenz. Urteile, die von der traditionellen Logik gefällt werden, können deshalb nie „wahre" sein.

„Es ist eines der wesentlichsten logischen Vorurteile, daß solche qualitativen Urteile wie: die Rose ist rot oder ist nicht rot, Wahrheit enthalten können. R i c h t i g können sie sein, d. i. in dem beschränkten Kreise der Wahrnehmung, des endlichen Vorstellens und Denkens; dies hängt von dem Inhalte ab, der ebenso ein endlicher für sich unwahrer ist. Aber die Wahrheit beruht nur auf der Form, d. i. dem gesetzten Begriffe und der ihm entsprechenden Realität; solche Wahrheit aber ist im qualitativen Urteile nicht vorhanden."[1]

Dieser Mangel an Allgemeinheit ist es, der nach Hegel verhindert, daß die traditionelle Logik weiter die Funktion einer Logik der Philosophie übernehmen kann. Philosophie ist die Wissenschaft vom Allgemeinen. Das Denken aber, welches die traditionelle Logik lenkt, begreift nur das Besondere als Besonderes. Dieses letztere Denken begnügt sich damit, einen bloßen Sachzusammenhang a b z u b i l d e n , anstatt das Wahre

[1] Hegel V. S. 166. Natürlich meint Hegel qualitative und quantitative Urteile, was V. S. 461 beweist.

als Sinnzusammenhang zu entwickeln. „Daß diese Methoden, so wesentlich und von so glänzendem Erfolge in ihrem eigentümlichen Felde, für das philosophische Erkennen unbrauchbar sind, erhellt von selbst, da sie Voraussetzungen haben und das Erkennen sich darin als Verstand und als Fortgehen an formeller Identität verhält."[1] Aber das ist nicht die Methode des philosophischen Denkens, obschon die Philosophie, die durch die traditionellen Denkmethoden gewonnenen Ergebnisse ausdrücklich voraussetzt.[2] Denn in der Logik der philosophischen Wissenschaft ist „das Fortgehen des Begriffs nicht mehr Uebergehen noch Scheinen in Anderes, sondern Entwicklung."[3]

Die Wahrheit beruht nur auf einer Form, die „gesetzter Begriff" ist. D. h. also auf einer Form, wo im Begriff der Begriff selbst gemeint wird und nicht ein Anderes. Form und Gehalt müssen also dasselbe sein, wenn der Begriff seine eigene Allgemeinheit erreichen soll. Dieser Forderung aber genügt die traditionelle Logik nicht. In ihr werden die Denkbestimmungen nur „als äußere Form gefaßt."[4] „Die Denkbestimmungen gelten nach diesem Verhältnis als Formen, die nur an dem Gehalt, nicht der Gehalt selbst seien." —

Was wir hier in schwachen Umrissen zum ersten Mal heraufsteigen sehen, ist der noch neblichte — und von Hegel leider nie konsequent zu Ende gedachte — Gedanke einer zweiten Formidee der Logik.[5] Denn die traditionelle Logik ist nach Hegel nicht die einzige Form des Denkens überhaupt. Sie ist nur die Form des Besonderen, nicht die Form des Allgemeinen.

Um das besser zu verstehen, werfen wir schnell noch einen kurzen Blick auf die traditionellen Axiome. Wir stellten

---

[1] Hegel V. S. 199.

[2] Siehe Hegel V. S. 207. „Nicht nur muß die Philosophie mit der Naturerfahrung übereinstimmend sein, sondern die Entstehung und Bildung der philosophischen Wissenschaft hat die empirische Physik zur Voraussetzung und Bedingung".

[3] Hegel V. S. 157.

[4] Hegel III. S. 15.

[5] Ihre „Methode ist das Bewußtsein über die Form der inneren Selbstbewegung ihres Inhalts". Hegel III. S. 35. Die Sperrung ist von uns.

fest, daß die traditionelle Logik unmöglich die Logik des Allgemeinen sein könne. Das drückt Hegel bei der Analyse der Axiome bereits auf folgende Weise aus: Er wird nicht müde, bei den verschiedensten Gelegenheiten immer wieder darauf hinzuweisen, daß die klassischen Axiome keine Gesetze des Denkens seien. Sie seien „vielmehr das Gegenteil davon.“[1] Nach der Analyse der Axiome und dem kurzen Blick, den wir anschließend auf das Problem der Allgemeinheit warfen, ist das jetzt unschwer zu erklären. Da in den Axiomen das Sein „gesetzt“ war, sprachen sie nur die Gesetzlichkeit aus, gemäß der Seinsbeziehungen durch das Denken dargestellt werden müssen. Die Axiome sind deshalb eigentlich Gesetze des gedachten Seins.[2] Oder wenn man so lieber will: Gesetze der Objektivität. Sie sind aber nicht die Gesetze des Denkens, das sich selbst denkt, also des Denkens, das sich auf die Sinngesetzlichkeit des Denkens richtet. In den klassischen Axiomen ist das Sein gesetzt. In wahren Axiomen des Denkens selbst wäre der Begriff „gesetzt“.

Die klassischen Axiome definieren deshalb „die Allgemeinheit, als die wir uns bewußt werden . . .“[3] nicht. Darum versagten sie schon bei der Aufgabe, die Allgemeinheit des Erkennens in der synthetischen Einheit der transzendentalen Apperzeption zu denken. Das Denken „versichert so nur, alle Realität zu sein, begreift dies aber selbst nicht.“[4]

Das Denken der traditionellen Logik ist ein Denken des Seins, der Endlichkeit, des Besonderen. Es muß deshalb bei der Aufgabe, das Unendliche, d. h. das Allgemeine, zu denken, versagen. Deshalb stellt Hegel dem alten Typus der Logik, die nur das Denken des Seins definiert, eine neue Logik gegenüber, die in ihren Bestimmungen nicht das Sein, sondern das Allgemeine definiert. Das Allgemeine aber ist das Denken selbst. Deshalb ist „diese Wissenschaft Denken des Denkens.“ Die

---

[1] Hegel IV. S. 32. Vgl. auch V. S. 129, 157.

[2] Cassierer, Erkenntnisproblem III. S. 344. „Das Sein wird in ihnen als das, als was es sich selbst gibt“, gedacht.

[3] Hegel III. S. 14.

[4] Hegel II. S. 177.

Idee dieser neuen (formalen) Logik ist „die Form der Notwendigkeit.“[1]

Wenn wir uns daran erinnern, welches ungelöste Problem vor dem Gedanken einer neuen Logik stand, verstehen wir sogleich, warum diese neue Logik die Form der Notwendigkeit sein muß. Es war auf dem Boden der traditionellen Logik zwar möglich gewesen, die interobjektive Allgemeingültigkeit zu begreifen, das Problem aber, warum das, was von den Objekten als gültig ausgesagt wird, auch notwendig für alle denkenden Subjekte gilt, war mit den zur Verfügung stehenden Denkmitteln nicht klar zu machen. Kant selbst beantwortete diese Frage mit dem Hinweis darauf, daß die Vernunft in allen denkenden Subjekten dieselbe sei. Den Nachweis für diese Behauptung aber blieb er, wie Hegel mit Recht bemerkt, schuldig. Der Grund dafür liegt darin — nach Hegel —, daß Kant die Vernunft als leere Identität denke. In ihr lägen dann die einzelnen Bestimmungen der Vernunft in einem „begrifflosen“ Verhältnis zueinander, wie Dinge in einem Kasten. Der Nachweis der Notwendigkeit aber könne nur duch Entfaltung der einzelnen Kategorien, in denen sich die Vernunft bestimmt, aus ihrer synthetischen Einheit sein.

Die objektive Allgemeingültigkeit ist aus der bloßen Identität der Vernunft zu begreifen. Darum war die synthetische Einheit der transzendentalen Apperzeption als Notwendigkeit immer objektiv. So war sie der Grund interobjektiver Allgemeingültigkeit. Aber „fürs andere verlangt die subjektive Vernunft der Form nach ihre weitere Befriedigung; diese Form ist die Notwendigkeit überhaupt.“[2]

Aber nur „der einseitige und schlechte Idealismus“, wie ihn Kant vertritt, läßt diese leere Notwendigkeit oder „Einheit wieder als Bewußtsein auf die eine Seite und ihr gegenüber ein Ansich treten. — Diese Kategorie nun oder einfache Einheit des Selbstbewußtseins und des Seins hat aber an sich den Unterschied, denn ihr Wesen ist eben dieses, im Anderssein oder im absoluten Unterschiede unmittelbar sich selbst gleich zu sein. Der Unterschied ist daher, aber vollkommen

---

[1] Hegel V. S. 41.

[2] Hegel V. S. 40 f.

durchsichtig und als Unterschied, der zugleich keiner ist. Er erscheint als reine Vielheit von Kategorien. Indem der Idealismus die einfache Einheit des Selbstbewußtseins als alle Realität ausspricht und sie unmittelbar, ohne sie als absolut negatives Wesen, — nur dieses hat die Negation, die Bestimmtheit oder den Unterschied an ihm selbst, — begriffen zu haben, zum Wesen gemacht, so ist noch unbegreiflicher als das erste dies zweite, daß in der Kategorie Unterschiede oder Arten seien. Diese Versicherung überhaupt, sowie die Versicherung von irgendeiner bestimmten Anzahl der Arten derselben ist eine neue Versicherung, welche es aber an ihr selbst enthält, daß man sie sich nicht mehr als Versicherung gefallen lassen müsse. Denn indem im reinen Ich, im reinen Verstande selbst der Unterschied anfängt, so ist damit gesetzt, daß hier die Unmittelbarkeit, das Versichern und Finden aufgegeben werde und das Begreifen anfange. Die Vielheit der Kategorien aber auf irgend eine Weise wieder als ein Fund, z. B. aus den Urteilen, aufzunehmen, und sich dieselben so gefallen lassen, ist in der Tat als eine Schmach der Wissenschaft anzusehen; wo sollte noch der Verstand eine Notwendigkeit aufzuzeigen vermögen, wenn er dies an ihm selbst, der reinen Notwendigkeit, nicht vermag."[1]

Die Unmöglichkeit, diese Aufgabe im Rahmen des „einseitigen" Idealismus zu lösen, rührt nach Hegel also daher, daß er „die Einheit wieder als Bewußtsein auf die eine Seite, und ihr gegenüber ein Ansich treten" läßt. Auf die Wendung „als Bewußtsein" kommt es dabei an. Versucht man nämlich, die synthetische Einheit als Subjekt zu begreifen, resp. als Bewußtsein, so hat man diese Einheit bereits selbst wieder objektiviert. Denn der subjektiven Einheit des Bewußtseins als eines gedachten, geht die objektive Einheit des Denkens voraus. Das hat Kant selbst klar erkannt, ohne freilich daraus die entsprechenden Konsequenzen zu ziehen.[2]

Da nun das als subjektives Bewußtsein gemeinte Ich stets nur das objektivierte Ich oder, wie Kant sich ausdrückt, die empirische Einheit der Apperzeption ist, kann an dasselbe

[1] Hegel II. S. 178. Die erste Sperrung ist von uns. Die übrigen vom Verfasser.

[2] Vgl. Kant III. S. 113. Auch S. 109.

die Frage nach der subjektiven Einheit und Allgemeinheit garnicht gestellt werden. Denn die Einheit im Subjekt ist ja grundsätzlich eine objektive. Und das Subjekt als objektives, d. h. als objektives Subjekt, ist ein Einzelnes, ein Besonderes, neben dem andere Subjekte stehen. Zwischen diesen Subjekten aber klafft eine unüberbrückbare Kluft.

Nun sahen wir bereits am Beispiel der interobjektiven Allgemeingültigkeit, daß dort das Problem von Kant nur gelöst werden konnte, indem er die Kluft zwischen Denken und Sein überbrückte. Die Frage nach der Möglichkeit und Notwendigkeit der Allgemeinheit des Denkens in den getrennten Subjekten wird also wohl auch nur dadurch zu lösen sein, daß der Verstand die Kluft zwischen den isolierten Subjekten überbrückt. Tatsächlich überbrückt! Das heißt aber, daß nicht bloß, wie es bei Kant geschieht, „versichert" wird, daß die Vernunft in allen Wesen die gleiche sei, sondern daß das auch an den besonderen Bestimmungen der Vernunft im einzelnen aufgewiesen wird. Die Aufgabe, die dadurch gestellt ist, verlangt, daß die einzelnen Bestimmungen der Vernunft als unumgänglich notwendig aus dem Sinn des vernünftigen Bestimmens abgeleitet und als solche in ihrem notwendig-allgemeinen Zusammenhang dargestellt werden können.

Daß Hegel seine Aufgabe in der Tat so aufgefaßt hat, läßt sich leicht nachweisen. Im letzten Buch der Großen Logik, in dem Kapitel über die Idee des Erkennens geht Hegel auf diese Frage ausführlich ein. Der Kardinalfehler der kantischen Philosophie sei der gewesen, daß sie den Begriff des Subjektes logisch nicht habe bewältigen können. (Das ist nach dem Vorangegangenen ganz klar: Mit den Mitteln der traditionellen Logik können nur Objekte gedacht werden, resp. kann zwar Alles gedacht werden, aber eben nur als Objekt. Subjekt aber ist das, was allen Objekten gegenübersteht, was also nicht Objekt ist. Folglich kann es vom traditionellen Standpunkt aus logisch grundsätzlich nicht bewältigt werden.) Kant bemerkt deshalb, man könne das Ich nicht denken. »Ich« sei nur „ein bloßes Bewußtsein, das alle Begriffe begleitet. Durch dieses Ich, oder auch Es (das Ding), welches denkt", erläutert jetzt Hegel weiter, „wird nun nach den kantischen Folgerungen nichts weiter als ein transzendentales Subjekt der

Gedanken vorgestellt = x, welches nur durch die Gedanken, die reine Prädikate sind, erkannt wird, und wovon wir abgesondert niemals den mindesten Begriff haben können; dies Ich hat dabei nach Kants eigenem Ausdruck, die Unbequemlichkeit, daß wir uns jederzeit seiner schon bedienen müssen, um irgend etwas von ihm zu urteilen." Aber bei solchem Argument hat Kant, so fährt Hegel etwas weiter unten fort, „nur den Zustand der Metaphysik seiner Zeit vor sich, welche vornehmlich bei solchen abstrakten, einseitigen Bestimmungen ohne alle Dialektik stehen blieb; die wahrhaft spekulativen Ideen älterer Philosophen über den Begriff des Geistes beachtete und untersuchte er nicht. In seiner Kritik über jene Bestimmungen folgte er nun ganz einfach der Hume'schen Manier des Skeptizismus, daß er nämlich das festhält, wie Ich im Selbstbewußtsein erscheint, wovon aber, da das Wesen desselben, — das Ding-an-sich — erkannt werden solle, alles Empirische wegzulassen sei; nun bleibe nichts übrig als diese Erscheinung des: Ich denke, das alle Vorstellungen begleite, — wovon man nicht den geringsten Begriff habe."[1]

Soweit Hegels Kantdarstellung in diesem Punkte. In ihr ist der logische Abstand zwischen Kant und Hegel sehr deutlich merkbar und auf eine sehr einfache Formel gebracht, wie wir gleich sehen werden. Ganz ohne Ironie geht es hier bei Hegel nicht ab. „Gewiß muß zugegeben werden, daß man weder von Ich, noch von irgend etwas, auch von dem Begriff selbst den mindesten Begriff hat, insofern man nicht begreift, und nur bei der einfachen, fixen Vorstellung und dem Namen stehen bleibt."[2]

Durch die kantische Auffassung des Ichs wird dasselbe, so meint Hegel, niemals „begriffen", weil alles Denken, das den Gesetzen der traditionellen Logik folgt, nach dem „Wesen" fragt, wenn es etwas begreifen will. So fragt Kant nach dem „Wesen" des Ich. Da es aber das „Wesen" und der „Grund" des Bestimmens ist, mithin selber das Unbestimmte, wird das Ich nur als leere Identität, als Nichts gedacht, wovon man allerdings

---

[1] Hegel IV. S. 430 ff.

[2] Hegel IV. S. 432.

„nicht den geringsten Begriff" hat. — Wir sehen: die Konsequenzen, die sich uns früher aus der Analyse des Wesens als des Grundbegriffes der traditionellen Logik ergaben, kehren hier wieder. Das Verhängnis dieser Logik ist eben, daß sie Alles als Sein „setzen" muß. Und das hat Kant mit seiner Fragestellung (ohne es zu wollen?) beim Ich auch getan, als er nach dem „Wesen" des Ich fragte. „Allerdings wenn Ich begrifflos als bloße einfache Vorstellung nach der Weise genommen wird, wie wir im alltäglichen Bewußtsein Ich aussprechen, so ist es die abstrakte Bestimmung, nicht die sich selbst zum Gegenstand habende Beziehung seiner selbst." [1]

Also nicht vermittels der durch Abstraktion gewonnenen Bestimmungen der traditionellen Logik darf das Ich gedacht werden, wenn es wahre Allgemeinheit sein soll, sondern als die sich selbst zum Gegenstande habende Beziehung seiner selbst. Diese Aussage ist — an der Aufgabe, sie in ein deutliches Verhältnis zur traditionellen Logik zu bringen, gemessen, — noch sehr dunkel, weshalb wir sie durch andere Wendungen Hegels zu ergänzen und zu erklären suchen. — Das Ich ist nach Hegel „die unmittelbare Idee oder die Idee als ihr noch nicht an sich selbst realisierter Begriff." Von dieser (vorläufigen) Definition ist in der kantischen Philosophie einzig und allein das Moment der Unmittelbarkeit begriffen worden, nicht aber, daß das Ich der lebendige Begriff selbst sei. — Da die Hegelsche Terminologie dem Verständnis hier wieder fast unüberwindliche Schwierigkeiten entgegensetzt, sei das in moderner Ausdrucksweise noch einmal gesagt: Kant faßt das Ich nur als objektiviertes, nicht aber als subjektiven, seine eigene Objektivität begreifenden Begriff. Bei Kant ist der Begriff zwar als objektives Ich „von seiner äußerlichen Realität unterschieden und für sich gesetzt, doch dies sein Für-sich-sein hat es nur als Identität, welche eine Beziehung auf sich als versenkt in seine ihm unterworfene Objektivität oder auf sich als inwohnende, substantielle Form ist."

Der „Begriff" begreift sich bei Kant als seine eigene ihm selbst unterworfene Objektivität — und nennt dann das so Begriffene Ich oder Subjekt. Das ist

---

[1] Hegel IV. S. 433.

in Hegelscher Sprache nichts anderes als der Gedanke Kants, daß die subjektive Einheit des Selbstbewußtseins die objektive Einheit des Selbstbewußtseins voraussetze.

Interessant ist nun, wie sich beide Philosophen zu der Lösungsfrage verhalten. Wir wissen: vom kantischen Standpunkt, der der Standpunkt der traditionellen Logik ist, ist das Problem unlösbar, ein Zirkel, da ich „mich des Ich schon bedienen müsse, um vom Ich zu urteilen." Aber Hegel hat für diesen Verzicht nur Spott übrig. Für ihn ist das Problem sehr wohl lösbar. „Lächerlich ist es wohl diese Natur des Selbstbewußtseins, daß Ich sich selbst denkt, daß Ich nicht gedacht werden kann, ohne daß es Ich ist, welches denkt, — eine Unbequemlichkeit und als etwas Fehlerhaftes einen Zirkel zu nennen, — ein Verhältnis, wodurch sich im unmittelbaren empirischen Selbstbewußtsein die absolute, ewige Natur desselben und des Begriffes offenbart, deswegen offenbart, weil das Selbstbewußtsein eben das Daseiende, also empirisch Wahrnehmbare, reiner Begriff, die absolute Beziehung auf sich selbst ist, welche als trennendes Urteil sich zum Gegenstande macht und allein dies ist, sich dadurch zum Zirkel zu machen. — Ein Stein hat jene Unbequemlichkeit nicht; wenn er gedacht oder wenn über ihn geurteilt werden soll, so steht er sich selbst dabei nicht im Wege; er ist der Beschwerlichkeit, sich seiner selbst zu diesem Geschäft zu bedienen, enthoben; es ist ein Anderes außer ihm, welches diese Mühe übernehmen muß."[1]

Die Kühnheit der Lösung, die darin liegt, jenen verzweifelten Zirkel einfach positiv (als Lösungsansatz selbst) zu nehmen, gibt in nichts der kopernikanischen Wendung Kants nach. Wenn dem Denken, so meint Hegel, ein Denkgegenstand gegenübertritt, der eine Identität mit sich hat, „welche sich so in sich selbst unterscheidet, daß das Unterschiedene nicht eine Objektivität, sondern gleichfalls zur Subjektivität oder zur Form der einfachen Gleichheit mit sich befreit, hiermit der Gegenstand des Begriffes ist," — dann mag dies zwar noch ein Gegenstand des Denkens einfach aus dem Grunde sein, weil er tatsächlich

[1] Hegel IV. S. 432.

im Denken als solcher aufgefunden wird, aber ein Denkgegenstand im Sinne der traditionellen Logik ist es nicht. Denn zum Wesen der Denkgegenstände der traditionellen Logik gehört es, daß im Unterschiedenen das Sein „gesetzt" ist. Wenn sich aber die Identität so von sich selbst unterscheidet, daß im Unterschiedenen die Subjektivität einfache Gleichheit mit sich selbst ist, so ist im Unterschiedenen das Nichts „gesetzt". Das ist aber im Sinne der traditionellen Logik ein Widerspruch in sich selbst.

Da nun ein solcher Begriff — wie ihn die traditionelle Logik ihrem eigenen Sinn nach nicht kennen kann — tatsächlich im Denken auftaucht, wenn es nicht mehr das Sein, sondern sich „Selbst" „setzt", so ist damit erwiesen, daß die Form des Denkens, wie sie die traditionelle Logik kennt, nicht die einzige Form des Denkens ist. Die traditionelle Denkform ist die Form des Ansich. Die zweite Form des Denkens, die hier gesucht wird, nennt Hegel „die zur Allgemeinheit befreite Begriffsform". Und „auf Bestimmung dieser Form kommt es an". Denn „auf ihr beruht der Unterschied dessen," was wir als den Unterschied des denkenden und des gedachten Ich bisher erfahren haben. Die Form des Begriffes, wie ihn die traditionelle Logik kennt, kann dies Problem nicht lösen. Erst „die Erhebung des Begriffs über das Leben", d. h. „die zur Allgemeinheit befreite Begriffsform" kann das Verhältnis vom denkenden Ich zum gedachten Ich begreifen.[1]

Wie geht jenes Begreifen nun vor sich? Bei der Beantwortung dieser Frage ist zu beachten, wie sehr die Hegelsche Logik die traditionelle Logik voraussetzt und ihre Ergebnisse aufs Ernsthafteste respektiert. Das Schlußwort für das hier besprochene Problem ist in jener Logik der Gedanke, den wir bereits öfters besprachen, daß die subjektive Einheit des Selbstbewußtseins unweigerlich die objektive Einheit des Selbstbewußtseins im Denken voraussetze.

Was die traditionelle Logik sagt, ist auch für Hegel „richtig". Das sahen wir bereits. Hegel nimmt also dieses Ergebnis als unabänderlich hin und — jetzt kommt die unglaublich kühne Wendung seines Denkens — folgert daraus, wenn wir das Ich

---

[1] Hegel IV. S. 429.

als Ich (und nicht als Wesen), als Subjektivität,[1] als Innerlichkeit, als innere Notwendigkeit denken wollen, **so müssen wir eben auf den Begriff des Subjekts dabei verzichten.** Denn wenn wir das Subjekt als reine Allgemeinheit denken wollen, dann ist es eben nicht mehr Subjekt, sondern das Denken selbst. Es ist, sagt Hegel, eine „barbarisch zu nennende... Vorstellung... daß bei dem Denken des Ich dasselbe als Subjekt nicht weg(ge)lassen werden könne." Das „erscheint dann umgekehrt auch so, daß Ich nur als Subjekt des Bewußtseins vorkomme oder daß Ich mich nur als Subjekt eines Urteils[2] brauchen könne . . ."[3] Wenn man bei dieser Auffassung stehen bleiben wollte, dann wäre eben Ich „nur Eins der Extreme, einseitiges Subjekt ohne seine Objektivität, oder es wäre auch nur Objekt ohne Subjektivität, wenn nämlich", spottet Hegel, „die berühmte Unbequemlichkeit hierbei nicht wäre, daß sich von dem Ich als Objekt das denkende Subjekt nicht wegbringen läßt. Aber in der Tat findet dieselbe Unbequemlichkeit auch bei der ersten Bestimmung, dem Ich als Subjekte, statt; das Ich denkt etwas, sich oder etwas anderes. Diese Untrennbarkeit der zwei Formen, in denen es sich selbst entgegensetzt, gehört zur eigensten Natur seines Begriffs und des Begriffs selbst.[4]

Die Seele dieses zirkelhaften Verhältnisses ist nach Hegel Auffassung die Natur des Begriffs, des reinen Denkens selbst. Weil auf dem Standpunkte Kants über diese Natur des Denkens keine Klarheit herrschte, **stellte er das Selbstbewußtsein als Grund des Denkens dar, während in Wahrheit umgekehrt das Denken der Grund des Selbstbewußtseins ist.**

---

[1] In Hegelscher Terminologie müßte es eigentlich genau umgekehrt an dieser Stelle «objektiv» heißen. Aber Hegel braucht auch selbst den Terminus «subjektiv» in der Bedeutung «innerlich». Vgl. V. S. 65, 69, 71, auch 73, 83, 92. III. S. 28, 43, 45, 51, 52, 55, 62.

[2] „Subjekt eines Urteils" im traditionell-logischen Urteilssinn natürlich.

[3] Hegel IV. S. 432.

[4] Hegel IV. S. 433. Die zusammenhängende Sperrung ist von uns gemacht.

Damit nähern wir uns der Lösung des Problems der interobjektiven Allgemeingültigkeit. Solange das Denken im Selbstbewußtsein begründet war, war das Selbstbewußtsein selber das Allgemeine. Die traditionelle Logik begriff das Selbstbewußtsein aber nur als System der Monaden. Mit der Ablehnung der traditionellen Logik als grundlegender Logik der Philosophie, lehnt Hegel auch die Monadenlehre ab.[1] „Das System der Monaden hebt die Materie zur Seelenhaftigkeit herauf; die Seele ist in dieser Vorstellung ein Atom, wie die Atome der Materie überhaupt."[2] Kant steht, wenigstens insoweit ihm das Selbstbewußtsein der Grund des Denkens ist, noch auf dem Boden der Monadologie. Damit bleibt aber die Frage, wie das, was für mich das Allgemeine ist, auch für die anderen Selbstbewußtseine allgemein sein kann, völlig ungeklärt, da ja die Monaden keine Fenster haben. Leibniz überbrückt diese Schwierigkeit durch den Gedanken der praestabilierten Harmonie; Kant, der mit demselben Denkschema arbeitet, sagt dafür: die Vernunft.

Erst Hegel erkennt den Mangel dieser Lösungen klar. Wenn das Denken im Selbstbewußtsein begründet ist, dann ist das Selbstbewußtsein ein ausschließendes. D. h. es kann nur Anderes denken, das es als Objektives „setzt", niemals aber sich selbst, weil es ja selbst der Grund des Denkens ist. Damit aber sind die anderen Selbstbewußtseine ewig ausgeschlossene, andere, sie können nur als objektive Subjekte gedacht werden. Damit aber kann auch der Gedanke der Allgemeinheit in ihnen nie gedacht werden, weil sie für das Denken ja nur Besondere sind. Deshalb wird die Identität der Vernunft in allen Selbstbewußtseinen nur behauptet, von diesem Standpunkt aus keinesfalls „begriffen", wie Hegel immer wieder betont.

---

[1] Es ist merkwürdig, daß ein so verständnisvoller Interpret Hegels wie G. Lasson einer ist, sagt: „Es fehlt sozusagen in der Hegelschen Metaphysik an einer Monadologie". Hegel V. S. XLIV. Der Gedanke der Monadologie ist zwar ein philosophischer Gedanke, aber mit unphilosophischen Denkmitteln ausgedrückt. Vgl. Hegel V. S. 181, 354. Im Gedanken der Monade ist „die wahrhaftere Form des Geistes in einer untergeordneteren abstrakteren existierend". Siehe auch XVIIIa. S. 176.

[2] Hegel IV. S. 436.

Ganz anders liegen die Dinge, wenn man sich von der Vorstellung befreit, „daß bei dem Denken des Ich dasselbe als Subjekt nicht weggelassen werden könne." Folgt man diesem überraschenden Gedanken Hegels, daß man beim Denken des Ich als innerlichster Tiefe und subjektivster Transzendenz das Subjekt selbst weglassen müsse und nur den reinen Begriff denken dürfe, dann entdeckt man, daß jener Zirkel im Denken des Selbstbewußtseins aus der Natur des reinen Begriffs selbst folgt. Das heißt aber nichts anderes, als daß das Denken selbst der Grund des Selbstbewußtseins ist — und nicht umgekehrt, wie man das bei Kant vermuten könnte. Der Gedanke des Denkens ist bei Hegel der primäre im logischen Sinne, der Gedanke des Selbstbewußtseins ist sekundär, ist erst aus jenem abzuleiten. Das Subjekt ist nur der objektivierte Begriff selbst. Der nicht objektivierte Begriff aber — d. h. also der Begriff in seinem eigentlichen subjektiven Sinne — hat nicht mehr die Gestalt der Subjektivität (also eines einzelnen Ichs), sondern die „Form der Notwendigkeit".

Die Lösung des Problems der intersubjektiven Allgemeingültigkeit — resp. der inneren Allgemeinheit der einzelnen, getrennten Subjekte — beruht also auf dem Wesen des Denkens selbst. Wie geschieht das aber? Um das zu verstehen, wollen wir noch einmal den Schluß der Bemerkung Hegels über die Paradoxie des Sichselbstdenkens uns ins Gedächtnis zurückrufen. Es hieß dort: „Das Ich denkt etwas, sich oder etwas anderes. Diese Untrennbarkeit der zwei Formen, in denen es sich selbst entgegensetzt, gehört zur eigensten Natur seines Begriffs und des Begriffs selbst." —

Jetzt sind wir in einer argen Verlegenheit. Hegel spricht ausdrücklich von zwei Formen des Denkens. Etwas denken hat einen doppelten Sinn. Es kann sowohl bedeuten: sich denken (d. h. das Denken denken), es kann aber auch heißen: anderes (d. h. als Fremdes und Denkunabhängiges) denken. Nach der traditionellen Logik gibt es doch aber nur eine Form des Denkens. Etwas denken heißt allemal: anderes denken. Und das Andere als Fremdes denken. Und wenn das Denken sich selbst denkt, so denkt es nach Auffassung dieser Logik ganz unvermeidlich sich selbst als Anderes. Etwas als

Anderes denken ist mithin für diese Logik die Form des Denkens überhaupt.

Hegel aber setzt für die Lösung seines Problems voraus, daß es noch eine zweite Form des Denkens gibt. Nämlich etwas als Denken denken. Wir vermuten, daß wir hier vor der von uns gesuchten zweiten formalen Logik stehen, die mit der ersten zusammen erst die sogenannte spekulative „Logik" ausmacht. Wir müssen uns also hier provisorisch helfen.

„Die Untrennbarkeit der zwei Formen" gehört zur Natur des Begriffs, und darin liegt die Lösung des Problems des Verhältnisses von Selbstbewußtsein und Allgemeinheit. Da wir vorläufig von der zweiten Form des Denkens so gut wie garnichts wissen, kann die „Untrennbarkeit der zwei Formen" des Denkens nur das bedeuten, daß der Begriff als Begriff beide Formen an sich hat. Der Begriff begreift sich in der ersten Form als Sein, da aber aus dem Sein das Ich niemals wegdenkbar ist, begreift er sich zugleich als Ich. Diese beiden Stufen des Denkens hat Hegel in den ersten beiden Büchern seiner Logik ausgelegt. Aber indem der Begriff sich selbst im Sein und als Sein begreift, begreift er das Ich als bloß objektives. Aber dieses Ich als objektives, dieses Ich als Subjekt möglicher Urteile, ist ihm selbst durch sein Sich-selbst-denken vermittelt. Das heißt aber nichts anderes, als daß das Ich aus dem Denken begriffen wird. Da das Denken überhaupt in sich zwei Formen hat, sodaß jeder Begriff eine doppelte Form des Denkens darstellt, kann das Selbstbewußtsein niemals anders begriffen werden als zugleich als denkendes und gedachtes Subjekt. In beiden Fällen aber ist die Allgemeinheit die gleiche, sowohl bei dem denkenden Subjekt als auch bei der Vielheit der gedachten Subjekte, denn es ist jedesmal die Allgemeinheit desselben Begriffs, der sich das eine Mal als denkender, das zweite Mal als gedachter denkt. Da der Begriff als reiner Begriff in beiden Formen identisch, d. h. einfache Sichselbstgleichheit mit sich selbst ist, ist auch seine Allgemeinheit in beiden Fällen identisch und einfache Sichselbstgleichheit mit sich selbst. Die beiden Fälle, um die es sich hier handelt, sind einerseits das Subjekt als denkendes, andererseits die Vielheit der gedachten Subjekte. In beiden ist also die Allgemeinheit die gleiche und einfache Sichselbstgleichheit, wodurch die intersubjektive Allgemeinheit des Denkens aus dem Begriff, oder — wie wir lieber sagen wollen — aus dem Wesen des Denkens selbst begriffen worden ist. —

Dieser äußerst schwerfällige Gedankengang, den wir in Hegelscher Denktechnik (freilich stark gekürzt) wiedergegeben haben, scheint folgendes ausdrücken zu wollen:

Denkende Subjekte können als solche als nur in derselben Weise der Allgemeinheit denkend, wie sie das sie begreifende Denken an sich hat, gedacht werden, weil das Denken schlechthin immer allgemeiner ist als jedes als denkend gedachte Subjekt. Denn wenn dieses Subjekt als denkendes zwar auch als Allgemeinheit gedacht wird, so ist trotzdem diese Allgemeinheit für ein übergreifendes Denken nur eine besondere. Denn als sich selbst begreifend versteht sich das Denken selbst immer nur als absoluten Gegensatz, als Form und Inhalt. Da wir uns hier aber bereits in der Sphäre des reinen Begriffs befinden, ist dieser Gegensatz von Form und Inhalt schon in einem anderen Gegensatz ausgedrückt. Indem das Denken sich selbst als Selbstbewußtsein denkt, denkt es sich als Form der Objektivität und als Form dieser Form (als reiner Allgemeinheit). Und „das Allgemeine, formell genommen und n e b e n das Besondere gestellt, wird selbst auch zu etwas Besonderem.“ [1]

Das will nichts anderes sagen, als daß fremdes Denken nie anders gedacht werden kann als durch Objektivierung des eigenen Denkens, mithin als Objektivierung der Allgemeinheit, als die sich das Denken selbst weiß. Der Gedanke, daß ein fremdes Subjekt aus einer anderen Allgemeinheit heraus denkt, ist unvollziehbar, denn es würde bedeuten, daß es Allgemeinheit gäbe, die n u r als Objektivität begriffen werden könne. Da aber Denken seinerseits nur als Subjektivität begriffen werden kann (andernfalls ist es bereits ein gedachtes), so wäre die notwendige Konsequenz davon, daß es Allgemeinheit gäbe, die kein Denken sei. Wenn wir uns also Wesen vorstellen sollten, die vermittels jener für uns n u r objektiven Allgemeinheit dächten, so wäre das soviel wie die Aufforderung, wir sollten uns Subjekte denken, die als Subjekte nicht denkbar seien.

---

[1] Hegel V. S. 46.

Dieser Widersinn lauert hinter dem kantischen Gedanken des Ich an sich, das für uns immer „an sich" bleibt und nie von uns subjektiv begriffen werden kann. Die Zumutung, die Kant dem Denken hier stellt, ist tatsächlich dieselbe: etwas, was nur als absolutes Objekt gedacht werden kann, als Subjekt zu denken. In diesen Widersinn treibt ihn die stillschweigende Voraussetzung, daß die traditionelle Logik die einzige Form des Denkens ist, hinein, und sie verführt ihn dazu, den Grund des Denkens im Selbstbewußtsein zu suchen. War aber auf diese Weise das Selbstbewußtsein zum Träger des Allgemeinen geworden, so war nicht zu verstehen, warum notwendig das Allgemeine in der Vielheit der Subjekte mit sich identisch sein müsse, und die Frage bleibt offen: legt sich wirklich die Vernunft in allen Subjekten vermittels der gleichen Bestimmungen aus?

Es war nicht dringend diese Frage zu beantworten, solange es sich nur um das Problem der Allgemeingültigkeit der Naturwissenschaften handelte. Da die Logik dieser Wissenschaften (wenigstens soweit Kant sie berücksichtigt) tatsächlich die traditionelle Logik war, so war die Allgemeingültigkeit interobjektiver Aussagen sozusagen durchs Experiment empirisch verifizierbar. So grotesk das auch klingen mag: Allgemeingültigkeit war empirisch „beweisbar".

Diese bequeme Situation änderte sich aber sofort, als die Probleme der Geschichte in den Vordergrund der wissenschaftlichen Diskussion traten. Jetzt wurde die Frage: legt sich die Vernunft in allen historischen Erscheinungsformen wirklich vermittels desselben Systems von Bestimmungen aus? wirklich brennend. — Es ist vielleicht die größte streng wissenschaftliche Leistung Hegels, gesehen zu haben, daß diese Frage trotz ihrer wissenschaftlichen Lösbarkeit mit dem logischen Werkzeug seiner Zeit unbeantwortbar war. Auf dem Boden einer durch eine radikale Kritik des Denkens erweiterten Logik gelingt es ihm dann, die kantische Wendung zum Subjektivismus im Problem der Allgemeingültigkeit für die historische Vernunft zu wiederholen.

Da niemals eingesehen werden kann, wie Allgemeinheit des Denkens möglich ist, wenn das Denken im Selbstbewußtsein seinen Grund hat, so muß eben das Selbstbewußtsein im reinen

Denken begründet sein. Nur so ist Geschichtswissenschaft möglich. Geschichtswissenschaft ist begriffenes Schicksal des Selbstbewußtseins — sagt die Phaenomenologie. Aber nur, wenn das Begreifen über dem Selbstbewußtsein steht, ist Geschichtswissenschaft möglich, nie dagegen, wenn das Selbstbewußtsein selbst zum Schicksal des Begreifens wird. —

Wir sind damit am Ende dieser ersten Betrachtung. Ihr Ergebnis ist, daß Hegel durch seine Kritik der traditionellen Logik, die er in den Grundzügen durchaus der Tradition gemäß abzeichnet, die Einseitigkeit des Denkens, das durch diese Logik definiert wird, feststellt. Fordert schon diese Einseitigkeit von sich aus eine Ergänzung, weil eben aus ihrem einseitigen Charakter zwingend hervorgeht, daß sie nicht den Sinn des Denkens überhaupt in reinster Allgemeinheit darstellt, so wird der Gedanke einer solchen Ergänzung bei Hegel für die Lösung des Problems der Allgemeinheit des Denkens einfach als vollzogen vorausgesetzt, wie wir gesehen haben. „Es sind... die zwei Welten im Gegensatze, die eine ein Reich der Subjektivität in den reinen Räumen des durchsichtigen Gedankens, die andere ein Reich der Objektivität in dem Elemente einer äußerlich mannigfaltigen Wirklichkeit, die ein unaufgeschlossenes Reich der Finsternis ist." — Diese beiden Reiche des Gedankens waren von „zwei Formen" des Begriffes beherrscht und erst aus beiden Formen zusammen ergab sich der Gedanke einer Lösung des Problems der Allgemeinheit des Denkens. —

Wir kennen vorläufig nur die eine Form des Begriffes. Jene Form, die „ein unaufgeschlossenes Reich der Finsternis" zum Inhalt hat. Es ist die traditionelle Logik. Die Frage, die wir uns jetzt zu stellen haben, lautet: wie hat sich Hegel selbst den Weg zu jener zweiten Form gebahnt und wo werden wir sie finden? Denn sie zu suchen ist jetzt eine dringende Aufgabe geworden, seit wir wissen, daß die Form des Seins nicht die Form des zu seiner Allgemeinheit befreiten reinen Begriffes ist.

IV. KAPITEL

DIE ERSTE UND DIE ZWEITE STELLUNG DES GEDANKENS ZUR OBJEKTIVITÄT

I.

Wie Hegel schon mit dem ersten erwachenden Blick auf die Welt — seine Jugendschriften bezeugen das — seine Logik des Absoluten entdeckte, wird wohl für immer ein Geheimnis bleiben. Sein Denken beginnt mit einer Vision. „Die Welt ist nicht eine Emanation der Gottheit; denn sonst wäre das Wirkliche durchaus ein Göttliches; aber als Wirkliches ist es Emanation, Teil der unendlichen Teilung; zugleich aber im Teile . . . Leben; das Einzelne, Beschränkte, als Entgegengesetztes, Totes ist zugleich ein Zweig des unendlichen Lebensbaumes; jeder Teil, außer dem das Ganze ist, ist zugleich ein Ganzes, ein Leben; und dies Leben wiederum auch als ein reflektiertes, auch in Rücksicht der Teilung, des Verhältnisses als Subjekt und als Prädikat, ist Leben, . . . und aufgefaßtes Leben.“ [1] Aehnlich sah Kepler in einer Art Kristallvision sein drittes Gesetz.

Aber Wissenschaft ist etwas anderes. Man kann Höhen erfliegen oder ersteigen. Der Flieger kennt ein paar Quadratmeter Gipfel, der Ersteiger den ganzen Berg. Die Aussicht ist dann für beide die gleiche. Aber Schritt um Schritt den ganzen Weg gehen, für jeden Meter Rechenschaft ablegen können — den Weg besitzen — die Möglichkeit, ihn immer wieder zu gehen, das ist Wissenschaft.

---

[1] „Nohl“ S. 307.

Gauß soll einmal gestöhnt haben: Das Resultat hab ich, wüßte ich nur schon, wie zu ihm gelangen. — In diesem Sinne ist die Hegelsche Philosophie sehr wenig Wissenschaft. Nur spät und spärlich macht Hegel sich Gedanken über den langen Weg, der zwischen dem Hergebrachten und seinem fertigen Denken liegt. Bereits im „Geist des Christentums und sein Schicksal" ist eigentlich alles im Prinzip fertig. Späteres als Ergebnis vorweggenommen. Wir sehen es an dem von uns behandelten Problem der Allgemeingültigkeit. „Zwischen Mensch und Gott, zwischen Geist und Geist ist diese Kluft der Objektivität nicht", heißt es in dieser religionsphilosophischen Arbeit. Und weiter: „in eigentlichen Objekten können Geister nicht einig sein".[1] Aber erst in der Enzyklopädie gibt Hegel sich und uns zum ersten Male zusammenhängend und methodisch Rechenschaft vom Wesen seines Denkens. Wir meinen jenen Abschnitt, der als „Vorbegriff" der Logik die enzyklopädische Logik einleitet. Es ist in der Tat auch bereits anerkannt worden, „daß für die Hinführung zu Hegels Standpunkt kaum etwas empfehlenswerter und geeigneter sein dürfte als diese Blätter", auf denen die Stellung des Gedankens zur Objektivität erörtert wird.

Die Gedanken, die Hegel dort vorträgt, bilden den ersten noch von Hegel selbst unternommenen Versuch einer wissenschaftlichen Durchdringung der absoluten Methode. Der Versuch ist bis heute auf diesem Wege nicht wiederholt worden. Die Situation war nicht einladend genug, denn der Hegelsche Versuch selbst ist in den ersten Anfängen stecken geblieben und damit als gescheitert anzusehen. Wenn wir trotzdem bei unserem Bemühen um eine wissenschaftliche Analyse der Hegelschen Logik dem von Hegel selbst beschrittenen Wege folgen, so geschieht das, weil wir glauben, daß die Ursachen für das Scheitern des ersten Versuchs nicht in prinzipiellen Gründen liegen. Hegel glaubte einfach, in seinem „Vorbegriff" bereits Genügendes geleistet zu haben, und hielt persönlich die Möglichkeit einer weiteren Analyse (ohne sie je versucht zu haben) für ausgeschlossen — auf Grund einer Ueberlegung, die, wie wir sehen werden, bei Fichte ihren Ursprung hat und von da

---

[1] „Nohl" S. 312 u. 316.

aus wie ein schleichender Krankheitskeim alle logischen Erwägungen des deutschen Idealismus vergiftet hat.

Wenn wir nun den Hegelschen Spuren folgen, haben wir nacheinander die von Hegel aufgezählten drei Stellungen des Gedankens zur Objektivität zu untersuchen, um daran die Frage zu knüpfen: wo führt der von Hegel eingeschlagene Weg eigentlich hin, wenn man versucht, ihn weiter zu gehen, und zu welchen Einsichten über das Wesen des Denkens, das der Logik des Absoluten zugrunde liegt, kommen wir dabei.

Wir beginnen mit dem Hinweis, daß der Gedanke von den verschiedenen möglichen Stellungen des Denkens zur Objektivität nicht ein spätes Produkt des Hegelschen Denkens ist; er läßt sich bereits im Aufbau der Jenenser Logik und expressis verbis an zahlreichen Stellen in der Phaenomenologie des Geistes nachweisen. Wir zitieren hier nur zwei. In dem Abschnitt über die „Gewißheit und Wahrheit der Vernunft" referiert Hegel die bis dahin dargestellte Bewegung des Denkens folgendermaßen: „Es traten zwei Seiten nacheinander auf, die eine, worin das Wesen oder das Wahre für das Bewußtsein die Bestimmtheit des S e i n s, die andere (worin es) die hatte, nur f ü r e s zu sein. Aber beide reduzierten sich in e i n e Wahrheit, daß, was i s t, oder das a n s i c h nur ist, insofern es f ü r das Bewußtsein, und (daß) was f ü r e s ist, auch a n s i c h ist."[1] Die andere Stelle steht in dem Schlußkapitel der Phaenomenologie über „das absolute Wissen". Die Bewegung des Bewußtseins an seinem Gegenstand wird dort so geschildert: „Der Gegenstand ist also teils u n m i t t e l b a r e s Sein oder ein Ding überhaupt, was dem unmittelbaren Bewußtsein entspringt, teils ein Anderswerden seiner, sein Verhältnis oder S e i n f ü r anderes und Fürsichsein, die Bestimmtheit, was der Wahrnehmung, teils Wesen oder als Allgemeines, was dem Verstande entspricht. Es ist als Ganzes der Schluß oder die Bewegung des Allgemeinen durch die Bestimmung zur Einzelheit, wie die umgekehrte, von der Einzelheit durch sie als aufgehobene oder die Bestimmung zum Allgemeinen. — Nach diesen drei Bestimmungen also muß das Bewußtsein ihn als sich selbst wissen."[2]

---

[1] Hegel II. S. 177.

[2] Hegel II. S. 550.

Wir haben die in der Phaenomenologie vertretene Auffassung von den drei Grundbestimmungen, in denen sich das Denken seinem Gegenstande gegenüber verhält, deshalb hier wiedergegeben, weil diese Auffassung auf die Entwicklung der Gedanken im „Vorbegriff" der Logik der Enzyklopädie einen bedenklichen Einfluß hat. Die Phaenomenologie stellt die innere Geschichte des theoretischen und praktischen Ich dar, deren Ziel „die Offenbarung der Tiefe" des Selbstbewußtseins ist.[1] Die einzelnen Etappen des Denkens werden also unter dem Gesichtspunkt einer Geschichte der Selbstexplikation des menschlichen Geistes entwickelt.[2] Die Darstellung der drei Stellungen des Denkens zur Objektivität am Eingang der Logik der Enzyklopädie will jedoch eine s y s t e m a t i s c h e Reflexion sein. Indem aber die durch die Phaenomenologie vorgegebene Einteilung beibehalten wird, mischen sich in die systematische Darstellung des „Vorbegriffs" Erwägungen hinein, die rein „historisch" im eben angegebenen Sinne gemeint sind. Wir werden uns deshalb ernstlich fragen müssen, ob die Dreiteilung in der systematischen Reflexion über die Stellungen des Denkens zur Objektivität berechtigt ist, und ob Hegel in der Tat drei Stellungen des Denkens zu seinem Gegenstande unterscheidet. Doch das kann uns erst die Darstellung und Analyse der drei Stellungen, die wir an der Hand Hegels vornehmen wollen, selbst lehren.

Die erste Stellung des Gedankens zu seinem Gegenstande „ist das u n b e f a n g e n e Verfahren, welches . . . den G l a u b e n enthält, daß durch das N a c h d e n k e n die W a h r h e i t e r k a n n t, das, was die Objekte wahrhaft sind, vor das Bewußtsein gebracht werde. In diesem Glauben geht das Denken geradezu an die Gegenstände, reproduziert den Inhalt der Empfindungen und Anschauungen aus sich zu einem Inhalte des Gedankens und ist in solchem als der Wahrheit befriedigt.

---

[1] Hegel II. S. 564.

[2] Es ist wohl etwas zuviel des Guten, wenn Glockner Hegel I. S. 21, die Phaenomenologie ein „seinem Wesen nach völlig ungeschichtliche (s) Werk" nennt. Aeußere Geschichte oder auch Geschichte der „Wirklichkeit" in Hegelschem Sinne ist es allerdings nicht. Das sei zugegeben. Wohl aber ist sie Geschichte als Schicksal der Innerlichkeit.

Alle anfängliche Philosophie, alle Wissenschaften, ja selbst das tägliche Tun und Treiben des Bewußtseins lebt in diesem Glauben."[1]

Es ist das naiv objektivistische Denken, das Hegel charakterisiert und ein „unbefangenes Verfahren" nennt. In ihm werden „die Denkbestimmungen als die Grundbestimmungen der Dinge" betrachtet, was soviel heißen soll, „daß das, was ist, damit daß es gedacht wird, an sich erkannt" werden kann.[2] Dieser Satz aber spricht nach Hegel die Form des unmittelbaren Urteils aus. „Unmittelbar" aber bedeutet nichts anderes als das, was Hegel hier „unbefangen" nennt. Das unmittelbare Urteil ist „zunächst das Urteil des Daseins; unmittelbar ist sein Subjekt ein abstraktes, seiendes Einzelnes, das Prädikat eine unmittelbare Bestimmtheit oder Eigenschaft desselben, ein abstrakt Allgemeines".[3] Wir erkennen in diesen Bemerkungen Hegels unschwer die traditionelle Logik wieder. Zumal Hegel ausdrücklich darauf hinweist, daß die Bestimmungen des Denkens hier als endliche genommen werden.

Die Philosophie, die dieser Form des Denkens entspricht, ist die „vormalige Metaphysik, wie sie vor der kantischen Philosophie bei uns beschaffen war". Für diese Metaphysik war das Absolute ein jenseitiges Sein. Ihre Gegenstände waren Seele, Welt und Gott. Entsprechend der traditionell logischen Struktur, von der dieser Typus von Metaphysik abhängig war, wurden diese Gegenstände (des Denkens) gesetzt. D. h. das Denken „nahm sie aus der Vorstellung auf, legte sie als fertige, gegebene Subjekte bei Anwendung der Verstandesbestimmungen darauf zugrunde, und hatte nur an jener Vorstellung den Maßstab, ob die Prädikate passend und genügend seien oder nicht".[4]

Diesen Typus von Metaphysik nennt Hegel in der „Jenenser Logik" die „Metaphysik der Objektivität". Er läßt sie sich dort aus den drei Grundsätzen des Erkennens entwickeln und zeigt ihre Abhängigkeit von der Struktur der ihr zugeordneten

---

[1] Hegel V. S. 59 f.

[2] Hegel V. S. 60.

[3] Hegel IV. S. 272.

[4] Hegel V. S. 61.

Logik, indem er jedem Grundsatze einen metaphysischen Gegenstand entsprechen läßt. Der Grundsatz der Identität (und des Widerspruches) erscheint jetzt als Seele; dem Gedanken der Ausschließung des Dritten entspricht die Welt; und der Grund endlich wird hier im Gedanken des höchsten Wesens von neuem gedacht.[1]

(Es ist interessant, hierbei festzustellen, daß die logischen Voraussetzungen der Hegelschen Philosophie seit der Jenenser Logik in ihrem Grundriß anscheinend unverändert geblieben sind.)

Nicht ganz parallel dieser Darstellung in der Jenenser Logik, aber völlig parallel der alten metaphysischen Tradition, stellt Hegel die der traditionellen Logik korrespondierende Metaphysik in der Logik der Enzyklopädie als Ontologie, rationelle Psychologie, Kosmologie und Theologie hin.[2] Die Darstellung ist eine kritische, da es ihm darauf ankommt, nachzuweisen, daß die hier vorausgesetzte traditionelle Logik ihren Gegenständen (d. h. überhaupt den philosophischen Problemen) nicht gewachsen ist und deshalb nicht das geeignete Organon der Philosophie darstellt.

Die vorkantische Metaphysik setzte nach Hegels Meinung „überhaupt voraus, daß die Erkenntnis des Absoluten in der Weise geschehen könne, daß ihm Prädikate beigelegt werden, und untersuchte weder die Verstandesbestimmungen ihrem eigentümlichen Inhalte und Werte nach, noch auch diese Form, das Absolute durch Beilegung von Prädikaten zu bestimmen.“[3] Der Anwendung dieser Logik auf die Metaphysik hätte eine Kritik ihres Gehaltes vorangehen müssen. Eine solche Kritik aber hat man unter dem Eindruck der Erfolge, die diese Logik auf dem Gebiete des an äußerlichen Vorstellungen fortlaufenden Denkens erzielte, unterlassen. Aber „so befriedigend zunächst diese Erkenntnis in ihrem Felde“ auch sein mag, und

---

[1] Hegel XVIIIa. S. 144 ff.

[2] Es entspricht dies genau der Einteilung von Chr. Wolff, der in seiner theoretischen Philosophie mit der Logik beginnt und auf ihr dann die Metaphysik als Ontologie aufgebaut. Auf die Teilung der Wolffschen Metaphysik in einen pneumatischen und einen nicht-pneumatischen Teil geht Hegel nicht ein.

[3] Hegel V. S. 60.

so glänzender Erfolge sie sich besonders auf dem Gebiete der mathematischen Wissenschaften mit Recht rühmen kann, so ist doch Folgendes gegen sie einzuwenden. Weil nämlich die Inhaltsbestimmungen ihrer Sätze „nicht zugleich als Begriffsbestimmungen gesetzt sind, sondern als gegebene gleichgültige Teile, die in mannigfaltigen äußerlichen Verhältnissen zueinander stehen, so ist es nun der formelle, äußerliche Begriff, in welchem sich die Notwendigkeit ergibt.“[1] Was hinter diesen Zeilen steht, ist wieder der Gedanke, daß die formale Logik der Abstraktion die Logik des Endlichen ist. Denn erstens ist der Begriff als Begriff hier ein endlicher, weil ihm die anderen Begriffe als gleichgültige gegenüberstehen, und er an ihnen so seine Grenze hat. Weiterhin aber hat er auch eine Grenze an dem Aeußerlichen, dem bloßen Stoff des Denkens, welcher selber wieder als ein endlicher gesetzt wird, weil er seine Grenze an dem Denken als einem anderen findet. Diese Logik der Aeußerlichkeit entspringt aus der „Ungeduld, das in der Weise der Vorstellung vor sich haben zu wollen, was als Gedanke und Begriff im Bewußtsein ist“.[2] Bezeichnenderweise spricht Hegel gelegentlich von ihr als von einer „Logik des Wahrnehmens“.[3]

„Aus dem Bisherigen erhellt die notwendige Grenze dieses Erkennens“ und die Unmöglichkeit, dasselbe in der Philosophie anzuwenden und damit die Gegenstände der Philosophie selbst zu begreifen. Das ist deshalb unmöglich, „weil diese Gegenstände sich sogleich ihrem Inhalte nach als unendlich darbieten.“[4] Zwar sind diese Gegenstände ihrer Form nach in diesem Typus von metaphysischem Denken noch endliche, denn sie sind als absolutes Sein „gesetzt“, und das Unendliche ist an ihnen negiert, ist das Nichts (negative Theologie). Dies spricht die Form des Urteils des Daseins selber aus. Aber indem der Inhalt ein unendlicher ist, entspricht die Form des Urteils dem, was im Urteil „gesetzt“ ist, nicht. Daraus folgt: „das Urteil ist durch seine Form einseitig und insofern falsch.“[5] Diese

1 Hegel IV. S. 471.
2 Hegel V. S. 34.
3 Hegel II. S. 100.
4 Hegel V. S. 40.
5 Hegel V. S. 62.

Einseitigkeit, die eine Konsequenz des endlichen Charakters der Begriffe der traditionellen Logik ist[1], führte dazu, daß die vorkantische Metaphysik Dogmatismus wurde, „weil sie nach der Natur der endlichen Bestimmungen annehmen mußte, daß von zwei entgegengesetzten Behauptungen... die eine wahr, die andere aber falsch sein müsse.“[2]

Wir können die Hegelschen Bemerkungen zu den einzelnen Teilen der alten Metaphysik — ihrer Psychologie, Kosmologie und Theologie — ruhig übergehen; sie enthalten nichts besonders Wichtiges und Neues. Wertvoll aber ist Einiges, was er über das Verhältnis der alten Ontologie zur Logik überhaupt sagt. Das Ergebnis ist ganz auf den Tenor gestimmt: jede Logik hat die Metaphysik, die sie verdient. Das absolute Sein galt dieser Metaphysik als der Grund des Diesseits, als die ewige Notwendigkeit, die über der Zufälligkeit des Zeitlichen waltet. Die übersinnliche Welt war so für das Denken „ein ruhiges Reich von Gesetzen, zwar jenseits der wahrgenommenen Welt, — denn diese stellt das Gesetz nur durch beständige Veränderung dar, — aber in ihr ebenso gegenwärtig und ihr unmittelbares, stilles Abbild.“[3] Das war die Idee des absoluten Seins für das Denken. Nun muß man fragen: wie verhält sich das Denken zu dieser Idee? Wenn wir dann bei Hegel lesen: „die Bestimmungen im abstrakten Denken... sind Begriffe der Wissenschaft, in welche sich das inhaltlose Denken ausbreitet und den Begriff auf eine in der Tat nur äußerliche Weise an das ihm selbständige Sein, das seinen Inhalt ausmacht, hängt und nur bestimmte Begriffe als geltende hat, es sei, daß sie auch reine Abstraktionen sind,“[4] dann begreift man die Behauptung Hegels, daß den einzelnen Bestimmungen der alten Metaphysik ein gemeinsames ideelles Prinzip fehle. Die logischen Prädikate der alten Metaphysik

---

[1] Dieser Gedanke, daß die traditionelle Logik eine bloße Endlichkeitslogik ist, wird im deutschen Idealismus immer wieder wiederholt. Vgl. Fichte I. S. 269. „. . . die Zusammensetzung: unendlich und objektiv, ist selbst ein Widerspruch. Was auf ein Objekt geht ist endlich, und was endlich ist, geht auf ein Objekt“.

[2] Hegel V. S. 62.

[3] Hegel II. S. 114 f.

[4] Hegel II. S. 155.

„müssen darum empirisch und zufälligerweise aufgezählt und ihr näherer Inhalt kann nur auf die Vorstellung, auf die Versicherung, daß man sich bei einem Worte gerade dies denke, etwa auch auf die Etymologie gegründet werden. Es kann dabei bloß um die mit dem Sprachgebrauch übereinstimmende Richtigkeit der Analyse und empirische Vollständigkeit, nicht um die Wahrheit und Notwendigkeit solcher Bestimmungen an und für sich zu tun sein". Damit will Hegel sagen, daß der Inhalt der Metaphysik ein völlig willkürlicher und in sich diskontinuierlicher ist, weil die Struktur der Logik, auf der dieses metaphysische Denken beruht, selbst nicht die strukturelle Form der Notwendigkeit hat. Weil das logische Denken in seinen Bestimmungen völlig kontingent ist, kann das von ihm Bestimmte, in diesem Fall also das Metaphysische, selber nur als absolute Kontingenz begriffen werden.

Aber noch ein tieferer Gedanke steckt bei Hegel in dieser Konfrontierung von Ontologie und traditioneller Logik. — Die Idee der übersinnlichen Welt war doch ein ruhiges Reich von Gesetzen und ewiger Notwendigkeit. Also das gerade Gegenteil von Kontingenz und Diskontinuität. Die traditionelle Logik hat also zwar die Metaphysik, die ihr entspricht, aber indem sie sie hat, mißversteht sie den Begriff der Metaphysik. Denn der Begriff der Metaphysik ist, um mit Hegels Worten zu reden, „ein ruhiges Reich von Gesetzen", nicht aber ein Reich der Kontingenz. Was die traditionelle Logik erzeugt, ist also nicht etwa ein unentwickelter Gedanke der Metaphysik, der weiterer Entwicklung harrt, sondern es ist das gerade Gegenteil eines metaphysischen Gedankens. Der echte Gedanke der Metaphysik ist zwar auch in der traditionellen Logik vorhanden, aber er ist dort nichts weiter als ihr einfacher Widerspruch (nach Hegel). Er ist die abstrakte Negativität. —

Wir sind mit Hegel auf das Verhältnis des abstrakten Denkens, wie es in der traditionellen Logik definiert wird, zu dem Problem der Metaphysik näher eingegangen, weil sich an ihm der eigentliche Charakter der ersten Stellung des Denkens zur Objektivität am deutlichsten enthüllt. Dieses Denken ist naiv objektivistisch in dem Sinne, daß es das Gegebene als factum brutum einfach hinnimmt. Es ist das Denken der Tatsächlichkeit, Zufälligkeit, kurz des einfachen Seins. Weil es sich ganz an das Aeußere und Aeußerliche verliert, wird ihm dasselbe zur alleinigen Aufgabe und Schicksal, und weil es sich selbst dabei verliert — jenes Selbst nämlich, welches das Begreifen ist, — tritt ihm die Welt als ein Unbegreifliches entgegen. Metaphysik (als echte) ist in diesem Denken bloße Sehnsucht nach dem verlorenen Paradies, ist Andacht. Das „Denken als solches bleibt das gestaltlose Sausen des Glockengeläutes oder eine warme Nebelerfüllung, ein musikalisches Denken, das nicht zum Begriffe, der die einzige immanente gegenständliche Weise wäre, kommt. Es wird diesem unendlichen reinen inneren Fühlen wohl sein Gegenstand, aber so eintretend, daß er nicht als begriffen, und darum als ein Fremdes eintritt."[1] Von seiner Andacht kann dies Denken deshalb nur in Bildern reden, und in Bildern spricht es, weil es überhaupt nur in Bildern, die Schemata einer äußeren Wirklichkeit sind, denkt.

Die erste Stellung des Gedankens zur Objektivität faßt also das Gedachte als ein Aeußeres auf. Infolgedessen zeichnet die Struktur des Denkens die Form der Welt als einer äußeren getreulich in sich selbst ab. Denn ihr Denkideal ist Uebereinstimmung mit einem transzendent Gegebenen. Es ist der Typus des Denkens, den wir in der traditionellen Logik vor uns haben. Es geht von dem Sein als einem „festen Halt" aus. „Dieser Ausgangspunkt kann scheinen, im Denken, insofern er Schlüsse macht, als feste Grundlage und ganz so empirisch, wie dieser Stoff zunächst ist, zu bleiben und belassen zu werden. Die Beziehung des Ausgangspunktes auf den Endpunkt, zu welchem fortgegangen wird, wird so als nur affirmativ vorgestellt als ein Schließen von einem, das sei und bleibe, auf ein anderes, das ebenso auch sei. Allein es ist der große Irrtum, die Natur des Denkens nur in dieser Verstandesform erkennen zu wollen."[2]

Die Inversion dieses Typus ergibt einen neuen, den Hegel als zweite Stellung des Gedankens zur Objektivität anführt. Die Haltung, die das Denken auf dieser neuen Stufe einnimmt,

---

[1] Hegel II. S. 163.
[2] Hegel V. S. 76.

ist am besten daraus zu verstehen, daß auf der ersten Stufe des Denkens der Mangel einer zureichenden Definition des Verhältnisses zwischen Subjekt und Objekt empfindlich fühlbar wird. Denn man wird zu der Frage gedrängt, was bedeutet eigentlich Uebereinstimmung des Denkens mit einem Gegenstand, wenn letzterer als ein Außen, als ein Fremdes, mithin als ein ewig transzendent Bleibendes gesetzt wird? Wie ist dann eine solche Uebereinstimmung festzustellen, wenn erst einmal der Gedanke an eine prästabilierte Harmonie verloren gegangen ist, und das Denken sich seine Gewißheit selbst sichern will! Wenn das Denken auf diese Fragen reflektiert, wird es gewahr, daß eine Klärung der Frage jener fraglichen Uebereinstimmung auf seiner ersten Stufe garnicht erfolgen konnte, weil in der ersten Stellung des Gedankens zur Objektivität ausschließlich der Sinn des Seins expliziert wird. Dasjenige aber, mit dem das Sein übereinstimmen soll, nämlich das Denken bleibt ein unbekanntes X, weil sich das Denken, wie wir gesehen haben, völlig nach außen, von sich selber fort auf das Andere richtet. Das Denken hat sich auf der ersten Stufe sozusagen selbst vergessen, denn es geht ganz in dem Außen auf. Die Frage der Uebereinstimmung von Denken und Sein kann also garnicht beantwortet werden, weil über das, womit das Sein eine Gleichung bilden soll, nichts gewußt wird.

Die zweite Stellung des Denkens zur Objektivität expliziert also die Frage: was ist das Denken selbst? Oder, um näher bei den Hegelschen Formulierungen zu bleiben: war auf der ersten Stufe die Frage beantwortet worden, was ist der Denkgegenstand als *seiender*? So dreht es sich auf der zweiten Stufe um das Thema, was ist der Denkgegenstand als *gedachter*? Vorbereitet wird diese Fragestellung nach Hegel durch das Prinzip des Empirismus, dem der Gedanke zugrunde liegt, „daß das Bewußtsein in der Wahrnehmung seine *eigene unmittelbare Gegenwart* und *Gewißheit* hat."[1] Aber der Empirismus ist nur eine Vorbereitung auf das neue Prinzip. In ihm vollzieht sich zwar eine Hinwendung auf das Denken selbst, aber diese Hinwendung geschieht „bewußtlos". D. h. das Denken expliziert auch in dieser Wendung weiter ausschließ-

[1] Hegel V. S. 65.

lich das Sein und nicht sich selbst. Denn das Denken weiß hier noch nicht, daß es, wenn es das Sein denkt, damit indirekt auch sich selber expliziert.

In gewissem Sinne erreicht ist die zweite Stellung des Gedankens zur Objektivität in der kritischen Philosophie Kants. Freilich eben nur in gewissem Sinne, wie wir noch sehen werden. In der kritischen Philosophie richtet sich im Problem der objektiven Erkenntnis das Denken auf sich selbst. Indem Kant, um die Frage, wie sind synthetische Urteile a priori möglich?, zu beantworten, „in die Subjektivität das Gesamte der Erfahrung" legt, hat er damit das Verdienst, „das Bewußtsein dieser absoluten Innerlichkeit erweckt zu haben, die, ob sie um ihrer Abstraktion willen zwar aus sich zu nichts sich entwickeln und keine Bestimmungen, weder Erkenntnisse noch moralische Gesetze hervorbringen kann, doch schlechthin sich weigert, etwas, das den Charakter einer Aeußerlichkeit hat, in sich gewähren und gelten zu lassen."[1] Ist also auf der ersten Stufe des Denkens die Aeußerlichkeit alleinige Aufgabe der Philosophie, so tritt jetzt als neue Aufgabe die Innerlichkeit des Denkens hinzu. Was das Denken auf dieser Stufe will, ist, „die Gedanken selbst unvermischt zum Gegenstand zu machen."

Die Frage, die sich Hegel jetzt stellt, ist die: führt die kritische Philosophie diese Aufgabe des Denkens, die von ihr selbst entdeckt worden ist, auch wirklich aus? Eine Analyse der kantischen Philosophie unter diesem Gesichtspunkt aber zeigt, daß die aufgeworfene Frage mit einem strikten Nein zu beantworten ist. Das war nach dem, was wir anläßlich des Problems der Allgemeingültigkeit hörten, bereits zu vermuten. Immerhin war dort die Rolle, die Kant in der Philosophie spielt, nur negativ bewertet, während wir hier erheblich Positives über die für den Fortschritt der Logik vom Kritizismus geleistete Arbeit hören werden. Die kritische Philosophie unterwirft nämlich den Wert der in der Metaphysik gebrauchten Verstandesbegriffe einer sehr tiefdringenden Untersuchung, deren Ergebnis es ist, daß die Bestimmungen des Verstandes, d. h. der durch die traditionelle Logik strukturierten Begriffe, auf metaphysische Probleme nicht angewendet werden können, ohne daß das

[1] Hegel V. S. 87.

Denken hierbei sich in unauflösliche Widersprüche verstrickt. Im Kritizismus erweist sich die traditionelle Logik als völlig unzureichendes Instrument zum Durchdenken der metaphysischen Probleme.[1] Und damit ist sie überhaupt keine Logik der Philosophie. Aber diese allerletzte Folgerung, zu der das Denken Kants geradeswegs hindrängt, sieht Kant nicht mehr. Hier macht sich nach Hegel wieder das schon erörterte Verhängnis des Kritizismus geltend, daß Kant statt mit einer Kritik der Logik mit einer Kritik des Erkennens begonnen hat und für diese Erkenntniskritik die traditionelle Logik als unbedingt sichere Grundlage vorausgesetzt hat. Der Gedanke, daß diese Logik nicht das Denken schlechthin repräsentiere, und daß in solchem Falle seinen Bestimmungen keine wahre Allgemeinheit zukommen könne, ist Kant nie gekommen. Immer wieder hält Hegel dem Kritizismus diese Unterlassungssünde vor, daß er nicht die „Formen des Begriffs, welche der Inhalt der gewöhnlichen Logik sind, der Kritik unterworfen" habe.[2] Da die kantische Kritik eben bloß sekundäre Kritik, nämlich Erkenntniskritik ist, geht sie „nicht auf den Inhalt und das bestimmte Verhältnis dieser Denkbestimmungen gegeneinander selbst ein, sondern betrachtet sie nach dem Gegensatz von Subjektivität und Objektivität überhaupt."[3] Da der Gegensatz zwischen Subjektivität und Objektivität nach Hegels Auffassung aber gar kein einfacher und eindeutiger ist, hat es nicht viel Zweck nach dem Wesen und der Geltungsweise eines Erkennens zu fragen, das diesen Gegensatz überfliegen soll. Denn es stellt sich dann sofort die Gegenfrage ein, welcher Gegensatz eigentlich gemeint sei. Das ist es aber, was Hegel in seinem Vorbegriff zur Logik der Enzyklopädie klar zu legen versucht, daß der Gegensatz zwischen Subjektivität und Objektivität garnicht eindeutig ist, wie das noch von Kant still-

---

[1] Daraus hat Kant wenigstens für die Metaphysik selbst die entsprechenden Konsequenzen gezogen. Vgl. Hegel V. S. 72. „Immer ist es für einen guten Erfolg der Kantischen Kritik zu achten, daß das Philosophieren über den Geist von dem Seelendinge, von den Kategorien und damit von den Fragen über die Einfachheit oder Zusammengesetztheit, Materialität usf. der Seele, befreit worden ist".

[2] Hegel IV. S. 234.

[3] Hegel V. S. 68.

schweigend vorausgesetzt wird, sondern daß derselbe mindestens doppeldeutig (wenn nicht gar mehrdeutig) sei. Die Objektivität eines Denkgegenstandes, meint Hegel in diesem Vorbegriff, kann (nach unserer bisherigen Analyse) auf doppelte Weise begriffen werden. Entweder wird der Denkgegenstand, der als solcher natürlich immer relativ objektiv ist, als schlechthin objektiver gemeint und als **echte Objektivität** „gesetzt",[1] oder aber: die (relative) Objektivität des Denkgegenstandes wird als bloß objektive Subjektivität, als objektiviertes **Denken** begriffen. Er ist dann als unechte Objektivität „gesetzt".

Die erste der beiden Möglichkeiten, in denen (vorläufig) der Gegensatz von Subjektivität und Objektivität gedacht werden kann, hat Hegel als „erste Stellung des Gedankens zur Objektivität" geschildert. Die andere Möglichkeit ist die „zweite Stellung des Gedankens" zur Objektivität. Wir haben diese beiden Möglichkeiten in Anlehnung an Hegel auch als Denken der Aeußerlichkeit und als Denken des Denkens als Innerlichkeit bezeichnet. Die Meinung Hegels geht nun dahin, daß zwischen den beiden „Formen" des Denkens ein grundlegender Struktur- und Geltungsunterschied besteht. D. h. beide Arten des Denkens können unmöglich noch ein und derselben Logik angehören. Dieses Ergebnis sahen wir bereits in der Analyse der traditionellen Logik, die wir in dem ersten Kapital schilderten, sich vorbereiten. Denn diese Analyse ließ uns sehen, daß die traditionelle formale Logik nicht die Logik des Denkens überhaupt, sondern vielmehr die Logik einer sehr festumrissenen besonderen Form des Denkens sei. Das legt die Ver-

[1] Ob es dabei die echte Objektivität überhaupt „gibt", d. h. ob etwas in der Welt ist, das in seinem letzten Grunde mit dem Denken nicht identisch ist, bleibt dabei völlig offen. Gemeint ist von Hegel bloß, daß das Denken in seiner ersten „Stellung" diesen Sinn der Objektivität tatsächlich denkt. Die Behauptung einer letztlichen (metaphysischen) Identität von Denken und Sein würde Hegel, ebenso wie die Negierung einer solchen Behauptung, als logisch sinnlos abgelehnt haben. Denn solche Behauptungen sind lediglich durch die logische Valenz der abstrakten Reflexionsphilosophie (d. h. der traditionellen Logik) strukturiert. Wir haben aber bereits gesehen, daß diese als philosophisches Instrument von Hegel energisch abgelehnt wird. Philosophische Fragen lassen sich mit ihr nicht einmal sinnvoll stellen, geschweige denn beantworten. Daran sollten diejenigen Hegelinterpreten denken, die von einer Identität von Denken und Sein bei Hegel sprechen.

mutung nahe, daß es mindestens noch eine andere Form des Denkens, mithin noch eine zweite formale Logik geben müsse. Und in der Tat spricht Hegel selbst von einer anderen Form des Denkens, die mit der ersten (altbekannten) Form zusammen erst die spekulative Logik ergebe.[1]

Was Hegel bei Kant beanstandet, ist genauer nun dies, daß Kants Kritik sich „nicht auf den Inhalt und das bestimmte Verhältnis dieser Denkbestimmungen gegeneinander" einläßt. Hätte er das getan, hätte er also erst die Logik kritisiert, dann würde ihm der erst von Hegel bemerkte Struktur- und Valenzunterschied der einen Gruppe der Denkbestimmungen gegenüber der zweiten auch aufgefallen sein, und er würde sie nicht einfach „nach dem Gegensatz von Subjektivität und Objektivität überhaupt" betrachtet haben, weil die Kritik der Logik ihn darüber belehrt haben würde, daß dieser Gegensatz von Subjektivität und Objektivität keineswegs immer derselbe Gegensatz ist, daß dieser Gegensatz vielmehr grundsätzlich doppeldeutig ist und daß es sogar nicht ausgeschlossen ist, — wir greifen damit Hegels Gedanken über die „dritte Stellung" vor — daß innerhalb dieser Doppelseitigkeit, den Gegensatz als echten und als unechten (d. h. als absoluten und relativen) aufzufassen, unzählige Varianten möglich sind. Kant wäre dann statt zu einer, zu zwei Erkenntnistheorien gekommen. Nämlich zu einer Erkenntnistheorie der Aeußerlichkeit, die wir ja tatsächlich bei ihm finden, aber außerdem zu einer „Erkenntnis"-theorie der Innerlichkeit. Letztere ist dasjenige, was wir schon öfters unter dem passenderen modernen Namen »Sinnanalyse« erwähnt haben. Beide Erkenntnistheorien müßten dann aber auf verschiedenen Logiken beruhen, denn es ist nicht möglich einen zweifachen Sinn des Erkennens anzugeben, wenn ihm nicht ein zweifacher Sinn des Denkens vorausgeht. Denn wenn das Objekt des Denkens nicht in zweierlei Art zu denken ist, wenn das Denken also nicht zweierlei Arten von Objekten „setzen" würde, dann wäre eine Doppelseitigkeit der Erkenntnisfunktion auch nicht möglich. — Aber zu all diesen Folgerungen, die sich bei Hegel dann ergeben, kommt Kant aus dem angeführten Grunde nicht. —

---

1 Vgl. unsere Behandlung des Problems der Allgemeingültigkeit.

Ueberhaupt ist es merkwürdig, daß in dem Abschnitt über die zweite Stellung des Gedankens zur Objektivität erst kurz die philosophische Bedeutung des Empirismus und dann in außerordentlich breiter Weise die kantische Philosophie geschildert und kritisiert wird. Wenn der Leser aber glaubt, daß dann endlich die Darstellung dieser zweiten Stufe des Denkens selbst folgt, so sieht er sich schwer getäuscht. Mit dem mageren Hinweis darauf, daß der Kritizismus für die (unmittelbare) Folgezeit die Bedeutung gehabt hat, als eigentliches Thema der Philosophie das Denken als Denken der Innerlichkeit zu entdecken, bricht die Erörterung über die zweite Stufe des Denkens kurzerhand ab und Hegel geht dazu über, die dritte Stellung des Denkens zur Objektivität zu erörtern. Nun hatte Hegel zwar anläßlich des Abschnittes über die allererste Stufe des Denkens diese selbst auch nicht ausdrücklich dargestellt. Das war aber nicht befremdend, denn aus den wenigen dort hingeworfenen Bemerkungen konnte jedermann ersehen, daß es sich um etwas ganz Bekanntes, nämlich um die traditionelle Logik handelte, welche dort als erste Stellung des Denkens zur Objektivität gemeint war. Zudem kam es darauf an, die Unbrauchbarkeit dieser Logik als philosophisches Instrument und damit die Notwendigkeit eines Fortschrittes über sie hinaus darzulegen, weshalb diese Logik nur in ihrer philosophischen Anwendung, nämlich als vorkantische Metaphysik, kurz behandelt wurde.

Diese beiden Gründe, die dort Flüchtigkeit der Darstellung resp. totales Weglassen rechtfertigen, fallen hier vollständig fort. Denn erstens ist jene zweite Stufe des Denkens als festumrissenes Bild einer Logik noch völlig unbekannt, soviel sich auch Hinweise Hegels in früheren Schriften — besonders in der Phaenomenologie — finden. Zweitens aber fällt auch der andere Grund, daß diese Logik ebenfalls kein geeignetes Organon der Philosophie sei, weg. Denn diese Logik würde ja das explizieren, was für Hegel die philosophische Methode ist, nämlich das subjektivistische Denken. Philosophie ist nach Hegel *methodisch* nichts weiter als Denken des Denkens (als sinnhafter Innerlichkeit), und er gibt gerade hier im Vorbegriff zur Logik der Enzyklopädie ebenso deutlich wie anderwo zu verstehen, daß er *methodisch* den subjektivistischen Ansatz

Kants voll und ganz teilt.[1] Was er an Kant auszusetzen hat, ist lediglich das, daß Kant diesen berechtigten Ansatz auch auf das inhaltliche Prinzip der Philosophie überträgt und damit schließlich im Leeren endet und enden muß.[2] Dieser zweite Grund ist also auch nicht stichhaltig, denn in den speziellen Grenzen, in denen nach Hegel eine formale Logik überhaupt Logik der Philosophie sein könnte, müßte er diese zweite Logik doch voll und ganz acceptieren, denn diese Logik der zweiten Stufe des Denkens würde doch nichts anderes sein, da sie Logik des Denkens des Denkens wäre, als die methodische (und vielleicht axiomatische) Definition der Selbstbewegung des Begriffs als freier Allgemeinheit.

Warum also, so müssen wir fragen, ist diese Logik des reinen auf sich selbst gerichteten Denkens in dem als „zweite Stellung des Gedankens zu Objektivität" betitelten Abschnitt nicht dargestellt? Es liegen, wie wir sehen werden, zwei andere sehr gewichtige und für die Struktur des Hegelschen Denkens sehr aufschlußreiche Gründe vor. Wir wollen sie jetzt darlegen, da erst durch sie die Bedeutung des Abschnittes, von dem hier die Rede ist, ins rechte Licht gerückt werden kann.

Der erste Grund, den wir bereits flüchtig erwähnten, liegt darin, daß das Schema, in dem Hegel hier die Struktur des Denkens überhaupt darstellt — also erste, zweite, dritte Stellung...—, kein systematisches, sondern ein historisches Einteilungsprinzip ist. Wie wir bereits sahen, hat es Hegel aus der Phaenomenologie übernommen. Dort war es nun in der Tat am Platze, denn dort werden ja die systematischen Formen

---

[1] Da bei Hegel, was die Ausdrücke «subjektiv» und «objektiv» anbelangt, terminologisch eine geradezu hoffnungslose Verwirrung und Inkonsequenz herrscht — solange man sich nicht den von uns in der Einleitung angegebenen Gesichtspunkt zu eigen gemacht hat — sei ausdrücklich festgestellt, daß Hegel in dem hier vorliegenden Zusammenhang das Wort «subjektiv» in unserem Sinne als innerlich gebraucht. Hegel bemerkt im Hinblicke auf die Kategorienlehre Kants, daß die den Kategorien „zugeschriebene Objektivität selbst nur etwas Subjektives sei". V. S. 71.

[2] „... so ist die Kantische Kritik bloß ein subjektiver (platter) Idealismus, der sich nicht auf den Inhalt einläßt, nur die abstrakten Formen der Subjektivität und Objektivität vor sich hat und zwar einseitigerweise bei der ersteren, der Subjektivität, als letzter schlechthin affirmativer Bestimmung stehen bleibt". V. S. 71.

des Denkens als Ergebnisse oder Markierungspunkte der inneren Geschichte des Denkens dargestellt. Es wurde dort verstehen gelehrt, wie ein systematischer Gesichtspunkt nach dem anderen aus dem immer besseren Sichselbstverstehen und aus der immer tieferen Interpretation des eigenen Denkens und Handelns herauswuchs. Daß diese Betrachtungsweise der Phaenomenologie aber auf den Vorbegriff der Logik der Enzyklopädie übertragen worden ist, hat sich verhängnisvoll ausgewirkt. Was der Abschnitt über die zweite Stellung des Gedankens zur Objektivität tatsächlich gibt, ist garnicht jene zweite Stellung selbst, sondern es ist die Darstellung des geschichtlichen Ueberganges vom naiven Objektivismus als philosophischer Methode zum Subjektivismus (oder wenn man lieber will: zum reflektierten Objektivismus) als methodischem Prinzip der Philosophie. Nur wenn man sich das vor Augen hält, kann man das Befremden überwinden, das sich einstellt, wenn man liest, daß der Empirismus (der sich, historisch betrachtet, doch extrem objektivistisch gab und nichts von seinen eigenen subjektiven Bezügen wußte) die erste Etappe der zweiten Stufe des Denkens sein soll. Aber auch die Philosophie Kants hat diese zweite Stufe des Denkens eigentlich noch nicht erreicht; da sie noch völlig von der naiv objektivistischen (traditionellen) Logik abhängig ist — in ihren Lösungen wenigstens. Aber die transzendentale Fragestellung greift nach der Meinung Hegels (worin wir ihm wohl folgen können) über den durch die traditionelle Logik gezogenen Rahmen des Denkens weit hinaus. Indem Kant darauf hinweist, daß Allgemeingültigkeit nur dadurch zustande kommt, daß das Denken seine „reine Identität sich zum Gegenstande oder Zweck macht,“[1] hat er damit, ohne es zu wissen, das Programm einer zweiten Logik aufgestellt.

Aber da Kant die Konsequenzen seiner eigenen transzendentalen Fragestellung nicht übersah, interpretiert er sie völlig unter naiv objektivistischen Gesichtspunkten und stellt sich damit letzten Endes logisch-methodisch wieder auf den Boden

[1] Hegel V. S. 70.

der von ihm bekämpften Leibniz-Wolff'schen Methaphysik.[1] So ist Kant eigentlich gar kein Uebergang, und das macht jenen Abschnitt über die zweite Stellung des Denkens zur Objektivität auch dann so unbefriedigend, wenn man in ihm eine direkte Darstellung jener zweiten Stufe nicht mehr erwartet und allein die Entwicklung zu jener zweiten Stufe hin erläutert wissen will. Was der Abschnitt eigentlich wirklich zeigt, ist, daß es eben keinen Uebergang von der logischen Basis Kants und der vorausgehenden Philosophie zum logischen Fundament Hegels gibt. Bezeichnend ist auch die Unsicherheit, in die Hegel selbst gerät, während er sich darüber Rechenschaft gibt, ob nun eigentlich Kant oder vielleicht erst Fichte den Uebergang darstellt. Im Großen und Ganzen sieht es so bei ihm aus, als ob der Transzendentalismus implicit die Möglichkeit neuer logischer Fragestellungen entwickelt habe und damit das Programm einer neuen Logik enthalte. Dann aber heißt es zwischendurch: „Der Fichteschen Philosophie bleibt das tiefe Verdienst, daran erinnert zu haben, daß die Denkbestimmungen in ihrer Notwendigkeit aufzuzeigen, daß sie wesentlich abzuleiten seien. — Diese Philosophie hätte auf die Methode, die Logik

---

[1] Wie ausschließlich Kant auf dem Boden der alten rationalen Metaphysik in logisch-methodischer Hinsicht steht, beweist z. B. seine Stellung zum ontologischen Gottesbeweis. Es ist höchst interessant, daß Kant nur die Gültigkeit des Beweisverfahrens bemängelt, und damit implicit zugibt, wie sehr er an das Vorhandensein dieses Problems und seinen Wert als philosophische Fragestellung glaubt. Darin ist er sich mit seinen von ihm bekämpften Vorgängern geradezu rührend einig. Gegenüber dieser Gemeinschaft der philosophischen Fragestellung fällt die Verschiedenheit der Antworten unter dem logisch-methodischen Gesichtspunkt kaum ins Gewicht. Denn die Gemeinschaft der Fragestellung beruht auf einer gemeinsamen Auffassung vom Wesen der Metaphysik. In Wirklichkeit ist Hegel, der die Möglichkeit von „Gottesbeweisen" bejaht, viel weiter als Kant von der ontologischen Metaphysik der vorkantischen Zeit entfernt. Die Bejahung Hegels besagt garnichts für die voraufgegangene Metaphysik, denn Hegel versteht unter Gott etwas ganz anderes als die alte Metaphysik gemeinsam mit Kant verstanden hat. Bis einschließlich Kant war Gott das absolute transzendente Sein. Ueber diese „Naivität" der Erkenntnis lächelte Hegel nur. Gott als absolutes Sein aufzufassen, dünkt ihm ein Mißverständnis dessen, was in dem Thema «Gott» als philosophisches Problem enthalten ist.

abzuhandeln, doch wenigstens die Wirkung gehabt haben sollen, daß die Denkbestimmungen überhaupt oder das übliche logische Material, die Arten der Begriffe, der Urteile, der Schlüsse, nicht mehr nur aus der Beobachtung genommen und so bloß empirisch aufgefaßt, sondern aus dem Denken selbst abgeleitet würden."[1]

Danach wäre also Fichte der Uebergang zur zweiten Stufe des Denkens und Programmatiker der neuen Logik gewesen. Aber anstatt diesen Gedanken nun festzuhalten und Kant seinerseits als einen Uebergang zu Fichte darzustellen und damit den Uebergang von der traditionellen Logik zu der neuen Stufe des Denkens als eine in zwei Etappen sich vollziehende Entwicklung aufzufassen, läßt Hegel jeden Gedanken an die Fichtesche Philosophie wieder fallen und kehrt, als sei nichts gewesen, zu Kant zurück. Und in dem ganzen Abschnitt dann kein Wort mehr über Fichte.

Der ganze Abschnitt ist also auch dann als mißglückt zu betrachten, wenn man ihn nur als Uebergang zu einer zweiten Stufe des Denkens auffaßt. Aber dafür spiegelt er doch ausgezeichnet die Situation wieder, in der Hegel sich selbst im Rahmen einer Geschichte der Logik sah. Hegel knüpft, so sieht er die Sache selbst an, was die Probleme der reinen Logik anbetrifft, nicht an die transzendentale „Logik" Kants, sondern an die alte rationale Metaphysik an. Diese Anknüpfung geschieht polemisch und antithetisch unter dem nie verschwindenden Gesichtspunkt, daß diese Metaphysik die unglückliche Frucht einer unphilosophischen, rein sachwissenschaftlich orientierten logischen Methode sei.[2] Aber diese Anknüpfung wäre nicht möglich gewesen, wenn der Kritizismus nicht gezeigt

---

[1] Hegel V. S. 69.

[2] Es sei ausdrücklich, um Mißverständnissen vorzubeugen, bemerkt, daß diese Polemik sich gegen die spezielle rationale Form und nicht gegen den Gehalt dieser Metaphysik wendet. (Vgl. Hegel V. S. 60) Wo dieser Gehalt in echt spekulativer Form auftritt, ist Hegel, z. B. bei Jac. Böhme des höchsten Lobes voll. Wogegen sich Hegel wehrt, ist die Auffassung einer Philosophie vom Absoluten (Metaphysik) als Ontologie. — Wir treten damit in ausdrücklichen Gegensatz zu der ausgezeichneten Darstellung Hegels durch N. Hartmann, der Hegel als Ontologen vom reinsten Wasser hinstellt. Aber die reine Seinslehre beruht nach Hegel auf einer einseitigen Form des Denkens.

hätte, daß der Versuch, das Problem der Allgemeingültigkeit befriedigend zu lösen, zu Fragestellungen führt, die auf dem Boden der traditionellen Logik in die absurdesten Widersinnigkeiten auslaufen. Die von Kant vorgenommene Wendung zum Subjektivismus im Problem der Allgemeingültigkeit und die traditionelle Logik (als alleinige und philosophische Logik) vertragen sich nicht miteinander. Eins schließt das andere aus. Da aber der Kritizismus die traditionelle Logik als einzige Form des Denkens festhielt, mußte er unweigerlich in eine Sackgasse geraten, da seine beiden Grundpfeiler, naiv objektivistische Logik und transzendental-subjektivistische Methode, einander ausschlossen. So hat Kant zwar durch seine Wendung zum Subjektivismus der Philosophie ein neues Tor geöffnet. Aber er ist nicht selbst hindurchgeschritten, weil ihn sein Glaube an die traditionelle Logik als einzige und ausschließliche Form der Allgemeinheit im Denken daran hinderte.

Diese Einsicht beherrscht Hegel, daß Kant einerseits ein Uebergang sei, insofern als durch den Transzendentalismus der Philosophie eine neue und erst die ihr eigentlich gemäße Aufgabe gegeben worden sei, daß aber Kant andererseits doch kein Uebergang sei, insofern als man auf dem von Kant dabei persönlich eingeschlagenen Wege nicht weiter komme und schließlich im Leeren ende. Kant ist notwendig gewesen, damit das Denken durch die im Transzendentalismus gemachten Erfahrungen und durch die dort begangenen Fehler den richtigen Anknüpfungspunkt an die rationale Metaphysik finden lernen sollte.

Wir begreifen nun, warum Hegel nach der Darstellung und Kritik Kants nicht eine systematische Darstellung der auf der zweiten Stufe des Denkens erreichten Form des Begriffs folgen läßt. Kant ist kein systematischer Uebergang zur zweiten Form des Begriffs, und sie ist aus ihm keinesfalls zu begreifen. Die kantische Philosophie stellt nur einen geistespsychologischen Uebergang, aber keine systematische Vermittlung dar.

Aber für jenes Fehlen der Darstellung der zweiten Form des Denkens liegt noch ein zweiter viel tiefer reichender Grund vor. Ein Grund, der nicht nur verstehen läßt, warum eine explicite Darstellung der Form des Denkens des Denkens an dieser Stelle fehlt, der uns auch die merkwürdige Tatsache begreifen läßt, warum wir auch sonst nirgends in dem Gesamtwerke Hegels eine solche Darstellung antreffen, wie viel wir auch suchen mögen.

Dieser Grund liegt weit zurück. Wir finden ihn in einer Ueberlegung Fichtes ausgedrückt. Denn bereits bei Fichte taucht in nebelhafter Weise der Gedanke zweier Logiken auf, von denen die eine die Bestimmungen des Ich, die andere die Bestimmungen des Nicht-Ich zu umfassen hätte. „Beide sollen völlig unabhängig, aus eigenen Gründen und nach eigenen Gesetzen, neben einander fortlaufen, und doch soll zwischen ihnen die innigste Harmonie stattfinden.“[1] Analog dem Gedanken Hegels von den zwei Formen des Denkens spricht Fichte öfter von zwei Reihen des Denkens. Die erste Reihe ist die „Reihe des philosophischen Raisonnements; eine andere Reihe ist bis jetzt noch nicht vorhanden.“[2] Nun geht es uns genau so wie bei Hegel, wenn wir auch noch so lange nach jener von Fichte ausdrücklich so bezeichneten „zweite(n) Reihe“ suchen, wir finden sie nirgends.[3] Sie in der Methode der Wissenschaftlehre selbst zu suchen, wäre aber bestimmt ein Irrtum. Denn die Wissenschaftslehre soll ja die „doppelte Reihe“ der Spekulation sein. Sie soll also ganz wie später bei Hegel beide Reihen als „Untrennbare“ enthalten. Und ganz wie Hegel macht Fichte der voraufgehenden Philosophie den Vorwurf der logischen Einseitigkeit. In diesen Systemen „gibt“ es, nach dem Urteil Fichtes, „nur e i n e Reihe des Denkens, die der Gedanken des Philosophen; da sein Stoff selbst nicht als denkend eingeführt wird“. Dieser von Fichte verworfene Typ des Philosophen „rechnet im Objekte seiner Bearbeitung nur auf die Materie, nicht auf eine innere selbständige Kraft“ der Materie des Denkens.[4] So hat die Wissenschaftslehre im Gegensatz zu diesen philosophischen Systemen in sich zwei Reihen der Reflexion. Aber „beide Reihen der Reflexion sind vèrschieden ihrer Richtung nach.“ Die erste Reihe ist einfache Reflexion.

---

[1] Fichte I. S. 342. Vgl. auch S. 343. Uebrigens erinnert die letzte Bemerkung an die „Untrennbarkeit der zwei Formen“ bei Hegel.

[2] Fichte I. S. 457.

[3] Vgl. etwa die völlige Verwirrung über das Wesen der beiden Reihen. I. S. 515.

[4] Fichte I. S. 454. Vgl. auch S. 455 und die Anmerkung dort.

Was die zweite Reihe anbetrifft, so ist dies nicht der Fall. „Der Gegenstand dieser Reflexion ist selbst eine Reflexion." „Mithin beschreibt sie den ganzen Weg, den jene (erste) beschrieben hat, aber in umgekehrter Richtung."[1]

Diese „umgekehrte Richtung" ist nach Fichte überhaupt die Methode des philosophischen Denkens.[2] Das philosophische Wissen (als absolutes Wissen) „wird nicht entgegengesetzt dem Etwas, wovon gewußt wird; denn dann wäre es das Wissen von Etwas, oder das besondere Wissen selbst, sondern es wird entgegengesetzt dem Wissen von Etwas."[3]

Also auch hier, wenn freilich in äußerst unklarer Form der Gedanke, daß naiv gegenständliches Denken, wie es die traditionelle Logik übt, nicht die logische Methode sei, in der der philosophische Begriff gedacht werden kann.[4] Es darf hier nicht unsere Aufgabe sein klarzulegen, wie die Verhältnisse zwischen traditioneller Logik und philosophischer Methode bei Fichte im Einzelnen liegen. Das verlangt eine Sonderarbeit, die übrigens mit sehr erheblichen Schwierigkeiten zu kämpfen haben wird, denn die relative Klarheit, die über dies Problem bei Hegel doch schließlich in der Logik der Enzyklopädie erreicht ist, ist bei Fichte noch lange nicht zu finden. Aber diese wenigen Andeutungen über die Fichtesche Logik waren notwendig, um zu zeigen, daß sich bei Fichte das vorbereitet, was wir dann in erheblich klareren Umrissen im «Vorbegriff» der Logik der Enzyklopädie wiederfinden. Warum dann aber, so kann man sagen, auf einmal den Exkurs von Hegel fort zu Fichte, wenn bei Hegel doch alles besser gesagt worden ist? Um diese Frage zu beantworten sei daran erinnert, daß wir uns hier fragen, warum Hegel in dem Abschnitt über die zweite Stellung

---

[1] Fichte I. S. 222 f. Das Wort «erste» im letzten Satz der Zitate ist von uns des besseren Verhältnisses halber eingefügt worden.

[2] „... die philosophische Reflexion... nimmt notwendig die gleiche Richtung". Fichte I. S. 223.

[3] Fichte II. S. 15.

[4] „Berufung auf Fakta, die innerhalb des Umfangs des gemeinen, durch keine philosophische Reflexion geleiteten Bewußtseins liegen, bringt, wenn man nur konsequent ist, und die Resultate, die herauskommen sollen, nicht schon vor sich liegen hat, nichts hervor, als eine täuschende Popularphilosophie, die keine Philosophie ist". Fichte I. S. 221.

des Gedankens zur Objektivität und auch sonst in seinem ganzen Werk über jene mysteriöse zweite Form des Denkens so hartnäckig schweigt. Der Grund liegt in der ganzen logischen Entwicklung, die der deutsche Idealismus seit Fichte genommen hat, und ist nur zu verstehen, wenn man weiß, daß Fichte die Frage nach einer zweiten reinen Form des Denkens bereits gestellt hat. Deshalb der obige kurze diesbezügliche Informationsbericht über Fichte. Warum aber diese Logik, von der im Idealismus überall gesprochen worden ist, nirgends expliciert worden ist, darüber gibt eine Ueberlegung Fichtes, die für den Aufbau des ersten Fichteschen Systems ebenso maßgeblich gewesen ist, wie sie stille Voraussetzung sämtlicher Systeme des deutschen Idealismus, ohne auch nur eine Ausnahme, geworden ist, hinreichend Auskunft.

Versuchen wir uns jetzt dieser Ueberlegung Fichtes zu nähern. Methodisch ist bereits sein Denken deutlich subjektivistisch ausgerichtet. „Merke auf dich selbst", sagt er, „kehre deinen Blick von allem, was dich umgibt, ab, und in dein Inneres — ist die erste Forderung, welche die Philosophie an ihren Lehrling tut. Es ist von nichts, was außer dir ist, die Rede, sondern lediglich von dir selbst." [1] Hier haben wir bereits den Gedanken jener „umgekehrten Richtung" des Denkens, die dem in der hergebrachten Logik üblichen Denken invers ist. Bei dem Versuch aber, jene neue Richtung des Denkens rein beizubehalten, gerät das Denken nach Fichte in eine eigentümliche Schwierigkeit, die wir als die der unendlichen Iterierbarkeit des Ichs bezeichnen können. Denn, indem das Denken oder das Ich sich auf sich selbst wendet, [2] unterscheidet sich notwendig das denkende Ich von dem im Denken desselben gedachten Ich. Fichte fährt, den Leser anredend, fort: „Aber damit du dies könnest, muß abermals das Denkende in jenem Denken Objekt eines höheren Denkens sein, um Objekt des Bewußtseins sein zu können; und du erhältst zu leicht ein neues Subjekt, welches dessen, das vorhin das Selbstbewußtsein war, sich wieder bewußt sei. Hier argumentiere ich nun abermals, wie vorher; und nachdem wir einmal nach diesem Gesetze

[1] Fichte I. S. 422.

[2] „... der Begriff eines in sich zurückkehrenden Denkens, und der Begriff des Ich, erschöpfen sich gegenseitig." Fichte I. S. 523.

fortzuschließen angefangen haben, kannst du mir nirgends eine Stelle nachweisen, wo wir aufhören sollten; wir werden sonach ins Unendliche fort für jedes Bewußtsein ein neues Bewußtsein bedürfen, dessen Objekt das erstere sei, und sonach nie dazu kommen, ein wirkliches Bewußtsein annehmen zu können. . . . Kurz, auf diese Weise läßt das Bewußtsein sich schlechthin nicht erklären." Den Grund dafür läßt Fichte sofort folgen: „In jedem Bewußtsein . . . wurde Subjekt und Objekt voneinander geschieden und jedes als ein besonderes betrachtet; dies war der Grund, warum uns das Bewußtsein unbegreiflich ausfiel."[1] Und ein wenig später setzt er noch hinzu: „Alles mögliche Bewußtsein, als Objektives eines Subjekts, setzt ein unmittelbares Bewußtsein, in welchem Subjektives und Objektives schlechthin Eins sein, voraus; außer dem ist das Bewußtsein schlechthin unbegreiflich."[2] Das Ergebnis der unendlichen Iterierbarkeit des Ichs ist also dies: „Das Ich ist nicht zu betrachten, als bloßes Subjekt, wie man es bis jetzt beinahe durchgängig betrachtet hat, sondern als Subjekt-Objekt in dem angegebenen Sinne."[3]

Diese Ueberlegung Fichtes mag insofern besonders interessant sein, als in ihr die logische Wurzel des konkreten Begriffs Hegels zu finden ist, weil wir in ihr den Grund für die „Untrennbarkeit der zwei Formen" des Begriffes finden können. Für uns aber ist eine andere Seite an der Ueberlegung Fichtes wichtiger, eine Seite, die durch ihre Fehlschlüssigkeit der ganzen logischen Entwicklung des deutschen Idealismus zum Verhängnis geworden ist. Denn aus der unendlichen Iterierbarkeit des Ich zieht Fichte den Schluß, daß das Ich als reines Ich (als bloßes Subjekt) nicht zu begreifen sei, sondern nur „als Subjekt-Objekt in dem angegebenen Sinne". Das bedeutet aber nichts anderes, als daß nach Fichtes Meinung eine exakte Definition dessen, was in jener unendlichen Iteration des Denkens erreicht werden soll, nämlich das n u r Subjektive, n u r Ichhafte, niemals erfolgen kann. Es ist gar nicht einmal möglich, so glaubt Fichte, auch nur anzugeben, was im Denken gemeint sein soll,

[1] Fichte I. S. 526 f.

[2] Fichte I. S. 528.

[3] Fichte I. S. 529.

wenn wir uns auf das Nicht-Objektive einstellen wollen. Es ist vollkommen unerfindlich, welches Thema das Denken noch haben soll, wenn alle Objektivität aus dem Ich eliminiert wird. Dann „ist“ eben nichts mehr „da“, was gedacht werden kann, denn alles Denken meint etwas und meint deshalb auch das Ich als Etwas.

Eine Bestimmung dieses absolut Nicht-Objektiven ist deshalb nicht möglich, und deshalb ist es auch nicht möglich, die Richtung des Denkens, die auf das absolut Nicht-Objektive geht, zu bestimmen. Das bedeutet aber, daß die Definition einer Logik, die entgegen der objektivistisch orientierten, traditionellen Logik sich auf das schlechthin Subjektive richtet, nicht möglich ist. „Die Tätigkeit, die überhaupt ein Objekt bestimmt, wird bestimmt durch eine solche, die gar kein Objekt hat, durch eine überhaupt nicht-objektive, des objektiven entgegengesetzte Tätigkeit“, sagt Fichte, und wir finden hier wieder den an sich sehr richtigen Gedanken der Untrennbarkeit der beiden Formen im konkreten Denken als primäres und wesentliches Charakteristikum des Denkens überhaupt. Aber wenig später fährt Fichte fort: das Produkt einer solchen der objektiven entgegengesetzten Tätigkeit, „soll Nichts, gar kein Objekt sein, mithin ist es nicht zu fixieren. (Die dunkle Vorstellung des Gedankens von einem bloßen Verhältnisse, ohne Glieder desselben, ist so etwas.) Bleibt demnach nichts übrig, als überhaupt die bloße Regel der Vernunft, zu abstrahieren, das bloße Gesetz einer nicht zu realisierenden Bestimmung.“[1]

Nur eine „dunkle Vorstellung“ kann man nach Fichtes Ansicht also von einer solchen Logik haben, die das Verhältnis des Denkens zu seiner eigenen Subjektivität definiert. Diese dunkle Vorstellung allerdings ist sehr berechtigt und beruht auf keiner Einbildung, denn die Regel der Vernunft von allem Objektiven zu abstrahieren, wenn das Subjektive gedacht werden soll, ist unzweifelhaft da. Aber mehr darüber zu sagen als jene „bloße“ Regel, ist für Fichte nicht möglich. Das Ich ist eben nicht zu betrachten als bloßes Subjekt. „Das Ich kann sich nicht anders setzen, als, daß es durch das Nicht-Ich bestimmt

---

[1] Fichte I. S. 243.

sei . . ."[1] Das ist nach dem Glauben der Wissenschaftslehre „die einzig mögliche Art", das Ich zu denken.

Damit bricht der unzweifelhaft in der Wissenschaftslehre unternommene Versuch, die Grenzen der traditionellen Logik zu sprengen, zusammen. Aber die „dunkle Vorstellung" von einer anderen Art des Denkens ist da und wirkt unter der Oberfläche weiter. Trotzdem haben die hier vorgetragenen Ueberlegungen Fichtes wie ein schleichender Giftstoff auf die Entwicklung einer neuen Logik im Idealismus gewirkt. Und daß die vorhandenen Entwicklungskeime sich nie mehr richtig erholen konnten, dürfte ganz auf das Konto der Wissenschaftslehre gehen. Der Gedanke, daß alles Denken ein Denken von etwas sei, daß alles, indem es gedacht wird, ein Anderes sei, das dem subjektiven Denkprozesse gegenüberstehe, daß also deshalb alles Denken notwendig objektivistisch strukturiert sei, dieser Gedanke war so stark und einleuchtend und von so zwingender Evidenz, daß er die explicite Bildung einer neuen formalen Logik vollständig verhindert hat. Der Gedanke war von so bestechender Selbstverständlichkeit, daß es leicht zu begreifen ist, daß aus ihm der voreilige Schluß gezogen wurde, eine andere Form logischer Struktur als die traditionelle Form sei unmöglich.

Die Voreiligkeit dieses Schlusses hat zur Folge gehabt, daß der Idealismus in der Tat nur eine sehr „dunkle Vorstellung" vom Wesen seiner eigenen Methode gehabt hat. Erst Hegel macht sich mühsam frei von der geradezu hypnotischen Wirkung der obigen Ueberlegungen Fichtes. Das tut er auf eine ganz überraschende Weise. Er stimmt den Gedanken Fichtes von der grundsätzlichen objektiven Richtung alles Denkens zu. Er bejaht also die These Fichtes, daß das Ich nur durch das Nicht-Ich zu bestimmen sei, verneint aber die Möglichkeit, daraus für die Logik die Konsequenzen zu ziehen, die Fichte gezogen hat. Soweit freilich, daß er die Möglichkeit gefunden hätte, diese zweite Form des Denkens selbst darzustellen, hat er sich nicht mehr frei machen können, denn ihr hätte die Emanzipation von der durch Fichte entdeckten Systemform, dem absoluten System vorausgehen müssen. — Da unsere Ana-

---

[1] Fichte I. S. 218.

lyse des Hegelschen Denkens noch nicht weit genug vorgeschritten ist, um das zu begründen, sei hier lediglich eine von Hegel selbst gemachte Bemerkung erwähnt. Diese Logik, deren Konzipierung von Fichte für eine Unmöglichkeit gehalten wird, betrifft nämlich nach Hegel ein „Jenseits . . ., welches dem Absoluten im Rücken liegt."[1] Wir werden auf diese Bemerkung noch später zurückkommen; in diesem Zusammenhang hier ist uns nur die Tatsache wichtig, daß Fichte, beherrscht von dem Gedanken der Iteration und unter dem Eindruck, daß ein Hinausgehen über die traditionelle Logik nicht möglich sei, sein eigenes System geformt hat, und daß, weil die Idee dieses Systems auch für Hegel noch maßgeblich gewesen ist, damit die Fichtesche Auffassung über das Verhältnis von formaler Logik und absolutem System indirekt bei Hegel weitergewirkt hat. Zwar erwähnt Hegel den Gedanken der unendlichen Iteration im Denken des Ich nicht mehr, weil er im Zusammenhang mit anderen Ueberlegungen hier einen Ausweg gefunden hat, den wir bereits schilderten. Es war jener überraschende Verzicht auf den Subjektbegriff im Denken des Ich. Aber wenn auch jene kühne Lösung, daß das Ich nur dann als echtes (d. h. nicht objektiviertes) Ich gedacht werden kann, wenn man es als reines Denken denkt und auf den besonderen Subjektbegriff verzichtet, Hegel weit über die Fichteschen Schwierigkeiten hinausgebracht hat, die Fichtesche Systemidee, die gerade aus solchen Schwierigkeiten erwachsen war, hat er nicht überwunden, und so schleichen sich bereits überwundene Schwierigkeiten auf dem Wege über den Aufbau des Systems wieder ein.

Für Fichte ist das Absolute das Ganze, aber wie Hegel ausdrücklich rügt, als Ich, das nur Nicht-Ich sein soll, aber dieses angegebene Sollen nie erreicht. Infolgedessen unterscheidet sich die Metaphysik Fichtes von der alten Leibniz-Wolffschen Metaphysik nur dadurch, daß „der Dogmatismus des Seins in den Dogmatismus des Denkens, die Metaphysik der Objektivität in die Metaphysik der Subjektivität umgeschmolzen worden ist, und also der alte Dogmatismus und (die) Reflexionsmetaphysik durch diese ganze Revolution der Philosophie zu-

[1] Hegel IV. S. 159.

nächst nur die Farbe des Innern . . . angezogen" hat.[1] Ein absoluter Idealismus aber ist von einem absoluten Realismus nicht mehr zu unterscheiden, und so hat nach Hegels Meinung diese philosophische Entwicklung zum Subjektivismus hin, die durch Kant, Jakobi und Fichte repräsentiert wird,[2] die Philosophie noch nicht auf eine neue Stufe des Denkens gehoben. Das zeigt sich ganz deutlich an dem Mangel der Fichteschen Philosophie in der Fassung des Begriffs des Absoluten, der darin liegt, „daß Subjekt-Objekt aus dieser Identität heraustritt und sich zu derselben nicht wieder herzustellen vermag. . . . Das Prinzip der Identität wird nicht Prinzip des Systems. . . . Das Subjekt-Objekt macht sich daher zu einem subjektiven, und es gelingt ihm nicht, diese Subjektivität aufzuheben und sich objektiv zu setzen."[3] Daß diese Aufhebung in der Fichteschen Philosophie nicht gelingen kann, liegt nach Hegels Meinung daran, daß Fichte „nur eins der Entgegengesetzten ins Absolute gesetzt" hat.[4] Die alte ontologische Metaphysik setzte das Sein ins Absolute oder als Absolutes. Fichte hingegen setzt das Ich als Absolutes, und so tun eigentlich beide ganz dasselbe, nur von verschiedenen Seiten her. Es besteht deshalb bei Fichte eine absolute Entgegensetzung, die nicht aufgehoben werden kann, aber ewig aufgehoben werden soll, ganz so wie in der alten ontologischen Metaphysik. Der Unterschied ist nur der, daß die ältere Zeit jenes Soll im absoluten Sein begründete, während Fichte, dem Zuge der neueren Zeit zur Innerlichkeit folgend, es im absoluten Ich begründet wissen will.[5]

---

[1] Hegel I. S. 344.

[2] Wie Schelling eigentlich einzurangieren wäre bleibt offen. Hegel hat diese Gedanken zu einer Zeit konzipiert, als er sich selbst annähernd auf dem Schellingschen Standpunkt befindlich glaubte.

[3] Hegel I. S. 75.

[4] Hegel I. S. 77.

[5] In diesem Sinne ist die alte Metaphysik für Hegel bloße Naturphilosophie, weil in ihr uns das Absolute ganz unmittelbar, so wie die Natur, gegenübertritt. Ihr Gegensatz ist die ebenso einseitige Transzendentalphilosophie, die bloßes Programm ist (bei Kant, Jacobi, Fichte). Vgl. die Bemerkung Hegels. I. S. 81. „In der Transzendentalphilosophie ist das Subjekt als Intelligenz die absolute Substanz, und die Natur ist Objekt, ein Akzidenz; — in der Naturphilosophie ist die Natur die absolute Substanz, und das Subjekt, die Intelligenz nur ein Akzidenz".

Aber beide Einseitigkeiten verfehlen nach Hegel das eigentliche philosophische Programm Kants. „Die Unlösbarkeit der Objektwelt von dem Kerne des erkennenden Subjekts — das ist der eigentliche Sinn des transzendentalen Idealismus.“ [1] Diese vorbildliche Formulierung neuester Zeit sagt genau das aus, was Hegel als die von Kant gestellte Aufgabe empfindet. Fichte hat diesen Sinn des transzendentalen Idealismus verfehlt, indem er aus ihm einen absoluten (dogmatischen) Idealismus macht. Hegel erkennt sehr wohl an, daß bei Fichte das Absolute als ein Subjekt-Objekt betrachtet wird (wir haben selbst oben bereits entsprechende Stellen aus Fichte angeführt), und daß diese Beziehung nach Fichte unauflösbar ist, weil sowohl Subjekt für sich als Objekt für sich völlig unbegreiflich sind. Aber — und nun kommt die geniale Wendung Hegels — bei Fichte ist das Absolute (als Untrennbarkeit von Subjekt-Objekt) ein „subjektives Subjekt-Objekt“ und das Objekt ist dementsprechend ein bloß „objektives Subjekt-Objekt“; als solche fallen aber beide Glieder wieder in eine getrennte Zweiheit, in der es keine Vermittlung gibt, auseinander. Der einzige Unterschied gegen die alte Metaphysik ist der, daß dort die absolute Trennung Trennung von in sich einfachen Gegensätzen war. Bei Fichte aber ist das absolut Getrennte nicht in sich einfaches, sondern die beiden Gegensätze wiederholen die absolute Trennung in sich noch einmal als relative Trennung. Das kann aber nicht darüber hinwegtäuschen, daß die absolute Trennung bleibt, denn indem das Absolute als bloß „subjektives Subjekt-Objekt“ begriffen wird, tritt ihm das „objektive Subjekt-Objekt“ unvermittelt gegenüber. Wie dieses „unvermittelt“ logisch bewältigt werden kann, darum geht das Ringen Hegels gegen Fichte.

„Sein Standpunkt“, so sagt Hegel von Fichte, „ist deshalb nicht der höchste; es ist die Vernunft in einer beschränkten Form gesetzt, und vom Standpunkt dieser beschränkten Form aus erscheint das Objekt als ein nicht sich selbst Bestimmendes. Es müssen daher beide in das Absolute oder das Absolute in beiden Formen gesetzt werden, und zugleich beide

[1] J. Cohn, Theorie der Dialektik. S. 295.

als Getrennte bestehen."[1] Nach Hegel darf also das Absolute nicht nur subjektives Subjekt-Objekt sein, es muß vielmehr ebensosehr als objektives Subjekt-Objekt begriffen werden können. Der Fehler Fichtes ist, daß er das Absolute nur im ersten Sinne, also einseitig subjektiv als reine Innerlichkeit begreift. **Auf diese Weise stehen sich aber subjektives Subjekt-Objekt und objektives Subjekt-Objekt völlig unvermittelt gegenüber. Ihre Entgegensetzung ist selbst absolut, und ihre Aufhebung bleibt die bloße Sehnsucht eines nie endenden Soll.** Diese absolute Entgegensetzung aber ist das Schema der alten Metaphysik, das schließlich bei Fichte trotz neuen Ansätzen doch wieder siegt. — —

Hier kann gefragt werden, was das alles mit einer Weiterentwicklung des logischen Formbegriffs zu tun haben soll? Der rein systematische Weg zu jenem neuen Formbegriff, den wir im Schlußkapitel gehen werden, ist allerdings einfacher und unvergleichlich durchsichtiger in seinen Motiven. An dieser Stelle aber sind wir historisch-systematisch eingestellt. Wir wollen wissen, warum Hegel jenen zweiten Formbegriff des Denkens auf der zweiten Stufe der Stellung des Gedankens zur Objektivität nicht formuliert hat. Deshalb müssen wir die Schwierigkeiten kennen lernen, die sich aus dem systematischen Ansatz des Idealismus heraus ergaben. Wir wollen verstehen, warum gewisse Dinge gesagt und andere nicht gesagt worden sind. Vom rein logischen Standpunkt gesehen, gehen wir hier auf Umwegen. Aber diese Umwege spiegeln das mühsame Suchen nach neuer systematischer Formulierung der logischen Probleme getreulich wieder. In ihnen spüren wir die Strategie des Erkennens. — Uebrigens sind wir jetzt dem eigentlichen logischen Problem schon wieder ganz nahe.

Denn weil auch bei Fichte die Entgegensetzung als absolute begriffen wird, ganz wie das in der alten Metaphysik geschah, nur mit dem hier nicht relevanten Unterschied, daß jetzt die Glieder des absoluten Gegensatzes „in sich selbst Entgegengesetzte" sind, hat Fichte damit, so folgert Hegel, das logische Gerüst der alten Metaphysik wieder in Gnaden aufgenommen. Denn „ist die Entgegensetzung ideell und absolut, so bleibt

---

[1] Hegel I. S. 77.

die Identität ein bloßes formales Prinzip; sie ist nur in einer der entgegengesetzten Formen gesetzt und kann sich nicht als Subjekt-Objekt geltend machen."[1] Das heißt aber rein logisch betrachtet folgendes: trotz des Fichteschen Programms, die traditionelle Logik erst aus der Wissenschaftslehre abzuleiten,[2] beruht de fakto die Wissenschaftslehre als System des Absoluten doch wieder auf dem durch die traditionelle Logik definierten Schema des Denkens und damit hat sie, wenngleich sie ihren Inhalt grundsätzlich mit entgegengesetzten Vorzeichen versieht, logisch völlig die Struktur der alten Metaphysik. —

Wir lernen jetzt immer deutlicher verstehen, warum wir bei Hegel in dem Abschnitt über die zweite Stellung des Denkens zur Objektivität nicht einfach eine neue Logik formuliert finden, obgleich eine zweite Stellung des Gedankens zur Objektivität unzweifelhaft der Index einer zweiten Form des Denkens ist. **Eine Darstellung einer zweiten Logik kann deshalb nicht dort zu finden sein, weil sich dem naiven Objektivismus samt seiner zu ihm gehörigen (traditionellen) Logik nicht einfach als absoluter Gegensatz durch einfache Umkehrung der Vorzeichen ein ebenso naiver Subjektivismus samt dazugehöriger Logik gegenübersetzen läßt.** Geschähe das doch, so wäre ja der Gegensatz zwischen subjektiv und objektiv formal logisch als absolut gesetzt und die Einheit beider Logiken als die Einheit des Denkens wäre nie zu begreifen. Wir haben das Problem in metaphysischer Form längst kennen gelernt. So wie es unverständlich bleiben muß, wie synthetische Urteile a priori möglich sind, solange das Objekt vom Subjekt durch eine unüberbrückbare Kluft getrennt ist, so bleibt es auch in der Metaphysik Fichtes unverständlich, wie das objektive Subjekt-Objekt gedacht werden kann, solange das Absolute nur subjektives Subjekt-Objekt ist. Die Kluft ist für das Denken bei Fichte nur scheinbar aufgehoben, in Wahrheit besteht sie noch, weil sie unbegriffen ist. Die Identität der beiden Gegensätze ist bloß formell, ist gefordert, aber weil die Gegensätze vom Denken (= traditionelle Logik) als absolut „gesetzt" werden, kann

[1] Hegel I. S. 79.

[2] Vgl. Fichte I. S. 66 ff.

ihre Identität nicht begriffen werden.[1] Da sie aber begriffen werden „soll", kann der Gegensatz nicht als absolut „gesetzt" werden, meint Hegel, die Vernunft würde sonst sich selbst in unauflöslicher Weise widersprechen; denn indem sie sich selbst setzt, setzt sie Sinnhaftigkeit. Wenn sie aber einen undenkbaren (nicht sinnhaften) Gegensatz „setzen" wollte, würde sie sich selber widersprechen. Sie würde behaupten, daß sie das Undenkbare denkt. Das aber ist einfach sinnlos. Der Gegensatz darf also nicht als absolut „gesetzt" werden. Er ist zwar „für sich" absolut, aber als „gesetzter" ist er relativ. Der Gegensatz muß gerade als unbegreiflicher (nämlich für die traditionelle Logik) begriffen werden. —

Lassen wir jetzt die metaphysischen Formulierungen beiseite und versuchen wir ganz dasselbe an der formalen Logik zu begreifen. Wir werden dabei sehen, daß das, was bisher im metaphysischen Gewande auftrat, ein echt formallogisches Problem ist und für die Weiterentwicklung der formalen Logik ganz ungeahnte Konsequenzen hat. Die Weiterentwicklung der formalen Logik im Idealismus ist überhaupt nur dann zu verstehen, wenn es gelingt, die metaphysischen Probleme in rein logisch-formale zu verwandeln. Die Grenze jener Verwandlungsmöglichkeit ist zugleich die Grenze der formalen Logik überhaupt. Jene Verwandlungsmöglichkeit geht aber viel, viel weiter, als man bisher angenommen hat.

Uebertragen wir also das über die Metaphysik Gesagte hier auf die Möglichkeit einer formallogischen Formulierung der zweiten Stellung des Gedankens zur Objektivität. — Wir hörten bereits: dem naiven Objektivismus und der ihm zugehörigen Logik kann unmöglich ein ebenso naiver Subjektivismus samt dazugehörender Logik gegenübergesetzt werden. Dieser angebliche reine Gegensatz wäre nämlich total sinnlos. Das lehrt uns die Diskussion an der Metaphysik.

Um das zu zeigen nehmen wir einmal an, die zweite Stellung des Denkens zur Objektivität könnte einfach durch eine

---

[1] Sie kann nicht begriffen werden, weil die traditionelle Logik den Gegensatz als absoluten, d. h. aber nach ihrem eigenen Ansatz als unbegreiflichen "setzt". Das hat Hegel sehr klar am Problem des Dinges-an-sich erörtert.

naive subjektivistische Logik definiert werden, die sich ebenso unmittelbar zu ihrem „Gegenstande“ verhielte, wie das die traditionelle Logik tut. Wie würden sich dann aber diese beiden Logiken zueinander verhalten? Die Antwort ist sehr leicht, wir brauchen bloß das eben über die Metaphysik Gesagte uns ins Gedächtnis zurückzurufen. Diese beiden Logiken stünden in absolutem Gegensatz zu einander, weil ihre „Gegenstände“ in ihnen als absoluter Gegensatz aufgefaßt werden müßten. Der „Gegensatz“ der einen Logik wäre jeweilig das unmittelbare abstrakte „Setzen“ der anderen. Uebertragen wir das auf das Verhältnis der beiden logischen Formbegriffe, so bedeutet das, daß die eine Form die reine Negativität der anderen ist. Als solcher ist der Gegensatz der beiden Formen völlig unbegreiflich. Er ist unbegreiflich, weil ja nur die eine Seite dieses Gegensatzes **positiv** definiert werden kann, für die andere dasselbe aber nicht möglich ist, da sie ja nichts weiter als die einfache Negation der Positivität der ersten Form ist.

Wir wollen das am Wesen des Urteils näher erläutern. Der Index der einen Logik wäre jeweils das negative Urteil der anderen Logik. Das negative Urteil aber ist kein eindeutiges Urteil. Es läßt als unendliches Urteil — man erinnere sich bloß an den scholastischen Drei-Schwänze-Beweis — mehrere bis unendlich viele Deutungen zu. Als absoluter Gegensatz, der in der Logik als einfache Negation erscheint, wäre deshalb das Verhältnis einer Logik der ersten Stellung des Gedankens zur Objektivität zu einer Logik der zweiten Stellung des Gedankens zur Objektivität nicht definierbar, da die einfache Negation das Verhältnis vollkommen unbestimmt läßt. Das Einzige, was gesagt werden kann, sobald man den Gegensatz als absoluten nimmt, ist dies, daß die eine Form des Denkens die Form der Aeußerlichkeit hat, die zweite Form aber die Form des Denkens als Innerlichkeit ist. [1] Und das ist auch von Hegel ausgesprochen worden. Es ist notwendig, dies ausdrücklich zu betonen, denn der eben vorgebrachte Gedankengang darf nicht als Verzicht auf die zweite Form des Denkens ausgelegt werden. Ein solcher Verzicht besteht weder für Hegel noch für uns. Was

[1] Vgl. III. S. 30. „Als Wissenschaft ist die Wahrheit das reine sich entwickelnde Selbstbewußtsein und hat die Gestalt des Selbst...“ und III. S. 7 „die immanente Seele des Inhalts selbst“.

hier allein deutlich werden soll, sind die Gründe, weshalb wir gerade in dem Abschnitt über die zweite Stellung des Gedankens zur Objektivität das nicht finden, was uns der Titel verspricht.

Wir sehen bereits, daß zahlreiche Gründe hinter dem Schweigen über den Kernpunkt dieses Abschnittes stehen. Aber erst wenn wir die vollen Schwierigkeiten kennen, die sich der Bildung eines neuen logischen Formbegriffs entgegenstellten, können wir die neue Form später selber verstehen, aber auch erst dann können wir die geniale Größe Hegels auf dem Gebiete der formalen Logik richtig würdigen. Dabei aber wird uns noch als Nebenergebnis in den Schoß fallen, daß wir in der Lage sein werden, uns über die Gründe jener geheimnisvollen Dunkelheit, die über den Schriften Hegels lagert, ausreichend Rechenschaft zu geben. Dazu aber ist die restlose, vollkommen erschöpfende Aufklärung der Frage: warum ist aus den im Deutschen Idealismus offen zu Tage tretenden Mängeln der traditionellen Logik nicht in gerader Linie ein neuer logischer Formbegriff entwickelt worden? von geradezu einzigartiger Wichtigkeit. Erst die endgültige Beantwortung dieder Frage gibt uns eventuell einen Ansatzpunkt, von dem aus wir den Schleier des Geheimnisses, der über der Hegelschen Logik liegt, werden wegreißen können. Wer aber glaubt, daß mit dem bisher Gesagten das rätselhafte Schweigen Hegels über die von ihm gelegentlich angedeutete zweite Form des Denkens genügend erklärt ist, täuscht sich sehr. Unser zweiter Grund: die durch gewisse Ueberlegungen Fichtes bestimmte Entwicklung des Idealismus ist von uns noch nicht in den allerletzten logischen Motiven dargestellt worden. Wir fahren deshalb fort, wo wir eben stehen geblieben: bei der Unmöglichkeit einer reiner Antithese zweier Formen des Denkens.

Gehen wir noch einmal von der Annahme aus, eine reine Logik der zweiten Form des Denkens wäre im absoluten Unterschied und Gegensatz zu der ersten bekannten Form konstruierbar. Wir müssen jetzt fragen: wie verhalten sich jene beiden Formen in der Einheit des Denkens überhaupt zu einander? Dabei machen wir eine ganz überraschende und merkwürdige Entdeckung. Ihre Beziehung zu einander wird als vollkommene Disjunktion gedacht. Entweder fällt ein Denkgegenstand in den Bereich der ersten Form des Denkens, oder er gehört dem zweiten Formbereich an. Ein Drittes ist nicht möglich, weil beide Formen als einfache (absolute) Entgegensetzung gedacht worden sind. Das bedeutet aber nichts anderes, als daß beide Formprinzipien des Denkens — da sie ja einfache Negation von einander sind — in sich ein jedes den Widerspruch gegen das andere enthält und beide unter dem Gesetz vom ausgeschlossenen Dritten stehen. In der Einheit des Denkens werden also alle beiden logischen Formprinzipien, das alte klassische Formprinzip ebenso wie das neue, als unter der Gesetzlichkeit des klassischen Prinzips stehend gedacht. Nämlich unter der Gesetzlichkeit der Sätze vom Widerspruch und ausgeschlossenen Dritten. Diese traditionelle Logik, die in dem Versuch, die formelle Basis des Denkens zu erweitern als einseitige Form des Denkens auf die eine Seite treten mußte, damit ihr gegenüber Raum für eine zweite Form des Denkens frei würde, erweist sich schließlich doch wieder als allgemeinste Form des Denkens, da sie als übergreifendes Prinzip zweier hypothetischer, entgegengesetzter Denkformen auftritt. Der Versuch so vorzugehen ist fehlgeschlagen, denn das Denken wird dabei unbarmherzig auf den verlassenen alten Standpunkt zurückverwiesen.

Daß ein solcher Weg zur Erweiterung der Logik völlig ungangbar ist, hat Hegel als junger Privatdozent in Jena schon mit bewundernswerter Klarheit gesehen und ausgesprochen. In seiner Schrift „Differenz des Fichteschen und Schellingschen Systems“ stellt er fest, daß Fichte in diesen Fehler verfallen ist. Wir wollen deshalb Hegels Kritik an Fichte in abgekürzter Form hier wieder geben. „Ich vermag“, weil es nur subjektives Subjekt-Objekt ist, so äußert sich jetzt Hegel, „als theoretisches Vermögen nicht, sich vollständig objektiv zu setzen und aus der Entgegensetzung herauszukommen. Ich setzt sich als bestimmt durch Nicht-Ich, ist derjenige Teil des dritten Grundsatzes, durch welchen sich Ich als intelligentes konstituiert. Wenn sich nun gleich die objektive Welt als ein Akzidenz der Intelligenz erweist und das Nicht-Ich, wodurch die Intelligenz sich selbst bestimmt setzt, ein Unbestimmtes, und jede Bestimmung desselben ein Produkt der Intelligenz ist, so bleibt doch eine Seite des theoretischen Vermögens übrig, von welcher es bedingt ist. Nämlich die objektive Welt in ihrer unendlichen Bestimmtheit durch die Intelligenz bleibt zugleich immer ein Etwas für sie, das für sie zugleich unbestimmt ist. Das Nicht-Ich hat zwar keinen positiven Charakter, aber es hat den negativen, ein Anderes, d. h. ein Entgegengesetztes überhaupt zu sein; — oder wie Fichte sich ausdrückt, die Intelligenz ist durch einen Anstoß bedingt, der aber an sich durchaus unbestimmt ist. Da Nicht-Ich nur das Negative, ein Unbestimmtes ausdrückt, so kommt ihm selbst dieser Charakter nur durch ein Setzen des Ich zu. Ich setzt sich als nicht gesetzt; das Entgegensetzen überhaupt, das Setzen eines absolut durch Ich Unbestimmten ist selbst ein Setzen des Ich. In dieser Wendung ist die Immanenz des Ich, auch als Intelligenz, in Rücksicht auf ihr Bedingtsein durch ein Anderes = X, behauptet. Aber der Widerspruch hat nur eine andere Form erhalten, durch die er selbst immanent geworden ist: nämlich das Entgegensetzen des Ich und das sich selbst Setzen des Ich widersprechen sich, und aus dieser Entgegensetzung vermag das theoretische Vermögen nicht herauszukommen; sie bleibt deswegen für dasselbe absolut."[1] Die unvermeidliche Folge davon ist, wie wir bereits andeuteten: „Das Subjekt-Objekt kommt aus der Differenz und aus der Reflexion nicht mehr heraus; es bleibt ein subjektives Subjekt-Objekt," und „weil Ich subjektives Subjekt-Objekt ist, so bleibt ihm eine Seite, von welcher ihm ein Objekt absolut entgegengesetzt ist, von welcher es durch dasselbe bedingt ist. Das dogmatische Setzen eines absoluten Objekts verwandelt sich in diesem Idealismus, wie wir gesehen haben, in ein — der freien Tätigkeit absolut entgegengesetztes — sich selbst Beschränken."[2] Wenn das aber

---

[1] Hegel I. S. 48 f. Die formallogisch relevanten Stellen sind von uns gesperrt worden.

[2] Hegel I. S. 54, 56. Hegel unterscheidet einen dogmatischen „Materialismus" und einen dogmatischen Idealismus. I. S. 47. „Der dogmatische Idealismus erhält sich die Einheit des Prinzips dadurch, daß er das Objekt überhaupt leugnet und eins der Entgegengesetzten, das Subjekt in seiner Bestimmtheit als das Absolute setzt, so wie der Dogmatismus, in seiner Reinheit Materialismus, das Subjektive leugnet".

geschieht, „so ist der transzendentale Gesichtspunkt und die Vernunft dem Standpunkt der bloßen Reflexion und dem Verstand unterlegen, dem es gelungen ist, das Vernünftige in der Form einer Idee als ein absolut Entgegengesetztes zu fixieren."[1]

Entkleiden wir diese Kritik an Fichte ihrer speziellen metaphysischen Gestalt und suchen wir in ihr nur nach dem formallogisch Wichtigen, so erhalten wir genau das, was wir oben bereits gesagt haben. Die Fixierung des Vernünftigen als absolut Entgegengesetztes, d. h. als nur subjektives Subjekt-Objekt führt das Denken zwangsläufig auf den „Standpunkt der bloßen Reflexion" zurück. Eine solche Entgegensetzung geschieht in der Form des Denkens, die die traditionelle Logik vorschreibt. Hiermit wird die Fichtesche Philosophie wieder „in die Form eines niedrigeren Standpunkts"[2] zurückversetzt, in die Form eines Standpunktes, den sie längst verlassen zu haben glaubte. Ihr letztes philosophisches Organon ist, obwohl sie es nicht wahr haben will, doch wieder die traditionelle Logik. Die kühne These Fichtes: „Die Wissenschaftslehre wird nicht durch die Logik, aber die Logik wird durch die Wissenschaftslehre bedingt und bestimmt,"[3] erweist sich somit als durch die Fichtesche Philosophie nicht durchgeführt. Zwar fordert die Analyse der Wissenschaftslehre diese Abhängigkeit der traditionellen Logik von der Methode des philosophischen Denkens, aber es bleibt in der Fichteschen Philosophie bei der bloßen Forderung, eine Erfüllung ist auf dem Standpunkt Fichtes nicht zu erreichen. Beim Versuch dieser Erfüllung, fällt das Denken Fichtes, weil er glaubte, dieser Forderung in einer reinen, extrem subjektivistischen, Entgegensetzung des neuen philosophischen Themas gegen die alte vorkantische, extrem objektivistische, Genüge zu tun, wehrlos in den Bereich der traditionellen Logik zurück. Der einfache, absolute Gegensatz ist selbst eine Strukturform der alten Logik.[4]

---

[1] Hegel I. S. 60.

[2] Hegel I. S. 54.

[3] Fichte I. S. 68.

[4] Hegel formuliert das auch noch auf eine andere Weise, die eventuell noch besser die letztliche Abhängigkeit der Philosophie Fichtes von der traditionellen Logik erkennen läßt. „Das theoretische Vermögen" (wie

Wir verstehen jetzt immer besser, warum Fichte auf den Versuch einer Formulierung einer zweiten Logik verzichten mußte. Wir erinnern ihrer Wichtigkeit halber noch einmal an jene für die ganze logische Entwicklung des Idealismus entscheidende Ueberlegung. „Alles mögliche Bewußtsein, als Objektives eines Subjekts, setzt ein unmittelbares Bewußtsein, in welchem Subjektives und Objektives schlechthin Eins sein, voraus; außer dem ist das Bewußtsein schlechthin unbegreiflich." Bis hierher hatten wir diese Ueberlegung Fichtes weiter oben bereits erwähnt und besprochen. Jetzt aber fügen wir noch den bei Fichte folgenden Satz hinzu. Er wird uns nach der Kritik Hegels an Fichte, die wir eben flüchtig kennen gelernt haben, besonders nachdenklich machen. Nachdem Fichte also gesagt hat, daß außerhalb jener ursprünglichen Einheit von Subjekt-Objekt „das Bewußtsein schlechthin unbegreiflich" sei, fährt er fort: „Man wird immer vergeblich nach einem Bande zwischen dem Subjekte und dem Objekte suchen, wenn man sie nicht gleich ursprünglich in ihrer Vereinigung aufgefaßt hat."[1]

Wir wissen jetzt, daß dieser Ausweg Fichtes und sein so einleuchtender Verzicht auf eine reine subjektivistisch orientierte Logik in eine Sackgasse hineinführte. Denn der Verzicht auf eine neue logische Methode (die Hegel dann im Gedanken der Vermittlung auszubilden versucht) ließ ihm nur die Alternative, entweder die ursprüngliche Vereinigung von Subjekt und Objekt selber als objektiv zu begreifen, oder aber sie als subjektiv aufzufassen. Die erste Seite der Alternative, die ursprüngliche Identität von Subjekt und Objekt als absolute Objektivität zu begreifen, kam für Fichte von vornherein nicht in Frage. Das war der Weg der alten vorkantischen Metaphysik gewesen. So blieb nur die zweite durch die subjektivistische Wendung Kants vorbereitete (und erkenntnis-theoretisch längst vollzogene) entgegengesetzte These übrig: die ursprüng-

übrigens auch das praktische) ist bei Fichte — so formuliert Hegel das — „durch einen Anstoß bedingt, der sich als Faktum nicht aus dem Ich ableiten läßt..." Hegel I. S. 54. Das ist aber ein entscheidendes Charakteristikum der traditionellen Logik, daß ihr Material ihr als reine Faktizität gegenübertritt, weil es als solche von ihr „gesetzt" werden muß.

[1] Fichte I. S. 528.

liche Identität von Subjekt und Objekt ist selber subjektiv.

Geht man aber den Weg, den diese Lösung vorschreibt, so wird man, worauf Hegel immer wieder hinweist, auf den programmatisch bereits überwundenen Standpunkt des Denkens, wie er durch die traditionelle Logik definiert wird, wieder zurückgeführt. Fichte nimmt diesen formallogisch unmöglichen Standpunkt ein. Die Folge davon ist: das Hegelsche Urteil über Fichtes Werk: „Die ganze weitere Ausführung des Systems gehört einer konsequenten Reflexion; die Spekulation hat keinen Teil daran.“[1] — — —

Im höchsten Grade verhängnisvoll ist es gewesen, daß die an Fichte gemachte Erfahrung, daß der einseitige Subjektivismus als philosophisches System vollkommend unzureichend sei und schließlich auf den vorkantisch-metaphysischen Standpunkt zurückführen müsse, Hegel dazu verleitet hat, zu glauben, eine einseitig subjektivistisch orientierte Logik sei völlig unformulierbar. Hegels Gedanken gehen dabei ungefähr wohl so. Fichte hat diese Logik für unformulierbar erklärt, weil in ihr nichts weiter festgehalten werden könne als der Gedanke der unendlichen Iteration der Subjektivität. „Bleibt demnach nichts übrig, als überhaupt die bloße Regel der Vernunft, zu abstrahieren, das bloße Gesetz einer nicht zu realisierenden Bestimmung . . .“ Nun hat sich Fichte selber philosophisch-systematisch auf die Seite des einseitigen Subjektivismus gestellt und mit diesem Standpunkt hat er Schiffbruch erlitten, weil dieser Standpunkt unvermeidlich zur traditionellen Logik zurückführt, also hat Fichte mit seiner These der Unmöglichkeit einer subjektiven Logik wohl recht gehabt, und er hätte selber den Konsequenzen seiner These besser folgen sollen.

Eine Ueberlegung dieser oder ähnlicher Art schwingt unzweifelhaft im logischen Entwicklungsgang des deutschen Idealismus mit.[2] Wir haben im nächsten Kapitel darzulegen, daß diese Ueberlegung rein systematisch vollkommen irreführend ist und werden dafür Beweis antreten. Es steckt aber doch ein

---

[1] Hegel I. S. 55. Vgl. auch S. 53.

[2] Vgl. etwa den § 8 in Schellings Schrift vom Ich als Prinzip der Philosophie. (I. S. 31)

Wahrheitskern in jener Ueberlegung Fichtes. In der damaligen Situation und mit den damals vorhandenen logischen Mitteln war eine allgemeinere Form des Denkens, als sie die traditionelle Logik bot, als reine Form tatsächlich nicht formulierbar.[1] Daß aber der Philosophie des Absoluten, wenn sie sich im endlichen Bewußtsein des Philosophen produziert, eine allgemeinere Form, als sie die traditionelle Logik bietet, tatsächlich zugrunde liegt, hat Hegel, wie wir schon feststellten, selbst zugegeben und die Bemühungen, sich dieser Form zu nähern, gehen außerordentlich weit. Freilich weiß er nicht, wie weit er durch sein praktisches Philosophieren diese Form bereits expliziert hat. In seiner eigenen Theorie des Denkens, wie wir sie eingangs der Logik der Enzyklopädie in annäherndem Zusammenhang finden,[2] bleibt er bei dem resignierten Ergebnis stehen, daß diese „Form“ dem endlichen Bewußtsein nur als „Methode“ zugänglich sei. Es ist die berühmte und so dunkle Methode der Selbstbewegung des Inhalts. Völlig ist Hegel eben von Fichte nie losgekommen. Das Schema einer spiritualistischen Metaphysik, das ihm von Fichte überkommen ist, und das er zwar in seinen rein logischen Erwägungen als idealistisch-dogmatische Einseitigkeit verdammt, hat ihn während der ganzen Zeit seines philosophischen Schaffens beherrscht. Er ist nie von ihm losgekommen, obwohl es in krassestem Widerspruch zu seinen eigenen logischen Grundlagen steht.[3] Und von diesem überlieferten spiritualistisch-metaphysischen Schema aus war eine allgemeinere Form des Denkens in der Tat nicht formulierbar. Darin hatte Fichte ganz recht. Denn der systematische Ort dieser „Form“ liegt, um ein merkwürdiges Wort Hegels zu gebrauchen, „im Rücken des Absoluten.“ Hegel aber vergißt, von Fichte beeinflußt, zu leicht, daß sein Absolutes weder das eine noch das andere Extrem, sondern allein die reelle Mitte ist

---

[1] Eine dieser Untersuchung folgende Arbeit über die Beziehungen des deutschen Idealismus zum mathematischen Denken wird dies näher beleuchten.

[2] In vereinzelten Bemerkungen und Hinweisen selbstverständlich in allen systematischen Schriften Hegels.

[3] Das ist sehr deutlich von Troeltsch bemerkt worden. Die „hinter die dialektische Widerspruchslogik dann doch gestellte Identitätslehre“ ergibt nach Troeltsch „unerträgliche Gewaltsamkeiten“. Troeltsch III. S. 273.

und daß, um im Bilde zu bleiben, diese Mitte die Mitte zweier konzentrischer Kreise ist, von denen der engere das traditionelle Denken symbolisiert, der weitere umgreifende Kreis aber der Ort jener neuen Form ist, nach der der Idealismus mühsam sucht.

Aber die Auseinandersetzung mit Fichte hat doch das eine sehr wesentliche Ergebnis gezeigt, daß deutlich zu erkennen war, ein Hinausgehen über die traditionelle Logik sei nicht in der Weise möglich, daß man analog zu der kantischen Wendung zum Subjektivismus im Problem der Allgemeingültigkeit nun einfach der alten objektivistisch orientierten traditionellen Logik eine subjektivistisch orientierte Logik als ihr gerades Gegenteil gegenübersetzte, um damit ein brauchbares Organon philosophischen Denkens zu gewinnen. Die Frage, warum das nicht geht, ist im deutschen Idealismus ganz deutlich beantwortet worden. **Das Verhältnis der beiden Formbereiche des Denkens würde dann selbst nur durch die Struktur des durch die traditionelle Logik bestimmten Denkens zu begreifen sein und der Versuch über die traditionelle Logik hinauszukommen wäre damit gescheitert.** So erreicht jeder Versuch die alte Form des Denkens zu überwinden und zu erweitern, wenn diese erweiterte Form als bloßer Gegensatz zu dem hergebrachten Begriff des Denkens gesetzt wird, nur den einfachen Gedanken der Innerlichkeit. Es entsteht zwar das Bewußtsein, daß der Philosophie eine „eigentliche Erkenntnisweise" eigen sein muß, die es sich zur Aufgabe macht, „die Gedanken selbst unvermischt zum Gegenstande zu machen." Aber wenngleich die Forderung erkannt wird, daß der Geist „auch seiner höchsten Innerlichkeit, dem Denken Befriedigung verschaffe und das Denken zu seinem Gegenstande gewinne", so lehrt doch die Erfahrung der ersten tastenden Schritte auf dem neuen Wege, daß die Worte „Innerlichkeit" oder „Denken des Denkens" nur das Programm einer neuen Form des Denkens sind. Aber sowenig wie der Begriff „alle Tiere" bereits eine Zoologie bedeutet, ist der Gedanke des Denkens schon die neue Form des Begriffs. Denn wäre diese bloße Negation des Aeußerlichen und der Form der Aeußerlichkeit bereits die zweite Logik, so könnte durch sie nichts gewußt werden, „weil jedes Wissen von einer Seite zugleich in die Sphäre der Endlichkeit tritt." Die Sphäre der

Endlichkeit aber wird durch die traditionelle Logik definiert. Die zweite Stellung des Gedankens wäre damit degradiert zu einem von allem Wissen entleerten „Anschauen des farblosen Lichts." Aber auch die zweite Stellung des Gedankens soll Stellung zur Objektivität und deshalb Bestimmung der Objektivität sein. Jedoch eine bestimmte „Mannigfaltigkeit ist in ihr nur dadurch, daß sie das Mannigfaltige bekämpft."[1] Dem bloßen Programm der neuen Form des Begriffs fehlt noch dieses Bewußtsein über sich selbst. Die bloße Idee der zweiten Form der Logik ist deshalb ebenso einseitig, wie die Idee der ersten Form des Denkens sich uns als einseitig enthüllt hat, weil sie nur das Sein begriff. Was hier die zweite Form des Begriffes anbetrifft, so ist sie „einseitig", „weil sie selbst an einem Entgegengesetzten festhält und die absolute Identität zu einem Entgegengesetzten macht."[2] Aber ebenso wie die traditionelle Logik — deren einfache Idee die bloße Unmittelbarkeit des Seins ist — als einfaches Anschauen des Seins nicht sich selbst begriff und erst ihren Reflexionscharakter entdecken mußte, ehe sie zum logischen System sich formen konnte, in gleicher Weise entsteht das System der neuen Form des Begriffs. Denn im bloßen Sichverlieren an das reine unendliche Licht der Innerlichkeit findet es die besondere Form seiner Bestimmungen ebenso wenig wie sie die traditionelle Logik in der einfachen Unmittelbarkeit des reinen Seins fand. Entdeckte die traditionelle Logik sich selbst, indem sie das *Sein als Gedachtes* begriff, so führt jetzt der Weg zu der zweiten Form des Denkens in genau entgegengesetzter Richtung. Das Denken soll als Seiendes begriffen werden, als objektive Bestimmtheit, ohne doch seinen Charakter der Innerlichkeit zu verlieren. Erst muß die Innerlichkeit sich selber objektiv werden. *Die Form der Objektivität, die dabei gewonnen wird, ist die zweite Form des Begriffs.* Und das System und die Gesetzlichkeit jener Form wäre eine zweite der traditionellen Logik inverse Logik.

Aber ehe jene zweite Form des Begriffs aus der Gesetzlichkeit der Selbstobjektivation der Innerlichkeit abgelesen wer-

---

[1] Hegel I. S. 76.

[2] Ibidem.

den kann, muß das Denken diesen Prozeß der Selbstobjektivation an sich erfahren haben. Die Darstellung dieses Prozesses ist die Hegelsche Philosophie und ihre logische Problematik nennt Hegel „die dritte Stellung des Denkens zur Objektivität."

Noch einmal sei als Abschluß dieses Abschnittes über die zweite Stellung des Gedankens zur Objektivität die Frage, warum wir bei Hegel das System der zweiten Logik hier nicht und nirgends sonst finden, in neuer Weise beantwortet. Was die Hegelsche Philosophie gibt und geben will, ist eben nur jener Prozeß der Selbstobjektivation der unendlichen Innerlichkeit. Dieser Prozeß wird bei Hegel in allen möglichen systematischen und historischen Gestalten entwickelt. Aber nach der begrifflichen Gesetzlichkeit, vermittels derer dieser Prozeß von unserem endlichen Bewußtsein als notwendig begriffen werden muß, fragt Hegel nicht mehr. Er unterzieht sich nicht mehr der Aufgabe, nach Darstellung dieses Prozesses selbst zu fragen, welche neuen logischen Formbegriffe dabei gewonnen worden sind, und sie dann selbst als logisches System zu begreifen. Seine Frage ist allein die: wie kann die Innerlichkeit als Mannigfaltigkeit der Bestimmungen in der Einheit des Denkens begriffen werden? Was tut also das Denken praktisch, wenn es sich selbst denkt? Er wendet die Logik der Innerlichkeit nur an, ohne sie hinterher in ein System zu bringen. Das ist ganz natürlich: auch die neue Form des Denkens muß sich erst einmal praktisch betätigen, ehe nach den formellen Gesetzen dieser praktischen Anwendung gefragt werden kann. Ueber diese Praxis geht Hegel aber nicht hinaus. Sie ist ihm das System des Absoluten. Erst nach Vollendung dieses Systems des Absoluten hätte der Formbegriff des in ihm geübten Denkens aus ihm abgelesen werden können. In diesem Sinne liegt die neue Logik als System einer neuen reinen Form des Denkens tatsächlich „im Rücken des Absoluten". Diesen Schritt hinaus in die Hintergründe seines eigenen Absoluten hat Hegel nicht mehr getan. Das ist zu bedauern. Denn vielleicht wäre sein System dadurch vor der Gefahr, als einseitig spiritualistische Metaphysik zu erscheinen, bewahrt worden. Wir werden diesen Schritt in dieser Arbeit noch nicht machen können. Er setzt eine erschöpfende Analyse der Hegelschen Logik voraus. Hier abei handelt es sich vorerst darum, festzustellen, welchen Sinn die sogenannte dritte Stellung des Denkens zur Objektivität" für Hegel hat.[1] In dieser dritten Stellung schließt sich der Kreis der logischen Voraussetzungen, mit denen eine spätere Analyse der Struktur der Hegelschen Logik zu arbeiten haben wird. Unsere Aufgabe aber, die sich mit jenen Voraussetzungen allein befaßt, wird beendet sein, wenn wir im nächsten Kapitel die Umrisse jener Gestalt skizziert haben werden, in der sich die erste und zweite Stellung des Gedankens zum konkreten Ganzen der Logik des Absoluten zusammenschließen.

---

[1] Um Mißverständnissen vorzubeugen sei ausdrücklich festgestellt, daß die beiden Formen des Denkens als reine Ideen differenter logischer Systeme selbstverständlich einander ausschließend sind und — jedes als Ganzes genommen — im echten systematischen Gegensatz zueinander stehen. Das nächste Kapitel wird sie auch ausdrücklich als ausschließenden Gegensatz und als extreme Einseitigkeiten darstellen. Eine Formulierbarkeit in diesem Sinne wird sehr gut durchführbar sein. Das ist kein Gegensatz zu dem hier Gesagten. Worum es sich in unserer bisherigen Darstellung handelte, war lediglich dies, daß der systematische Standpunkt der zweiten Logik methodisch nicht einfach gewonnen werden kann durch bloße Entgegensetzung gegen den alten Standpunkt, weil die formallogischen Probleme, um die es sich hier handelt, in einer historisch bedingten Formulierung auftreten, die das unmöglich macht. Der geschichtliche Weg war nämlich das Gegenteil der systematischen Entwicklung des formallogischen Problems. Historisch fragte der Idealismus gleich nach der Einheit aller entgegengesetzten Momente des Denkens, ohne sie in ihrer reinen Entgegensetzung wirklich alle zu kennen. Das unbekannte X, nämlich die reine Form des Denkens, wurde immer als bekannt vorausgesetzt. Und gleich als erste Frage formuliert: wie verhalten sich die objektiven und subjektiven Formmomente in der Einheit des Denkens zueinander ohne sich zu vernichten? — Diese Frage ist für uns, die wir dem Idealismus sehr kritisch gegenüberstehen, die sekundäre gegenüber der uns viel wichtigeren Frage: welches sind überhaupt sämtliche Formmomente des Denkens? Wir kennen sie doch noch garnicht. Wie sollen wir also etwas über ihr Verhältnis zueinander aussagen?

V. KAPITEL:

DAS PROBLEM DER THEMATIK UND DER BEGRIFF DER VERMITTLUNG

Die eben erörterte praktische Interessiertheit, die Hegel an den möglichen Stellungen des Gedankens zur Objektivität, fast völlig gefangen nimmt, ist schuld daran, daß das logische Kernproblem, um das es sich hier handelt, fast ganz verloren geht. Da aber die dritte Stellung des Denkens zur Objektivität die Synthese der ersten zwei „Stellungen" darstellen soll, muß eine logische Analyse des Hegelschen Denkens an dieser Stelle Halt machen. Erst, wenn wir ganz klar sehen, was jene ersten beiden Stufen des Denkens logisch-systematisch bedeuten, können wir die Frage nach dem Wesen der dritten Stellung des Denkens zur Objektivität aufwerfen und damit das Problem der logischen Struktur des Absoluten ins Auge fassen.

Freilich soll am Schluß dieser Arbeit das logische Problem des Absoluten eben nur ins Auge gefaßt, keinesfalls aber selber explicit dargestellt werden. Der Sinn dieser Arbeit ist nur, die logischen Voraussetzungen zu geben, auf denen Hegels konkrete Logik des Absoluten beruht. Voraussetzungen, die ihren systematischen Eigenwert unabhängig vom Hegelschen System haben und die auf allgemeinsten Eigenschaften des Logischen überhaupt beruhen. **Die logische Methode Hegels ist nicht von seinem System abhängig, sondern umgekehrt: sein System ist ein Versuch, ihm dunkel vorschwebende Einsichten in das Wesen des Logischen metaphysisch auszuwerten.** Die logische Intuition ist bei ihm das Primäre, sein System erst sekundäre Folgerung daraus.

Wir haben deshalb jetzt die Aufgabe, der Problemintuition, die er gehabt hat, nachzugehen, und die systematische Formulierung derselben, die ihm unzweifelhaft mißglückt ist, noch einmal mit unseren Denkmitteln zu versuchen.

Was will Hegel also mit der Möglichkeit (vorerst) zweier Stellungen des Gedankens zur Objektivität sagen? — Das bisherige aus den Hegelschen Erörterungen herauslesbare Resultat ist folgendes:

Die logische Tradition irrt sich, wenn sie annimmt, daß die durch die klassischen Axiome definierte Logik den Sinn des Denkens erschöpfend expliciert. Durch die traditionelle Logik wird nur eine Seite alles Denkbaren erfaßt; eine zweite, ebenso wichtige Seite bleibt von ihr vollkommen unbeachtet. Die alte Logik ist ausschließlich die Logik der bloßen Aeußerlichkeit am Denkbaren; daß dieses Denkbare zugleich ein Innerliches ist, wird von ihr völlig ignoriert. So entsteht der Gedanke einer zweiten Form des Denkens, welche jene Innerlichkeit, die das Denken sinnhaft ausdrückt, zu definieren hätte. Damit stehen sich die Ideen zweier Logiken, welche erst zusammen den ganzen Umfang alles Denkbaren beschreiben würden, gegenüber. —

Bis dahin ist der ganze Gedankengang einfach und klar. Jetzt aber treten Schwierigkeiten auf, unter denen diese originale Hegelsche Problemintuition allmählich verloren geht. Bei dem Versuch nämlich, diese beiden hypothetischen Logiken in der Einheit des Denkens aufeinander zu beziehen und ihr gegenseitiges Verhältnis festzustellen, entsteht ein Dilemma. Entweder muß man dieses Verhältnis als absolute Disjunktion auffassen: das Innerliche ist das, was das Aeußerliche n i c h t ist und umgekehrt. Oder aber man sieht das gegenseitige Verhältnis beider Logiken nicht als strenge Disjunktion an, so daß sich die Geltungsbereiche beider logischer Sphären teilweise (oder ganz?) überdecken. Nimmt man den ersten Fall an, so zerstört man dadurch die Möglichkeit zweier nebeneinander bestehender logischer Strukturen, daß man unweigerlich gezwungen ist, das gegenseitige Verhältnis der beiden Logiken unter dem Satz vom ausgeschlossenen Dritten zu denken, denn es ist dann immer etwas entweder innerlich o d e r äußerlich, entweder subjektiv o d e r objektiv. Uebergreifende Axiomatik über beide logische Strukturen wäre damit die klassische Axiomatik, und der

Versuch, über die klassische Axiomatik hinauszukommen, wäre also gescheitert. Es wären dann wohl zwei inverse logische Strukturen, eine subjektive und eine objektive, denkbar, aber nur innerhalb eines noch allgemeiner angelegten objektivistischen Geltungsbegriffes. Uebersetzen wir das in die übliche metaphysische Terminologie des deutschen Idealismus, so bedeutet das: das Denken denkt dann immer nur ein objektives Subjekt-Objekt. Die von Hegel getadelte Einseitigkeit der traditionellen Logik bloß objektivistisch zu denken, wäre damit nicht beseitigt, denn sie tauchte in einer tieferen Schicht wieder auf, weil das doppelseitige Subjekt-Objekt seinerseits wieder einseitig objektivistisch gedacht würde.

Entscheidet man sich aber für die andere Möglichkeit, das Verhältnis der beiden Logiken nicht als ein einander ausschließendes zu denken, dann ist das Verhältnis der beiden Geltungssphären nur als variable Funktion einer d r i t t e n formalen Logik zu definieren. Jene dritte formale Logik müßte dann aber konsequenterweise (um ihr Verhältnis zu den ersten beiden auszudrücken) auf einer vierten beruhen, und so ginge das, gemäß der unendlichen Iterierbarkeit des Ichs, weiter, ohne daß ein Ende abzusehen wäre.

In beiden Fällen aber wird eine invers subjektivistische und objektivistische Axiomatik hinfällig, weil jene einander inversen „Axiomensysteme“ gar keinen urphaenomenalen axiomatischen Charakter hätten, da sie beide in gleicher Weise bloß abgeleitet und abhängig wären. Abgeleitet und abhängig von einer tieferen urphaenomenalen Schicht, welche ihrerseits wieder einseitig subjektivistisch o d e r objektivistisch orientiert wäre.

Das ist der formal-logische Sinn der Auseinandersetzung Hegels mit seinen Vorgängern Fichte und Schelling, wobei Fichte den Standpunkt des s u b j e k t i v e n Subjekt-Objekts und Schelling den des o b j e k t i v e n Subjekt-Objekts nach Hegels — allerdings nicht immer klar formulierter — Meinung vertritt.

Soweit das allgemeine Ergebnis der Hegelschen Ueberlegungen seit der „Differenz des Fichteschen und Schellingschen Systems der Philosophie“ in bezug auf das Problem der Erweiterung des logischen Formbegriffes über den von der traditionellen Logik gegebenen Rahmen hinaus. — Sind wir bis hierher den Gedankengängen Hegels willig gefolgt, so muß jetzt die Kritik einsetzen, denn es ist nicht zu verkennen, daß bei den Versuchen, den Ring der logischen Tradition zu zerbrechen, von Hegel zwei völlig heterogene Gesichtspunkte angewandt und nicht scharf voneinander getrennt gehalten werden. Denn einerseits spricht Hegel schlechthin von zwei „Formen" des Denkens, andererseits spricht er sofort von der „Untrennbarkeit der zwei Formen". Der erste Gesichtspunkt ist eine Konzeption der Idee einer zweiten Logik; der zweite Gesichtspunkt aber faßt bereits das Verhältnis der neuen Form zum älteren traditionellen Denken ins Auge. Diese beiden Gesichtspunkte hält Hegel leider nicht auseinander. Es scheint ihm zu entgehen, daß sein erster Ansatzpunkt eine ideale Richtung des Denkens skizzieren möchte, während der zweite Ansatzpunkt vom praktischen Denken, wie es wirklich ist, und in dem nie eine Richtung gesondert vorkommt oder vorkommen kann, seinen Ausgang nimmt.

Ein derartiges Verhalten wäre nicht zu tadeln, wenn Hegels Gedankengänge, die sich mit dem konkreten (praktischen) Denken befassen, zum Schluß dem Gesichtspunkt einer erweiterten Idee des Denkens untergeordnet und dienstbar gemacht würden. Dadurch könnte auf die neue Hegel vorschwebende Idee des Denkens einiges Licht fallen. Das geschieht aber nicht, weshalb diese Aufgabe in kritischer Analyse der diesbezüglichen Ansätze Hegels hier nachgeholt werden soll.

Was wir bisher über die neue Form des Denkens, die zur traditionellen Form hinzutreten soll, erfahren haben, war mehr als dürftig und bestand nur aus gelegentlichen Gedankensplittern Hegels. Danach sollte die neue Form die Form der Innerlichkeit sein, oder „die zur Allgemeinheit befreite Begriffsform". Auch sollte sie als „subjektive Vernunft" und als solche als „Form" der „Notwendigkeit überhaupt" begriffen werden. Schließlich fanden sich häufig Bemerkungen, welche jene Form als „unendliche Form" charakterisierten. Das war aber auch alles. Dabei wird dieser bescheidene Ertrag noch dadurch in gewisser Weise verringert, daß die Bemerkungen über die Unendlichkeit der Form sich teilweise auch auf die „Untrennbarkeit der zwei Formen", also auf das logische Ganze des Denkens beziehen.

In diesem Sinne meint Hegel z. B.: „Die logische Idee hat somit sich als die unendliche Form zu ihrem Inhalte . . .“ — —

Welches ist nun, so fragen wir, der Sinn und bleibende Wert des Versuches von Hegel, die Idee des Denkens neu zu formulieren? Die Antwort wird uns einen überraschenden Aufschluß über das Wesen der Logik überhaupt gewähren. Der systematische Gehalt der Gedanken Hegels über das logische Formproblem ist damals im Idealismus infolge des ausschließlichen metaphysischen Interesses, dem alle Denker persönlich erlagen, nie restlos erkannt und deshalb auch später völlig in Vergessenheit geraten, so daß die Logik der Gegenwart im Prinzip immer noch an Kant statt an Hegel orientiert ist.

Die klassischen Axiome definieren auch heute noch nach allgemein geteilter Auffassung den Sinn der Rationalität überhaupt. Für diese Auffassung spricht ein äußerst gewichtiges Argument. Die klassischen Axiome, meint man, definieren den logischen Sinn der allgemeinsten Gegenständlichkeit. Im Satz der Identität speziell expliziert sich der Sinn des „Etwas überhaupt“. Denken aber bedeutet in jedem Fall: etwas denken. Das ist die urphänomenale Struktur jedes möglichen Denkens schlechthin. Da dieselbe durch den Satz der Identität und die ihn ergänzenden logischen Grundprinzipien erschöpfend definiert wird, ist überhaupt nicht vorstellbar, wie über das klassische Axiomensystem hinausgegangen werden soll. Denn die klassischen Axiome, Identität, Widerspruch und Drittensatz definieren das Wesen jener urphaenomenalen Struktur des «Ich denke etwas», welche die unerläßliche Bedingung jedes möglichen Denkens ist. Ein Denken, welches urphänomenal nicht so strukturiert wäre, ist völlig unmöglich, und da nun die klassischen Axiome die Gesetzlichkeit jener Urphänomenalität jedes Denkens repräsentieren, definieren sie mithin den Sinn alles Denkens und jeder möglichen Rationalität.

Am deutlichsten ausgesprochen ist diese Auffassung bei Rickert: „Zum Modell eines logischen oder theoretischen Gegenstandes ist zunächst das „leere“, d. h. inhaltlich unbestimmte „Etwas“ zu rechnen . . . Gelingt es uns, von diesem Etwas einen Begriff zu bilden oder es zu denken, so haben wir darin . . . einen rein logischen Begriff. Denn daß es „etwas gibt“, ist eine rein logische Voraussetzung ebenso, wie daß das logische Denken überhaupt einen Gegenstand hat oder gegenständliches Denken ist."[1] — Diese Argumentation erscheint so einfach, so durchschlagend und überzeugend, daß es fast vermessen scheint, sie in Zweifel zu ziehen. Und doch werden wir sie auf ihre Richtigkeit prüfen müssen, hängt doch vom Ausfall dieser Prüfung ab, ob wir in den neuen logischen Ansätzen Hegels nur eine bedauernswerte Verirrung oder wirklich die Entdeckung eines neuen logischen Weges zu sehen haben.

Zunächst sei zugegeben, daß die These, daß alles Denken immer das Denken eines gegenständlich gemeinten Etwas sei, ganz ohne Frage zu bejahen ist. Wir wollen hier keineswegs die Tatsache, von der die traditionellen Logiker ausgehen, bestreiten. Sie ist, so scheint auch uns, ein ganz unbezweifelbares Faktum. Was wir aber bestreiten, ist die Deutung, die dieser Tatsache gegeben wird. Man sieht nämlich allgemein in der zwangläufigen Situation, daß, wenn gedacht wird, immer Etwas gedacht wird, bereits die Urform des logischen Verhaltens. „Daß es „etwas gibt", soll bereits „eine reine logische Voraussetzung" sein, wie wir eben von Rickert gehört haben.

Gegen diese Auffassung müssen wir folgendes einwenden: Der Gegensatz von Ich und Etwas ist keineswegs eine urphänomenale Struktur des Denkens, sondern die Grundstruktur **alles** Erlebens überhaupt. Er ist dem Wollen und Fühlen ebenso eigen und zugehörig wie dem Denken. Deshalb wird in diesem Gegensatze nicht die logische Grundstruktur festgelegt, sondern die viel umfassendere jedes möglichen Erlebens überhaupt. Erst diesseits jener urphänomenalen Struktur des **ganzen** Erlebens differenzieren sich die spezielleren Strukturen des Denkens, Wollens und Fühlens gesondert heraus.

Diese Einsicht finden wir im deutschen Idealismus bereits bei Fichte. In der zweiten Einleitung in die Wissenschaftslehre von 1797 heißt es: „daß in jedem Denken ein Objekt des Denkens sein müsse, ist . . . keineswegs ein logischer Satz, sondern ein solcher, der in der Logik vorausgesetzt, und durch welchen sie selbst erst möglich wird."[2]

Diese Auffassung liegt auch Hegels Stellungen des Gedankens zur Objektivität zugrunde. **„Stellung zur Objektivität"**

---

[1] H. Rickert, System der Philosophie I. S. 51.

[2] Fichte I. S. 498.

überhaupt ist ein vorlogisches Verhalten, welches Voraussetzung jeder möglichen Form des Denkens ist. Daraus folgt aber, daß der Sinn der klassischen Axiomatik anders interpretiert werden muß. Nach heute noch herrschender Auffassung definiert diese Axiomatik die Stellung des Denkens zur Objektivität überhaupt. D. h. sie definiert jene urphänomenale Struktur, die in dem allgemeinen Satze: Ich denke etwas, ausgesprochen ist. Denn dieser Satz repräsentiert die Stellung des Denkens zur Objektivität schlechthin. Dem ist aber, wie wir eben sahen, entgegenzuhalten, daß hier die Haltung jeden möglichen Erlebens (also auch des Wollens und Fühlens) und nicht bloß eine spezielle Haltung des Denkens ausgedrückt ist. Da die klassische Axiomatik aber den Sinn des Denkens und nicht den des Erlebens überhaupt definieren will, kann sie sich nicht auf die einfache urphänomenale Struktur des «Ich denke etwas» beziehen. Sie kann höchstens einen spezifischen Sinn des «Etwas denken» explizieren. Folgen wir hier dem Hegelschen Gedankengang, so müssen wir sagen: diese Axiomatik gibt nur die erste Stellung des Denkens zur Objektivität wieder. Das bedeutet aber nicht allgemeine Stellung schlechthin, sondern eine bestimmte Stellung des Denkens. Das spricht Hegel gelegentlich sehr deutlich aus. Wir lesen z. B. in der Enzyklopädie: „Urteilen ist Denken eines bestimmten Gegenstandes",[1] also nicht etwa Denken des allgemeinen, unbestimmten (Denk)gegenstandes überhaupt. «Denken» bedeutet also nach Hegel nie die allgemeinste Form der Beziehung auf den Denkgegenstand, das „Etwas" überhaupt, sondern „bestimmte" Beziehung. Genau dies ist der Punkt, wo Hegel sich von der Auffassung der traditionellen Logik trennt, **für die die Axiome des Denkens die allgemeinste Beziehung auf den Denkgegenstand definieren.**

Eine solche allgemeinste Beziehung gibt es aber nach Hegel als logische gar nicht. Denken bedeutet bereits bestimmte Beziehung auf die Objektivität. Denn wenn man von dem Satz «Ich denke etwas» als Urstruktur ausgeht, so erhebt sich sofort die Frage: in welchem Sinne soll dies «Etwas» gedacht werden? Soll jenes «Etwas» als Aeußerlichkeit oder als Innerlichkeit „gesetzt" werden? Jenes urphänomenale «Etwas» wird also,

---

[1] Hegel V. S. 69.

wenn es zum **logischen** «Etwas» wird, sofort in einem zweifachen Sinne deutbar. Die urphänomenale Struktur des «Ich denke etwas» ist also doppelsinnig. Infolge ihrer Zweideutigkeit geht ihr ein bestimmter Sinn ab. Da die klassischen Axiome aber einen bestimmten Sinn des Denkens formulieren, können sie nicht einfach eine Explikation der urphänomenalen Struktur des «Ich denke etwas» sein. Denn in dieser urphänomenalen Struktur ist die Frage «wie», d. h. in welchem Sinne das «Etwas überhaupt» gedacht werden soll, noch völlig offen. Für diese Auffassung ändert sich der Sinn der logischen Axiomatik sehr erheblich. Den Axiomen fällt jetzt die Aufgabe zu, das Wesen dieser Bestimmung, in der sich die allgemeinste Beziehung des Denkens auf die Objektivität ausspricht, verständlich zu machen und sinnhaft zu bestimmen. D. h. die logischen Axiome haben die Grundbestimmungen oder besser den bestimmten Sinn auszusprechen, in denen sich das Denken auf das unbestimmte Etwas des Denkgegenstandes richtet.

Die traditionelle Auffassung meint, daß die Axiome die einfache Richtung auf das jedem Denken zugrunde liegende Gegenständliche definieren. Aber diese Ansicht ist nach Hegel nicht einmal für die außerhalb des spekulativen Systems stehende klassische Axiomatik haltbar. Richtung auf die Objektivität muß als logische Richtung immer bereits sinnbestimmt sein. Eine solche, wenn freilich einseitige Sinnbestimmung wird in dem traditionell überlieferten Axiomen festgelegt. Stellung des Denkens zur Objektivität überhaupt ist nach Hegel völlig unbestimmt. Ueber sie wird nichts ausgesagt; denn infolge ihrer gänzlichen Bestimmungslosigkeit kann auch gar nichts über sie ausgesagt werden. Erst mit dem Versuch einer sinnhaften Bestimmung des bloßen Etwas, das an sich neutral gegenüber jeder Bestimmung ist, treten wir aus der vorlogischen Sphäre in die logische ein. Denken ist immer sinnhaft bestimmtes Denken.

Gehen wir noch einmal auf Fichte zurück. Nach der eben zitierten Bemerkung fährt Fichte fort: „Denken und Objekte bestimmen . . . ist ganz dasselbe; beide Begriffe sind identisch. Die Logik gibt die Regeln dieser Bestimmung an; sie setzt sonach, sollte ich glauben, das Bestimmen überhaupt, als Faktum des Bewußtseins, voraus.“ Ganz in diesem Sinne faßt der Satz des Widerspruches die Bestimmbarkeit der Objektivität ins Auge. Es bedeutet, daß, wenn das Denken sich unter dem Gesichtspunkt der Identität bestimmen soll, dieses Bestimmen nach der Regel des verbotenen Widerspruches zu geschehen hat. Der Satz des Widerspruches enthält so das klassische Prinzip der Bestimmbarkeit, dessen Grenze dann im Satz vom ausgeschlossenen Dritten genau festgelegt wird.

Es ist nun die Frage, ob die an sich gegen jede Bestimmung indifferente Objektivität des Denkens überhaupt auch unter einem andern Gesichtspunkt als dem der Identität bestimmt werden kann. Die Hegelsche Logik bejaht diese Frage. Folgen wir dabei der negativistischen Ausdrucksweise Hegels, so müssen wir sagen: die gegen jede Bestimmung neutrale Objektivität alles möglichen Denkens kann auch unter dem Gesichtspunkt der Nichtidentität bestimmt werden. Die aus dem Gesichtspunkt der Nichtidentität resultierende positive Bestimmungsgesetzlichkeit würde ein dem klassischen inverses Axiomensystem des Denkens ergeben.

Es ist hier nicht unsere Aufgabe, ein solches System zu entwickeln. Bei Hegel selbst findet es sich nicht, wohl aber findet sich bei ihm die grundsätzliche Einstellung, die Voraussetzung einer solchen Aufgabe sein würde. Wir wollen jetzt versuchen, diese Einstellung im Zusammenhang zu entwickeln.

Der Sinn der beiden ersten Stellungen des Gedankens zur Objektivität kann nur der sein: *Stellung des Gedankens zur Objektivität ist überhaupt kein logisches Problem.* Es ist nur *Vorbedingung* jeder möglichen Logik. Die traditionelle Logik irrt, wenn sie glaubt, durch ihre Axiomatik die urphänomenale Stellung zur Objektivität schlechthin zu definieren.

Das logische Problem beginnt erst mit der Frage: wie, unter welchem Gesichtspunkt ist das neutrale Etwas der Objektivität wirklich denkbar? Gewiß ist das neutrale Etwas Denkgegenstand. (Das ist die Bedeutung des Wortes Objektivität bei Hegel in diesem Zusammenhang.) Aber es ist zugleich sinnhaft *bestimmter* Denkgegenstand. Diese Bestimmung kann nach Hegel im Sinne zweier verschiedener *Themata* erfolgen. Entweder hat das Denken das Thema den Denkgegenstand (die „Objektivität") *als* bloße „Aeußerlichkeit", „einfache Unmittelbarkeit" und „reines Sein" zu denken, oder aber das

Denken nimmt die „zweite Stellung" zur Objektivität ein, indem es seinen Denkgegenstand unter dem Thema „Innerlichkeit", „reiner Begriff" zu denken sich bemüht.

Bereits in der Phänomenologie finden wir das Problem verschiedener Stellungen des Gedankens zur Objektivität entwickelt. Nur tritt dieser Fragenkomplex dort in anderer Ausdruckweise auf. Hegel spricht dort vom Bewußtsein und führt aus, daß das Bewußtsein sich zum Bewußtseinsinhalt immer im Sinne zweier grundverschiedener Verhaltungsweisen bestimmen kann. „Denn das Bewußtsein ist einerseits Bewußtsein des Gegenstandes, andererseits Bewußtsein seiner selbst: (Bewußtsein dessen, was ihm das Wahre ist, und Bewußtsein seines Wissens davon)."[1] Und um Weniges weiter im Text folgert Hegel daraus: „Wir sehen, daß das Bewußtsein jetzt zwei Gegenstände hat, den einen das erste Ansich, den zweiten, das Für-es-sein dieses Ansich."[2]

Hier finden wir bereits den erst in der enzyklopädischen Logik systematisch ausgeführten Gedanken, daß das logische Problem der Objektivität eigentlich ein doppeltes Problem ist, in seinen Grundzügen vorgebildet. Von den Konsequenzen, die sich daraus ergeben, macht Hegel in der Phänomenologie bereits reichlich Gebrauch. Seine Methode ist schon völlig auf die neuen logischen Einsichten zugeschnitten, nur die theoretische Reflexion auf die eigene Methode fehlt noch. Aber die Große Logik ist in ihrer Einteilung als objektive und subjektive Logik methodisch bereits ganz auf die neue Auffassung des logischen Begriffes der Objektivität zugeschnitten.

Objektivität überhaupt ist nach Hegel ein zweideutiger Begriff. Ein Objekt des Denkens überhaupt kann immer im Sinne (mindestens) zweier Themata des Denkens gedacht werden. Es **muß** sogar im Sinne eines *bestimmten* Themas gedacht werden. Da Objektivität im logischen Sinne als Objektivität überhaupt noch vorthematisch ist, fällt der traditionellen Logik nach Hegel die Aufgabe der ersten Thematisierung des Denkgegenstandes überhaupt zu. Das „Thema" unter dem hier der Denkgegenstand gedacht wird, ist das „Sein". D. h. das

[1] Hegel II. S. 72.

[2] Hegel II. S. 73.

„Etwas“, das gedacht wird, wird als Seiendes und insofern als ein der Subjektivität des lebendigen Denkens Aeußerliches gedacht. Wir können auch sagen, das Thema der traditionellen Logik ist das Thema der echten Objektivität am Denkgegenstand. Durch diese eindeutige Thematisierung wird der subjektive Anteil am Denkgegenstand eingeklammert. Dieser subjektive Anteil erscheint hier nicht selbst als Denkgegenstand, besser: als Thema des Denkens, er tritt nur als axiomatische Regel des gegenständlichen Bestimmens auf. Der Denkgegenstand ist hier für den Denkprozeß ein Anderes, ein ihm Aeußerliches.

Aber so wie sich der Denkgegenstand — die Objektivität des Denkens überhaupt — unter dem Thema des Seins denken läßt, so läßt er sich gleicherweise unter dem Thema des Sinnes denken. **Sinn ist neben Sein das zweite Thema des Denkens von „Etwas“.** In dieser zweiten Stellung des Gedankens zur Objektivität, die eine neue „Form“ des Denkens im Hegelschen Sinne ist, wird der Denkgegenstand nicht als seiender, sondern als gedachter Sinn gedacht. Nicht mehr nach dem Sein des „Etwas“ wird hier gefragt, sondern nach dem Sinn, der im „Etwas“ gedacht wird. Das Denken gewinnt sich so selbst zum Gegenstande. Es meint hier das von ihm Gedachte nicht als ein Anderes gegenüber dem Denken, sondern als ein mit sich Identisches. Es meint gewissermaßen den Sinn des Denkens selbst, seine eigene Innerlichkeit. Diese sinnhafte Innerlichkeit oder echte Subjektivität ist das Thema, dem sich das Denken in der zweiten Stellung zur Objektivität widmet. Analog der ersten Stellung wird hier der objektive Anteil am Denkgegenstand eingeklammert. Er ist nur das transparente Medium, durch das der Sinn hindurchleuchtet. War vorhin, d. h. in der „ersten Stellung“, Thema, daß das Gedachte für das Denken „eigentlich“ transzendent sei, so thematisiert sich hier das Denken dahin, daß das Gedachte es selbst sei. Diese Doppelthematik des Denkens tritt gleich am Beginn der Hegelschen Logik zutage. Es heißt dort: „Das Sein, das unbestimmte Unmittelbare, ist ... Nichts, und nicht mehr noch weniger als Nichts ... Nichts ist somit dieselbe Bestimmung oder vielmehr Bestimmungslosigkeit und damit überhaupt dasselbe, was das reine Sein ist.“ Dieser Uebergang vom Sein ins Nichts, der von vielen Hegelinterpreten als vollkommen willkürlich empfunden wurde, ist unter dem Gesichtspunkt der Doppelthematik alles Denkens formallogisch unbedingt notwendig. Er hat folgenden Sinn: Wenn sich das Denken dem absoluten Sein zuwendet, ist es ganz und ausschließlich auf Andersheit und Fremdheit gerichtet. Es hat sich dann selbst völlig an die objektive Transzendenz verloren. Es ist von dem Gedanken an diese Transzendenz so erfüllt, daß es von sich selbst nichts mehr weiß. Ist also das Denken sozusagen 100%ig objektivistisch thematisiert, so ist es subjektivistisch überhaupt nicht thematisiert. Im Sinn der subjektivistischen Thematik denkt das Denken dann „nichts". In diesem Sinne ist das reine Sein, d. h. der Gedanke der objektiven Transzendenz zugleich das Nichts. Reines Sein zu „setzen" bedeutet nach Hegel im Sinne subjektivistischer Thematik „nichts" zu „setzen".

Damit wird endlich ein Terminus der Hegelschen Logik deutlich, den wir bisher, ohne ihn näher interpretieren zu können, gebrauchen mußten. Wir meinen das „Setzen". Das „Gesetztsein macht den Unterschied des Begriffes in ihm selbst aus; seine U n t e r s c h i e d e, weil es unmittelbar das An- und Fürsichsein ist, sind selbst der ganze Begriff".[1] Ein Begriff ist „gesetzt", bedeutet soviel, als ein Begriff ist im Sinne eines logischen Themas thematisiert. Ein Begriff kann entweder als „Aeußerlichkeit" „gesetzt", oder wie wir lieber sagen, thematisiert sein. Wenn es z. B. heißt, daß im Denken das Sein „gesetzt" ist, so bedeutet das, daß das Gedachte a l s Seiendes, a l s echte Objektivität gedacht werden soll.

Hierbei muß einem möglichen Mißverständnis zuvorgekommen werden. Wenn ein Denkgegenstand als Sein thematisiert wird, so hat das nichts zu tun mit der Frage, ob der betreffende Gegenstand wirklich ein denkunabhängiges Sein besitzt, ob er wirklich ein absolut Anderes gegenüber dem Denken ist. Die Frage ist in diesem Zusammenhang vollkommen sinnlos, denn die Denkgegenständlichkeit überhaupt soll a l s G a n z e s in dem einen Fall objektivistisch und in dem zweiten Fall subjektivistisch thematisiert werden. Es ist also keineswegs so, daß gewisse Begriffe zur Erfüllung der objektiven, andere

---

[1] Hegel IV. S. 235.

aber zur Bestimmung der subjektiven Thematik dienen. Vielmehr kann *jeder* Begriff *sowohl* subjektiv *als auch* objektiv thematisiert werden. Jeder Gegenstand des Denkens ist grundsätzlich gegenüber der Möglichkeit, ihn entweder als Sein oder als Sinn zu deuten, offen. Das Verhältnis, das das Denken der Gegenständlichkeit gegenüber einnimmt, ist ein hermeneutisches. Denn die Gegenständlichkeit wird durch das Denken im Sinne der beiden Themata *gedeutet*. Denkobjektivität überhaupt ist nichts weiter als mögliches Material einer logischen Hermeneutik. Die beiden Grundrichtungen, in denen diese Hermeneutik sich entwickeln kann, hat Hegel als erste und zweite Stellung des Gedankens zur Objektivität skizziert.

Die Frage also, ob ein bestimmter Denkgegenstand ein an sich wirklicher ist oder nicht, hat hier ganz andere Voraussetzungen, als uns die traditionelle Auffassung der Logik an die Hand gibt. Da für die traditionelle Auffassung das Verhältnis zum Gegenstand für jedes Denken vollkommen eindeutig ist, definiert sie angeblich das in dem Satze: «Ich denke etwas» ausgesprochene Strukturverhältnis schlechthin durch Identität, Widerspruch und ausgeschlossenes Dritte. Sie weiß nicht, daß der Satz: «Ich denke etwas» noch *vor* jeder bestimmten Logik liegt und *wegen seiner Doppelsinnigkeit niemals durch eine Axiomatik definiert werden kann.*

Da, wie gesagt, diese Erwägungen für die traditionelle Auffassung der Logik nicht existieren, hat dort die Frage, ob ein gedachter Gegenstand Wirklichkeit, d. h. denkunabhängiges Sein, besitzt, sehr wohl einen angebbaren Sinn. Die Antwort kann sich gemäß der klassischen Axiomatik immer nur innerhalb der Alternative: er *ist* wirklich oder er *ist nicht* wirklich, bewegen. — Nach Hegelscher Auffassung der Logik ist die Frage und ihre Alternative vollkommen sinnlos, wenn man sie *vom Standpunkt einer einseitigen Logik* zu beantworten versucht. *Denn die formalen Logiken sind nur explicite Definitionen der Grundthemata des Denkens, gemäß denen jeder Denkgegenstand, jede Objektivität, gedeutet werden kann.* Um auf unser Beispiel zurückzukommen: die Frage darf nicht gestellt werden: besitzt ein gedachter Gegenstand Wirklichkeit oder nicht? So bleibt sie logisch ohne angebbaren Sinn. Sie muß vielmehr lauten: kann der betreffende Denkgegenstand als wirklicher gedeutet werden oder nicht? Nur der Sinn d i e s e r Fragestellung ist vom logischen Standpunkte aus definierbar.

Nun wissen wir aber, daß Hegel noch in einem anderen Sinne von Wirklichkeit spricht als dem hier angedeuteten hermeneutischen. Die Gründe dafür liegen in der Eigenart des logischen Themabegriffes, die wir jetzt soweit wie möglich aufzudecken versuchen werden. Wir müssen dabei bis auf das Verhältnis der formalen Logik zur Philosophie Kants zurückgehen. Bei Kant liefert die traditionelle Logik die Kategorien zum Aufbau der Transzendentalphilosophie. Das bedeutet aber nichts anderes, als daß Kant das durch die traditionelle Logik definierte Denken für ein konstitutives hält. Zwar nicht das Erkennen, wohl aber das Denken dringt nach ihm bis zum Ding an sich vor. Denn „der Gegenstand eines Begriffes, der sich selbst widerspricht, ist Nichts, weil der Begriff nichts ist..." heißt es in der Kritik der reinen Vernunft.[1] Und in der kleinen Schrift „Ueber eine Entdeckung . . ." spricht Kant ausdrücklich von der „transzendentale(n) Gültigkeit des Satzes des Widerspruchs..."[2] Gilt das aber für den Satz des Widerspruches, so muß es auch für die übrigen klassischen Axiome gelten.

Das ist bei Hegel völlig anders: infolge der neuen Auffassung, die er von dem Wesen des Logischen hat, haben die aus einer formalen Logik abgeleiteten Begriffe keinerlei wirklichkeitskonstitutive Bedeutung mehr. Die von dem ersten oder zweiten Thema des Denkens ableitbaren Begriffe und Kategorien haben nur noch eine methodische, regulative Bedeutung für das philosophische Denken. Die beiden Grundthemata des Denkens sind nur extreme, ideale Gesichtspunkte, nach denen jedes mögliche Denken ausgerichtet ist, welche es aber nie voll erfüllen kann, denn das konkrete Denken steht stets zwischen seinen beiden idealen logischen Thematen. Das hat seinen Grund darin, daß sich die Objektivität nie restlos im Sinne des einen oder des anderen Themas auflösen läßt. Zwar ist das Denken selbst im idealen Sinne immer rein thematisch bestimmt. Das

---

[1] Kant III. S. 232.

[2] Kant VIII. S. 193.

Gleiche aber gilt von dem Stoff des Denkens der Objektivität auf keinen Fall. Das Subjekt geht nie völlig im Objekt auf, und das Objekt umgekehrt ist nie restlos vom Denken zu bewältigen. Besonders letzteres muß ausdrücklich gegenüber der unverkennbaren Neigung der Hegelinterpretation, alles in einer einseitig spiritualistischen Metaphysik aufgelöst zu sehen, festgehalten werden. Wir haben gerade bei der Darstellung der Auffassung, die Hegel von der klassischen Axiomatik hat, sehen können, daß das speziell der Sinn des Satzes vom Grunde war, daß das Denken, weil es das ewig transzendente Sein nie selbst hat und nie zur Identität mit ihm kommen kann, deshalb einen „Grund" für seine Bestimmungen des Seins braucht.

Weder die Kategorien der subjektivistischen, noch die der objektivistischen Thematik haben also nach Hegel konstitutive Bedeutung für ein metaphysisch Wirkliches. Beide Themata sind gleicherweise nur Ideen des Denkens. — Wir deuteten bereits an, daß sich bei Hegel das Verhältnis konstitutiver (und damit auch regulativer) Prinzipien des Denkens gegenüber dem, was Kant darunter versteht, genau umgekehrt habe. Kant ist insofern ganz Erbe des alten Rationalismus, als für ihn die Rationalität, die nach seiner Auffassung erschöpfend durch die klassische Axiomatik definiert wird, wirklichkeitskonstituierende Begriffe liefert. Das Irrationale hingegen, das immer in Antinomien ausläuft, hält er nur für regulativ.

Hegel dagegen, der die Sphäre der Rationalität durch Entdeckung[1] eines zweiten Themas des Denkens auf das Doppelte erweitert hat, leugnet, daß die Rationalität wirklichkeitskonstituierende Bedeutung habe, weil sie der doppelseitigen Wirklichkeit gegenüber, solange sie streng rational bleibe, nur „einseitige" Begriffe bilden könnte. Wirklichkeitskonstituierend ist für ihn nur ein „rational-irrationales Zusammen", um einen Ausdruck H. Glockners zu gebrauchen.[2]

Damit sind wir zu dem Problem des gegenseitigen Verhältnisses der beiden Thematiken des Denkens gekommen. Es wird

---

[1] Wenn man will, kann man selbstverständlich behaupten, daß Fichte der eigentliche Entdecker des neuen Themas gewesen ist, aber formallogisch betrachtet, hat erst Hegel den neuen Ansatz wirklich fruchtbar verwertet.

[2] Glockner, Hegel I. S. 51.

bei Hegel nirgends deutlich, wie sich die erste und die zweite Stellung des Gedankens zur Objektivität eigentlich zu einander verhalten. Das kommt im Wesentlichen daher, daß bei Hegel, wie wir bereits feststellten, keine scharfe Trennung zwischen zwei sich in diesem Problem schneidenden Fragenkomplexen stattfindet. Die Beantwortung des uns hier beschäftigenden Problems muß nämlich ganz verschieden ausfallen, je nachdem, ob man wissen will: wie verhalten sich die beiden idealen Themata des Denkens eben als Themata, also als regulative Prinzipien zueinander, oder ob man eine Antwort darauf haben will: wie grenzen sich die durch die beiden Themata erzeugten logischen Struktur- bez. Geltungssphären gegen einander ab?

Es sind dies zwei völlig gesonderte Aufgaben, die dem Denken hier gestellt werden. Diese notwendige Sonderung fehlt leider bei Hegel, weshalb seine Ueberlegungen in das von uns geschilderte Dilemma geraten, daß das Verhältnis der beiden Logiken widerspruchslos weder als disjunktiv noch als nicht disjunktiv (konjunktiv) gedacht werden kann. Die Schwierigkeit löst sich leicht, wenn man die in der Fragestellung nach dem Verhältnis zweier Logiken vermischten Gesichtspunkte trennt. In den Abschnitten über die erste und die zweite Stellung des Gedankens zur Objektivität dominiert bei Hegel der thematische Gesichtspunkt, weshalb das gegenseitige Verhältnis dort als strenge Disjunktion dargestellt wird. Innerlichkeit und Aeußerlichkeit treten dort als einfache Unmittelbarkeit, also als absolute Gegensätze auf. In den übrigen von uns herangezogenen Ueberlegungen aber ist für Hegel der zweite Gesichtspunkt maßgebend, sodaß die beiden Logiken, was ihre Geltungssphären anlangt, irgendwie mit einander zu verschmelzen scheinen.

Das logische Produkt dieser Verschmelzung ist der sich in dem Abschnitt über die „dritte Stellung des Denkens zur Objektivität“ entwickelnde Begriff der Vermittlung.

Da die Vermittlung die beiden logischen Grundthematiken in eine thematisch allgemeinere, universale logische Struktur transformieren will, ist sie selber Thematik einer neuen logischen Sphäre, die bei Hegel unter der Bezeichnung „totale Reflexion“ auftritt.

Die inversen Sinnbestimmungen der beiden ersten Themata bilden (in einer uns noch unbekannten Form der logischen Verschmelzung) die Struktur des reinen Begriffs oder des „Begriffs des Begriffs", über den sich in der Großen Logik folgende aufschlußreiche Bemerkung findet: „Das Gesetztsein ist das Dasein und Unterscheiden; das An- und Fürsichsein hat daher im Begriffe ein sich gemäßes und wahres Dasein erreicht, denn jenes Gesetztsein macht den Unterschied des Begriffes in ihm selbst aus; seine Unterschiede, weil es unmittelbar das An- und Fürsichsein ist, sind selbst der ganze Begriff; in ihrer Bestimmtheit allgemeine, und identisch mit ihrer Negation. — Dies ist nun der Begriff selbst des Begriffes."[1] Die doppelthematische Struktur der totalen Reflexion ist in dieser Definition des Begriffs des Begriffs deutlich festgehalten. Die „Unterschiede" des An- und Fürsichseins, die in ihrer „Bestimmtheit" allgemeine sind, sind die beiden Thematiken, die wir als die Grundformen kennen gelernt haben, in denen sich die jeweilige Stellung des Denkens zur Objektivität bestimmt und die infolge ihres axiomatischen Charakters „allgemeine" für das einseitig thematische Denken sind.

Da diese allgemeinen Grundbestimmungen im Begriff des Begriffs sich aber im Rahmen einer logischen Struktur befinden, die nicht mehr einseitig thematisch ist, die vielmehr diese Einseitigkeit ausdrücklich negiert, sind die thematischen Unterschiede als allgemeine „identisch mit ihrer Negation". Das drückt Hegel gelegentlich auch so aus: die thematischen Unterschiede des Denkens sind im Begriff des Begriffes nur „Schein". Der Charakter der thematischen Bestimmtheit des Denkens bleibt zwar als inverse Thematik, aber dieses Bleiben ist ein „Scheinen in Anderes". In den Bemerkungen über den „Begriff im allgemeinen" zu Beginn der subjektiven Logik heißt es. „Diese Bestimmtheit ist nämlich als im Begriffe die totale Reflexion, der Doppelschein, einmal der Schein nach außen, die Reflexion in anderes, das andere Mal der Schein nach innen, die Reflexion in sich."[2]

---

[1] Hegel IV. S. 235. Eine ganz analoge Definition des Begriffs des Begriffes findet sich S. 219.

[2] Hegel IV. S. 243.

Wichtig ist für uns in diesem Zusammenhang, daß Hegel die totale Reflexion, die den logischen Bereich der Vermittlung repräsentiert, als Reflexion in anderes und Reflexion in sich, also als doppelthematisch kennzeichnet. Die Vermittlung selbst — wir nehmen das hier vorweg — ist dann »die Reflektion in sich der Reflexion in sich und Reflexion in anderes«. — Wichtig ist aber auch der Begriff des „Scheins" an dieser Stelle für uns. Diesem Begriff kommt bei Hegel eine sehr vielfache Bedeutung zu. Wir wollen hier nur kurz die Bedeutung betrachten, die dieser Begriff speziell für das Problem der Thematik und der Vermittlung hat.

Die inverse Thematik hat nämlich — darauf zielt der Begriff des Scheins hin — eine doppelte Funktion. Sie ist sowohl axiomatisch als auch nicht axiomatisch. Als einseitige Grundbestimmungen des Denkens also vor dem Eintreten in den Bereich der Vermittlung haben die beiden Themata axiomatische Geltung für das durch ihren Sinn (einseitig) definierte Denken. Nimmt man die objektive Thematik ganz naiv für sich, so entsteht das Bild der traditionellen Logik, die durch die klassischen Axiome definiert wird. Der so bestimmte Denkgegenstand ist dann für das einseitige objektivistisch orientierte Denken „das Wahre". Ganz analog kann man verfahren, indem man die subjektivistische Thematik isoliert. Wieder hat dann das Thema axiomatische Bedeutung, weil durch dasselbe der Sinn des subjektivistischen Denkens ebenso definiert wird, wie das auf der objektivistischen Seite der Fall ist. Und wieder ist der definierte Denkgegenstand „das Wahre", weil erst durch ihn der Sinn des Denkens adäquat erfüllt wird. Das Denken selbst ist dann, soweit es dem thematisch „gesetzten" Sinn der Objektivität gerecht wird, wahres Denken.

In der totalen Reflexion ändert sich das vollständig. Die beiden Grundthemata sind unselbständige Momente im „System der Totalität". Damit aber verlieren sie notwendig ihren axiomatischen Charakter. Ein Axiomensystem muß selbständig, d. h. unabhängig, vollständig und widerspruchslos sein. Aber alle drei Bedingungen treffen auf die inversen Axiomatiken als Sinnmomente der „totalen Reflexion" nicht zu. Denn erstens ist die Allgemeinheit jeder der „einseitigen" Axiomatiken abhängig von der höheren Allgemeinheit des Systems der Totalität. „Das

Allgemeine hat hiernach eine B e s o n d e r h e i t, welche ihre Auflösung in einem höhern Allgemeinen hat."[1] Auf Vollständigkeit können die beiden Axiomensysteme erst recht keinen Anspruch machen, denn sie definieren ja immer nur je eine Seite des totalen Denkens, sind aber unfähig, den Sinn der Totalität selbst zu definieren. Auch der Charakter der Widerspruchslosigkeit geht verloren. Denn da die inversen Axiome in der Einheit, die das S y s t e m der Totalität repräsentiert, sich aufeinander beziehen, widersprechen sie sich direkt.

Was also die inversen Axiomensysteme i m System der Totalität definieren, ist nicht das Wahre. „Das Wahre ist das Ganze." Die einseitige thematische Bestimmtheit ist nur „Schein", die in der totalen Reflexion, weil letztere beide Bestimmtheiten in ihrer Einseitigkeit umfaßt, als „Doppelschein" auftritt. Der Begriff des Scheins hat also hier die Bedeutung eines Index für die nicht-axiomatische Struktur des Systems der Totalität.

An die Stelle des Axiombegriffes tritt in der totalen Reflexion der Begriff der Vermittlung. Die Vermittlung definiert, wie in der Einheit des Denkens die inversen axiomatischen Themata auf einander bezogen, mit einander „vermittelt" werden.

Auf den Begriff der „Vermittlung" und seinen Zusammenhang mit dem Problem der Axiomatik des Denkens fällt dann ein charakteristisches Licht, wenn wir uns daran erinnern, daß im zweiten Kapitel bereits davon die Rede war, daß die Dialektik des Absoluten überhaupt nur dadurch entstehen kann, daß die Axiome der Reflexionslogik als gültig vorausgesetzt werden. Die Axiome gelten zwar einseitig, aber sie „gelten" auf jeden Fall. Auf diese einseitige Geltung bezieht sich die Vermittlung. Aeußerst wichtig aber ist, festzustellen, daß sich die Vermittlung unmöglich allein auf die Geltung der klassischen Axiome beziehen kann. **Um die Hegelsche Vermittlung möglich zu machen, muß noch ein der klassischen Axiomatik inverses Axiomensystem vorausgesetzt werden.**

Denn wenn J. Cohn in seiner „Theorie der Dialektik" dankenswerterweise auf die Geltung der klassischen Axiomatik als Voraussetzung der Dialektik hinweist, so muß dem entgegengehalten werden, daß diese Voraussetzung zwar unerläßlich ist,

[1] Hegel IV. S. 243.

aber zum Erzeugen der Dialektik im Hegelschen Sinne noch nicht genügt. Denn gelten *ausschließlich* die klassischen Axiome und existiert kein inverses Axiomensystem, so wird zwar das spekulative Denken, indem es sich der klassischen Axiome notwendig bedienen muß, ihre unendliche (metaphysische) Geltung aber verneint, aus ihrem positiv definierten logischen Bereich in die Negativität zurückgeworfen. *Aber dort kommt das Denken unweigerlich sofort zur Ruhe.* Denn diese Negativität ist ja ein völlig *unbestimmtes* Unendliches. Im Unbestimmten aber kann sich das Denken, das ja an positiven Bestimmungen sich fortbewegt, nicht bestimmen. Es ist in der Stille des Jenseits angelangt und hat dort seinen Frieden.

Aber dieses „Jenseits" wäre nach Hegel ein „leeres Jenseits". Für Hegel hat das Zurückgehen des Denkens in die Negativität einen völlig anderen Sinn. Wenn das Denken im Bereich der klassischen Axiome einen Stoß empfängt, der es in die Negativität zurückwirft, kommt es dort nicht zur Ruhe. „Es erleidet, es so vorzustellen, einen Gegenstoß." Wenn nämlich das Denken, so meint Hegel, von der Objektivität im Sinne der klassischen Thematik ausgeht, „findet es, indem das Prädikat vielmehr die Substanz ist, das Subjekt zum Prädikat übergegangen und hiermit aufgehoben; und indem so das, was Prädikat zu sein scheint, zur ganzen und selbständigen Masse geworden, kann das Denken nicht frei herumirren, sondern ist durch diese Schwere aufgehalten". In der traditionellen Logik ist es, um mit Hegels Worten die Situation zu charakterisieren, so: Zuerst ist „das Subjekt als das *gegenständliche* fixe Selbst zugrunde gelegt; von hier aus geht die notwendige Bewegung zur Mannigfaltigkeit der Bestimmungen oder der Prädikate fort"; in der dialektischen Einstellung aber „tritt an die Stelle jenes Subjekts das wissende Ich selbst ein und ist das Verknüpfen der Prädikate und das sie haltende Subjekt. Indem aber jenes erste Subjekt in die Bestimmungen selbst eingeht und ihre Seele ist, findet das zweite Subjekt, nämlich das wissende, jenes mit dem es schon fertig sein und worüber hinaus es in sich zurückgehen will, noch im Prädikate vor, und statt in dem Bewegen des Prädikates das Tuende . . . sein zu können, hat es vielmehr mit dem Selbst des Inhalts noch zu tun, soll nicht für sich, sondern mit diesem zusammen sein.“ [1]

Der „Gegenstoß“, den das Denken, das sich den positiven Bestimmungen der klassischen Axiomatik entzieht, erleidet, rührt also daher, daß das Denken, indem es der alten Axiomatik den Rücken wendet, nicht in eine leere bestimmungslose Negativität des Absoluten sich zurückzieht, sondern daß es in der Negativität des ersten Positiven ein zweites Positives findet. Hegel wird nicht müde in seinen Schriften immer wieder die Positivität seines Negativen zu betonen.

Der eigentliche Gegenstoß wird nun dadurch erzeugt, daß das Denken sich diesem zweiten Positiven (der Negativität) gegenüber in derselben Situation befindet, wie ursprünglich vor dem ersten Positiven. Auch hier findet es „einseitige“ Bestimmungen vor. Und indem diese zweiten einseitigen Bestimmungen in ihrer Einseitigkeit ebenso unverbrüchlich und unumstößlich gelten, wie in der ersten Stellung des Gedankens die klassischen Axiome, kann das Denken auch hier nicht stehen bleiben. Zwar sind die positiven Bestimmungen der einseitigen Negativität unendliche, aber ihre Unendlichkeit ist die „schlechte Unendlichkeit“, infolgedessen wird das Denken von ihnen ebenso „abgestoßen“, wie ursprünglich bei den klassischen Axiomen.

Damit wird klar, warum die Geltung der klassischen Axiomatik zur Erzeugung einer Dialektik im Hegelschen Sinne nicht ausreicht. Definieren die klassischen Axiome allein den Sinn des Denkens und ist ihre Geltung damit (wie die traditionelle Logik vermutet) eine ausschließliche, so empfängt zwar das „metaphysische“ Denken, das von ihnen ausgeht, einen Stoß, der es ins Negative wirft. Aber dabei bleibt es auch. Die geschichtliche Erscheinung, die wir negative Theologie nennen, ist ein Beispiel für jene einseitige spekulative Haltung. Das Denken versinkt dort im „Nichts“ des Absoluten und kann sich aus dem „Nichts“ nicht mehr erheben.

Gilt für das Denken ausschließlich die klassische Axiomatik, so ist die philosophisch-metaphysische Haltung, die daraus folgen kann, immer nur der absolute Negativismus der Theologie der Areopagiten oder der esoterischen Vedântaphilo-

[1] Hegel II. S. 50.

sophie. Aber Hegel ist von dieser Haltung weit entfernt. Nach ihm erleidet ja das Denken in der Negativität den Gegenstoß, der es von neuem in Bewegung setzt. Das ist aber nur dann verständlich, wenn wir in der Negativität des ersten Positiven eine neue, ebenso einseitig bestimmte Positivität voraussetzen, die ebenso axiomatisch gilt. So kommen wir zum Axiomensystem der zweiten Thematik.

Die Vermittlung hat nun die Aufgabe, die erste Positivität und die Positivität des „Negativen" miteinander zu versöhnen. Vom Standpunkt der alten negativen Theologie aus ist der Begriff der Vermittlung sinnlos, denn dort stehen sich nicht bestimmte Gegensätze, die im Denken versöhnt werden müssen, gegenüber. Dort steht nur das einfach Bestimmte dem unendlichen Unbestimmten gegenüber. Das Bestimmte braucht nicht vermittelt zu werden, denn das Denken kehrt ihm den Rücken zu, wenn Gott es schaut.

So einfach diese dem philosophischen Problem der Vermittlung zugrunde liegende Idee ist, so schwierig und dunkel ist doch die Darstellung der logischen Struktur der Vermittlung, wie sie von Hegel in seiner Logik gegeben worden ist. Eine auch den formalen Logiker befriedigende Analyse der Struktur der Vermittlung zu geben, ist gegenwärtig noch völlig unmöglich. Auf die Gründe dafür kommen wir noch kurz zu sprechen.

Wir wollen deshalb hier lediglich die Grundidee des ganzen Problemes kurz skizzieren, um die systematische Unabhängigkeit der von Hegel geübten Methode des Denkens gegenüber seiner spekulativen Metaphysik zu zeigen. Es wird sich dabei herausstellen, daß das logische Denken Hegels nicht nur von seinem metaphysischen Denken ablösbar, sondern umgekehrt seine Metaphysik systematisch (nicht historisch) von seinen logischen Voraussetzungen abhängig ist.

Der Begriff der Vermittlung entspringt aus folgender Problemsituation. Die beiden Grundthemata des Denkens stehen sich zwar als reine Themata absolut invers gegenüber und schließen sich thematisch aus, zugleich aber sind sie beide einander Ausschließende **in** der Einheit des Denkens. Und insofern sind sie einander nicht ausschließende, denn die Einheit des Denkens ist selbst nichts anderes als die Einheit jener doppelten Thematik.

Wie muß aber, so fragen wir, jene Einheit beschaffen sein? Nach dem bisher Gesagten muß sie drei Bedingungen erfüllen.

1. Sie muß die zwei inversen Themata als entgegengesetzte oder unmittelbare enthalten.
2. Sie muß dieselben als vermittelte enthalten.
3. Sie muß die Einheit jener Themata als entgegengesetzter und vermittelter sein.

Leider kompliziert sich dieses dreifache Verhältnis dadurch noch weiter, daß das Denken weiterhin die Einheit aller drei in der Einheit des Denkens gesetzten Verhältnisse sein soll.

Die Einheit der inhaltlich verschiedenen Einheiten des Denkens in 1 bis 3, also die Einheit der dreifachen Einheit der Momente des Denkens, als Unmittelbarkeit, dann als Vermittlung und schließlich als Unmittelbarkeit und Vermittlung, wäre dann nach Hegel das absolute (oder konkrete) Denken. Hier erhält das Thema die Bedeutung des „Momentes" am Denken. Subjektivistische und objektivistische Thematik ist in der Vermittlung nur unselbständiges Moment am wirklichen Denken. —

Die Durchsicht durch die verwirrende Fülle der logischen Beziehungen bei Hegel wird leider dadurch etwas erschwert, daß Hegel auf denselben Sachverhalt eine stets wechselnde Terminologie anwendet, je nach dem Gesichtspunkt unter dem der Sachverhalt gerade abgehandelt wird. Wir geben deshalb, ehe wir unsere flüchtige Skizze des Vermittlungsbegriffes ausführen, ein terminologisches Schema der wichtigsten dabei benötigten Grundbegriffe.

THEMATIK DER AEUSSERLICHKEIT:

Unmittelbarkeit
einfache Vermittlung
objektives Moment
Negation
einfache Reflexion
Sein.

THEMATIK DER INNERLICHKEIT:

Vermittlung
in sich reflektierte Vermittlung
subjektives Moment

zweite Negativität
Reflexion der Reflexion
Sinn.

In der Einheit des Denkens treten nun die Thematiken als subjektive und objektive Momente am Denken auf. Nicht die Themata als solche, sondern die durch sie erzeugten zwei Gruppen von Momenten sollen vermittelt werden.

Die erste logische Situation, die dabei möglich ist, ist die, daß, wie wir bereits sahen, die beiden inversen Themata, und damit die von ihnen abhängigen Momente, als gegen einander unmittelbare gedacht werden.

Wir fragen jetzt: wie ist die Einheit des Denkens, die dieses Verhältnis der subjektiven und objektiven Momente des Denkens denkt, selbst beschaffen? Die Antwort: diese Einheit ist die Synthesis des inversen Sinnes subjektiver und objektiver Thematik, sie ist selber also doppelthematisch, wäre falsch. Denn die subjektiven und objektiven Momente des Denkens werden ja hier als einfache Unmittelbarkeit, als objektive Gegensätze gedacht. Sie negieren einander und sind nur äußerlich durch ein Drittes, nämlich die Einheit des Denkens vermittelt. Die Vermittlung ist nur einfache Vermittlung der disjunktiven Unmittelbarkeit des Seins.

Mithin ist die Einheit des Denkens, in der hier die subjektiven und objektiven Momente als absolute Gegensätze gedacht werden, selber objektiv thematisiert. Wir befinden uns hier, so merkwürdig das auch scheinen mag, ausschließlich im Bereich der traditionellen Logik.

Dieses Denken ist nach Hegel ein unwahres, weil in ihm nur die objektiven Momente des Denkens thematisch adaequat erfaßt werden. Die subjektiven Momente dagegen werden durch dasselbe unwahr thematisiert.

Wir kommen jetzt zu dem zweiten Verhältnis. Hier enthält die Einheit des Denkens die subjektiven und objektiven Momente als vermittelte. Aber ganz wie im ersten Verhältnis die subjektiven und die objektiven Momente der Allgemeinheit des Denkens ein nur „Aeußerliches“ waren, und sie ihrer Vermittlung durch die Disjunktion in der Einheit des Denkens als ein Anderes gegenüberstanden, und so einfach unmittelbare waren, ist jetzt die Vermittlung selbst zu einem Aeußerlichen geworden, das als einfache Unmittelbarkeit ein Anderes für das Denken selbst, nämlich ein Seinsverhältnis, ist.

Das erste Verhältnis ist das, was Hegel das Urteil des Daseins nennt. „Im Urteil ist die... Einheit ein Innerliches, oder was dasselbe ist, ein Aeußerliches, und die Momente sind zwar bezogen, aber sie sind als selbständige Extreme gesetzt."[1] Das zweite Verhältnis, um das es sich hier handelt, entspricht dem Schluß und zwar wieder dessen Grundform, dem Schluß des Daseins. Im Schluß ist die „bestimmte Einheit" der Momente „gesetzt". Doch sind „die Begriffsbestimmungen wie die Extreme des Urteils" gesetzt, nämlich als äußerliche. Damit ist die Vermittlung — die echt thematisch ein Innerliches ist — objektivistisch thematisiert. Das zweite Verhältnis, der Schluß des Daseins, ist ebenso im Sinne der traditionellen Logik thematisiert. Denn „die Vermittlung, die er ausmacht, (ist) noch nicht gesetzt"[2] oder wie wir sagen, echt thematisch erfaßt.

Sowohl das erste wie das zweite Verhältnis der subjektiven und objektiven Momente des Denkens repräsentieren ausschließlich die objektivistische Thematik des Denkens. Im ersten Verhältnis ist das Ansichsein „unmittelbar als Gesetztsein", im zweiten das Fürsichsein „unmittelbar als Gesetztsein". Auf das „unmittelbar" kommt es an, denn das spricht die Thematisierung aus, nämlich Thematisierung des Denkens im Sinne von Seinsbestimmungen. Da diese Thematisierung aber einseitig ist, können sich alle Bestimmungen immer nur auf sich selbst beziehen, sie sind Identität.

Im dritten Verhältnis nun wird der Gedanke ausgedrückt, daß das Denken nicht Einheit im Sinne des ersten oder zweiten Verhältnisses ist, sondern Einheit der Einheit von einfacher Unmittelbarkeit und Vermittlung. Nun sind nach Hegel die Unmittelbarkeit und Vermittlung die Bestimmungen der objektiven und subjektiven Momente. Ihre Einheit ist die „Negation der Bestimmtheit" oder das Allgemeine. Indem sich nun im dritten Verhältnis die Einheit der ersten beiden Verhältnisse

---

[1] Hegel IV. S. 308.

[2] Hegel IV. S. 311.

als synthetischer Einheiten der traditionellen Logik entwickelt, faßt das Denken hier das Allgemeine selbst als sein Objekt. Die Einheit des dritten Verhältnisses ist die Einheit der objektiven Einheit, oder das Allgemeine des Allgemeinen.

Damit hat das Denken die Thematik der Innerlichkeit erreicht. Aber eben erst den Standpunkt der zweiten Thematik oder die zweite Stellung des Gedankens zur Objektivität. Noch nicht hingegen die dritte Stellung des Denkens zur Objektivität, resp. den Gedanken der absoluten Vermittlung.

Die dritte Stellung des Denkens zur Objektivität beruht ihrerseits auf folgender Einsicht:

> Das erste Verhältnis faßt die subjektiven und objektiven Momente in der Einheit der Disjunktion zusammen.
>
> Das zweite Verhältnis in der Einheit der Nichtdisjunktion.
>
> Das dritte Verhältnis umgreift die Einheiten zu eins und zwei. — Aber dies dritte Verhältnis des Denkens müßte seinerseits den ersten beiden „äußerlich" bleiben, wenn es nicht ebenfalls als subjektivistischer Standpunkt mit dem objektivistischen Standpunkt von eins und zwei in einer höheren Allgemeinheit des Denkens zusammen bestünde.

Geben die Verhältnisse eins und zwei den naiven Sinn der Objektivität, das dritte Verhältnis aber durch Reflexion auf den Sinn der Objektivität den Sinn der Subjektivität wieder, so enthüllt sich dieser *einfach* reflektierte Sinn der Subjektivität in einer höheren Allgemeinheit, die alle drei Stufen umfaßt, als

> *doppelt reflektiertes subjektives Moment*
> oder als
> *einfach reflektiertes objektives Moment.*

Beide Ausdrücke sind logisch vollkommen äquivalent. Das doppelt reflektierte subjektive Moment ist nur thematisch deutbar als einfach reflektiertes objektives Moment — also als Sinn des Seins — und das einfach reflektierte objektive Moment ist nur thematisch deutbar als doppelt reflektiertes subjektives Moment — also als Sinn des Sinnes oder als Begriff des Begriffes, wie Hegel sagt.

So bewegt sich das Denken tatsächlich im Kreise. Aber die Bewegung ist doppel-thematisch. Sie kann vom Sinn zum Sein im Sinne des ersten Themas oder vom Sinn des Seins zum Sinn des Sinns gemäß dem zweiten Thema gehen. Im ersten Falle ist sie einfache Reflexion, im andern Reflexion der Reflexion.

Jetzt erst können wir verstehen, worin der Unterschied der ersten von der zweiten Thematik des Denkens eigentlich begründet ist. Während die durch die Thematik der Aeußerlichkeit strukturierte Logik eine extreme Sachlogik ist, haben wir es hier mit einer universalen Sinnlogik zu tun. **Der Bereich dieser Sinnlogik ist davon abhängig, wie vielerlei Arten von Beziehungen die subjektiven und objektiven Momente des Denkens in der allgemeinsten Einheit des Denkens eingehen können.** Nach der traditionellen Logik sind diese Momente streng disjunktiv. Subjekte und Objekte bilden zwei streng gegen einander abgegrenzte Bereiche des Seins. Entweder ist ein Seiendes ein Subjekt oder ein Objekt. Ein Drittes ist ausgeschlossen. Daran ändert auch nichts, daß mitunter das metaphysische Sein nur der einen oder der andern Klasse zugesprochen wird. Nach der Monadologie ist das metaphysische Sein Kraft im Sinne einer Vorstellungskraft (représentation), also Subjektivität. Der Materialismus huldigt hingegen der entgegengesetzten Auffassung. Beiden Standpunkten aber ist das gemeinsam, daß sie in ihrem metaphysischen Denken Subjekt und Objekt unter den gemeinsamen Oberbegriff des Objektes stellen. Auch die Monaden und insbesondere die Zentralmonade ist ein seiendes Objekt. D. h. ein Subjekt, welches im unbedingten und letzten Sinne „ist". Von „fertigen gegebenen Subjekten" spricht Hegel. — Bei Fichte und in gewissem Sinne auch bei Kant, ringt sich die Einsicht durch, daß für Subjekt und Objekt der gemeinsame Oberbegriff auch Subjekt sein könne. Beide Möglichkeiten liegen im Wesen des Denkens.

Die Kritik, die Hegel nun an seinen Vorgängern übt, ging, wie wir bereits sahen, darauf hinaus, daß sich damit zwei Standpunkte unvermittelt gegenüberständen. In allen bisherigen philosophischen Systemen sei der philosophische Gegenstand entweder ein objektives Subjekt-Objekt oder ein subjektives Subjekt-Objekt. Der alte Gegensatz ist damit nicht überbrückt, sondern nur komplizierter geworden.

Die durch den Begriff der Vermittlung angedeutete Lösung Hegels geht nun ihrerseits „von dem Verhältnis der Unmittelbarkeit und Vermittlung im Bewußtsein“ aus. Das objektive Subjekt-Objekt und das subjektive Subjekt-Objekt sind in der Einheit des Denkens miteinander verbunden. Die Form dieser Verbindung ist die absolute (in sich reflektierte Vermittlung). Da aber diese Verbindung in der Einheit des Denkens — und nicht des Objektes — stattfindet, geschieht die Verbindung zwischen subjektivem und objektivem Subjekt-Objekt so, daß das subjektive Subjekt-Objekt über das objektive Subjekt-Objekt übergreift. Das subjektive Subjekt-Objekt enthält also in sich sowohl das subjektive Subjekt-Objekt als auch das objektive Subjekt-Objekt. Die sich dadurch ergebende sehr komplizierte Begriffsstruktur ist die Struktur der Thematik der Innerlichkeit. Das Thema des Denkens ist hier methodisch zwar subjektivistisch, inhaltlich aber enthält die Thematik der Innerlichkeit

1) die Thematik der Aeußerlichkeit (das objektive Subjekt-Objekt)
2) die Thematik der Innerlichkeit (das subjektive Subjekt-Objekt).

Die Hegelsche Logik ist eine reine Sinnlogik. Die alte Logik war eine reine Sachlogik, die auf sich selbst nicht reflektieren konnte. Gerade diese „Reflexion in sich“ aber ist das Charakteristikum der neuen Logik. Sie definiert den Sinn überhaupt, der entweder als Sinn des Seins oder als Sinn des Sinns gedeutet werden kann. Erst eine solche Logik wird nach Hegel dem Wesen des Denkens gerecht, weil sie schlechthin alle theoretisch möglichen Verhältnisse enthält, in denen die Momente des Denkens zu einander stehen können. Eine Situation des Denkens, die durch diese Logik nicht definiert werden könnte, kann es schlechthin nicht geben. Insofern ist diese Logik in einem rein formellen Sinne tatsächlich eine absolute Logik. Ihre Kategorien und Begriffe sind nicht mehr von einem Anderen, das außer ihnen liegt, abhängig. Sie finden ihren „Grund“ allein in ihrer eigenen in sich geschlossenen Systematik und sind insofern tatsächlich „absolut“. Die Sinnlogik kennt deshalb auch keinen Gegenstand, von dem sie zu abstrahieren hat. Sie ist sich selbst ihr

Gegenstand. In ihr muß der Inhalt ohne Rest in der Form aufgehen und umgekehrt die Form ohne jeden Rückstand als Inhalt begriffen werden können. Form, die durch Abstraktion gewonnen wird, ist im Bereiche der Sinnlogik keine Form.

Damit wird auch deutlich, daß der Kampf des Idealismus gegen jeden Formalismus in der Logik auf einem Irrtum beruht. Wogegen in Wahrheit gekämpft wird, ist die Nur-Form der Abstraktion. Das „Formelle", wogegen Hegel kämpft, besteht nämlich nach seinen eigenen Worten „darin, daß das Vermittelnde der Extreme der Begriffe als abstrakte Bestimmung, und (diese) dadurch von ihnen, deren Einheit sie ist, verschieden ist."[1] Derartige Bemerkungen, die die Identifizierung der von Hegel bekämpften Form mit der Abstraktion ganz deutlich beweisen, lassen sich aus den Schriften Hegels in beliebiger Anzahl zitieren. Wir wollen nur noch einige diesbezügliche Bemerkungen bringen, die zugleich das logische Korrelationsverhältnis von Form und Inhalt im Begriff des Begriffes andeuten: „Unmittelbar ist die Idee der Erscheinung theoretische Idee, das Erkennen als solches. Denn unmittelbar hat die objektive Welt die Form der Unmittelbarkeit oder des Seins für den für sich seienden Begriff, so wie dieser zuerst sich nur als der abstrakte, noch in ihm eingeschlossene Begriff seiner selbst ist; er ist daher nur als Form; seine Realität, die er an ihm selbst hat, sind nur seine einfachen Bestimmungen von Allgemeinheit und Besonderheit; die Einzelheit aber oder die bestimmte Bestimmtheit, den Inhalt erhält diese Form von außen."[2]

Ganz unzweifelhaft wird hier die Methode der Abstraktion als Formprinzip des philosophischen Denkens von Hegel mit der Begründung, daß diese Form ihren Inhalt von außen empfange, abgelehnt. Das bedeutet aber nichts anderes als daß abstraktes Denken immer einseitig objektivistisch thematisiert ist. Oder, wie Hegel vermittels seines Terminus des „Setzens" das auspricht: „Das abstrakte Allgemeine ist... zwar der Begriff, aber als Begriffloses, als Begriff, der nicht als solcher gesetzt ist."[3] Unzweifelhaft aber ist diese Methode des „Setzens",

[1] Hegel IV. S. 351.
[2] Hegel IV. S. 439.
[3] Hegel IV. S. 249.

gemäß der der Begriff als Begriff gesetzt wird, auch eine Form des Denkens und zwar jene zweite Form, oder „Form der Vernunft", die gerade nach Hegel dort nicht fehlen darf, wo die Methode sich ihren Inhalt erzeugt.[1] Denn nur in der einseitig objektiv thematischen Logik wird das Verhältnis zwischen Form und Inhalt eines Begriffes „so angenommen, daß der empirische Stoff, das Mannigfaltige der Anschauung und Vorstellung zuerst für sich da ist, und daß dann der Verstand dazu hintrete, Einheit in denselben bringe, und ihn durch Abstraktion in die Form der Allgemeinheit erhebe. Der Verstand ist auf diese Weise eine für sich leere Form, welche teils nur durch jenen gegebenen Inhalt Realität erhält, teils von ihm abstrahiert, nämlich als etwas, aber nur für den Begriff Unbrauchbares, wegläßt. Der Begriff ist in dem einen und dem anderen Tun nicht das Unabhängige, nicht das Wesentliche und Wahre jenes vorausgehenden Stoffes, welches vielmehr die Realität an und für sich ist, die sich aus dem Begriffe nicht herausklauben läßt."[2]

Es ist hier mit den Händen zu greifen, wie Form mit abstrakter Form gleichgesetzt und nur letztere abgelehnt wird. Die Form der Abstraktion kann es allerdings als Methode der zweiten Thematik nicht geben. Denn der Inhalt der Begriffe zweiter Thematik ist ja immer nur der Begriff selbst. Der Begriff ist hier immer der Begriff, der sich selbst enthält.[3] Der Begriff des Inhalts bekommt hier logisch eine ganz andere Bedeutung, nämlich die der thematischen Bestimmung. Als thematisch bestimmter ist der Begriff Inhalt, als thematisierende Methode ist er Form. Der Begriff des Seins ist so, als thematisch bestimmter, Inhalt, zugleich ist Sein aber Thematik selbst und insofern Form. Dieser Begriff der Form hat mit Abstraktion nicht das geringste mehr zu tun, und gegen ihn richtet sich die Polemik des spekulativen Idealismus auch nicht. Dieser Begriff aber repräsentiert ein ganz echtes logisches Formproblem. (Wir sehen also, daß die einleitend zitierten Erwägungen des Idealismus über die Untrennbarkeit von Form und Inhalt innerhalb

---

1 Vgl. Hegel IV. S. 308 f.

2 Hegel IV. S. 224.

3 Von hier stammt die Problematik der Russellschen Paradoxie der Mengen, die sich selbst und die sich nicht selbst enthalten.

der philosophischen Methode zu einem erheblichen Mißverständnis Anlaß geben. Die spekulativen Idealisten reden schlechthin von «Form» und meinen in Wirklichkeit nur die Form der Abstraktion. Letztere wird von ihnen als logische Methode des philosophischen Denkens allerdings mit Recht abgelehnt. Trotzdem hatten Fichte, Schelling und Hegel in gewissem Sinne Recht, wenn sie den Begriff der reinen Form schlechthin ablehnten, denn die Form der Abstraktion war ja der einzige Formbegriff, den das philosophische Denken überhaupt kannte. Wenn diese Philosophen also gegen die reine Form polemisierten, war es für sie selbstverständlich, daß damit die Form der Abstraktion gemeint war. Hier irgend eine Einschränkung zu machen, war für sie vollkommen überflüssig. — Wir aber, die wir jetzt wissen, daß sich gerade damals ein neuer philosophischer Formbegriff zu entwickeln begann, müssen uns stets vor Augen halten, daß, wenn die spekulativen Idealisten gegen den Begriff der reinen Form im Denken philosophisch polemisieren, sie niemals Form schlechthin, sondern nur abstrakte Form meinen. Der sich zugleich in ihrem Denken entwickelnde neue Formbegriff wird von ihrer Polemik keinesfalls getroffen.)

Diesen neuen logischen Formbegriff zu fassen ist deshalb so schwierig, weil die subjektivistische Thematik ja keinen einfachen Gegensatz zur objektivistischen Thematik bildet, sondern als **Methode** beide Thematiken als **Inhalt** umgreift. Wir stellten ja bereits fest, daß die subjektivistische Thematik sich sowohl auf das objektive Subjekt-Objekt, als auch auf das subjektive Subjekt-Objekt richtet. Sie analysiert sowohl das Sein wie den Sinn.

So entsteht das komplizierte Gebilde einer Sinnanalyse des Sinns des Seins und des Sinns. Diese sinnanalytische Verbindung des Sinns des Seins mit dem Sinn des Sinns nennt Hegel einfach „Vermittlung". Im „Vorbegriff" der enzyklopädischen Logik wird diese Vermittlung abgehandelt als dritte Stellung des Denkens zur Objektivität.

Damit haben wir den Begriff der Vermittlung erreicht. Vermittlung bedeutet bei Hegel die Synthesis der zwei Themata des Denkens. Diese Synthesis ist so zu verstehen, daß das eine Thema über sich selbst und sein anderes (Thema nämlich) übergreift. „Das Allgemeine ist daher die f r e i e Macht;

es ist es selbst und greift über sein Anderes über; aber nicht als ein Gewaltsames, sondern das vielmehr in demselben ruhig und bei sich selbst ist."[1]

Dieses Uebergreifen ist aus folgendem Grund möglich. Die Allgemeinheit der subjektiven Thematik ist gänzlich anderer Natur als die Allgemeingültigkeit der objektiven Thematik. Wir sahen in dem Kapitel über Allgemeingültigkeit bereits, daß die objektive Thematik nur interobjektive Allgemeingültigkeit erzeugt, sie aber nicht fähig ist, die intersubjektive Allgemeinheit ihrer Aussagen aus sich selbst heraus zu begründen. Die interobjektive Allgemeingültigkeit ist deshalb auch nur einfache Form der Allgemeinheit. Die intersubjektive Allgemeinheit hingegen ist nach Hegel in verschiedenen Tiefenschichten gestuft. Das niedere Allgemeine (z. B. das „abstrakte Allgemeine", oder auch das „Reflexions-Allgemeine") geht auf in dem „höheren Allgemeinen". Indem nun die objektive Allgemeingültigkeit sich als Reflexion über den Sinn des Seins enthüllt, ist sie zugleich „bestimmte" Form der Allgemeinheit im Rahmen der subjektiven Thematik. „Die Bestimmtheit ist als bestimmter Begriff aus der Aeußerlichkeit in sich zurückgebogen; sie ist der eigene immanente Charakter, der dadurch ein Wesentliches ist, daß er in die Allgemeinheit aufgenommen und von ihr durchdrungen, von gleichem Umfange, identisch mit ihr, sie ebenso durchdringt..." Aber diese Allgemeinheit hat „als niedrigere Gattung in einem höheren Allgemeinern ihre Auflösung."[2] Da ja die subjektive Thematik sich selbst und ihren Gegensatz umgreift, muß der als niedere Gattung ins Allgemeine erhobene Gegensatz als aufgelöster in der übergreifenden Schicht des Allgemeinen enthalten sein. „Das wahrhaft höhere Allgemeine ist, worin diese nach außen gehende Seite nach innen zurückgenommen ist, die zweite Negation..."[3]

Wie dieses „Zurücknehmen" des nach entgegengesetzten Seiten thematisierten Denkens erfolgt, haben wir hier nicht mehr zu untersuchen, da es uns lediglich um den Begriff der Hegelschen Vermittlung, nicht aber um seine ausgebreitete Dar-

---

[1] Hegel IV. S. 242.

[2] Hegel IV. S. 244.

[3] Ibidem.

stellung zu tun ist. In diesem Begriff der Vereinigung und Versöhnung der entgegengesetzten Thematiken des Denkens in der subjektiven Thematik liegt der Schlüssel zum Bereich der formallogischen Struktur des Hegelschen Systems. „Denn auf dieser Subjektivität allein ruht das Aufheben des Gegensatzes zwischen Begriff und Realität und die Einheit, welche die Wahrheit ist."

Dieses subjektiv-thematische Aufheben des Gegensatzes der inversen Momente des Denkens ist das logische Formproblem, aus dem das Hegelsche System herausgewachsen ist. Es ist nicht angängig, wenn man versucht, die Berechtigung zu leugnen von einem Formproblem der absoluten Vermittlung zu reden. Spricht doch Hegel selbst am Schluß seiner Großen Logik von der „absoluten Form", die er in echt subjektivistischer Thematik definiert als „der sich selbst und alles als Begriff wissende Begriff..."[1] Wenn auch der Gedanke der Abstraktion von einem Inhalt hier sinnlos wird, weil diese Form sich selbst Inhalt ist, so handelt es sich doch hier um ein logisches Problem, das auch unabhängig von dem metaphysischen System Hegels seine Bedeutung hat. Denn mit dem Momente, wo das Problem der Thematik erst als das Grundproblem der formalen Logik überhaupt entdeckt ist, wird auch unabhängig von den Hegelschen Gedanken darüber die Frage akut: wie verhalten sich die beiden Grundthemata des Denkens in der Einheit des Denkens zu einander. Dem kantischen Problem der objektivistischen Synthesis des Erkennens tritt hier das Problem einer subjektivistischen Synthesis des reinen Denkens gegenüber. Die Aufgabe dieser Synthesis ist: ein universales System der begrifflichen Momente des Denkens überhaupt zu erzeugen, also eine Systematik des Sinns schlechthin. Die Form, in der sich diese Systematik fortschreitend produziert, ist eben die absolute Vermittlung.

Da in diesem System, wie wir bereits andeuteten, Form und Inhalt logische Korrelationen sind — im Gegensatz zur traditionellen Logik, wo die Form nur als Form logische Struktur hat — ist es leicht möglich, das was Hegel geschaffen hat: das universale System der Sinnmomente des

[1] Hegel IV. S. 501.

Denkens auch inhaltlich zu interpretieren. Denn dieses System ist ja nicht insofern formal, daß es seinen Inhalt außer sich hätte. Am Schluß der enzyklopädischen Logik sagt Hegel darüber: „Die Methode ist auf diese Weise nicht äußerliche Form, sondern die Seele und der Begriff des Inhalts, von welchem sie nur unterschieden ist, insofern die Momente des Begriffs auch an ihnen selbst in ihrer Bestimmtheit dazu kommen, als die Totalität des Begriffs zu erscheinen. Indem diese Bestimmtheit oder der Inhalt sich mit der Form zur Idee zurückführt, so stellt sich diese als systematische Totalität dar, welche nur eine Idee ist..."[1] Bei dieser Auffassung des Verhältnisses von Form und Inhalt in der totalen Systematik des Sinns, die Hegel „absolute Idee" nennt, (und die er als „absolute Form" des Logischen folgendermaßen definiert: „Die Idee als Einheit der subjektiven und objektiven Idee ist der Begriff der Idee, dem die Idee als solche Gegenstand, dem das Objekt sie ist.")[2] ist es verständlich und naheliegend, das logische System des sich selbst begreifenden Denkens als metaphysische Wirklichkeit zu deuten. Verständlich ist das insofern, als es für das „absolut" subjektivistisch thematisierte Denken schlechthin nichts mehr gibt und geben kann, was außer ihm wäre und unabhängig von ihm Wirklichkeit besäße. So wird sich das Denken selbst zum Wirklichen.

In eben der Form, in der wir ihn hier skizziert haben, begründet Hegel den Uebergang vom logischen zum metaphysischen System selbst. „Absolute Form" und „absoluter Inhalt" sind logische Korrelationen. Daraus folgt für die als Inhalt „bestimmte" Form: „ihre Bestimmtheit als Inhalt ist daher nicht mehr ein bloß Aufgenommenes, sondern Abgeleitetes und Erwiesenes. Hier ist es erst, wo der Inhalt des Erkennens als solcher in den Kreis der Betrachtung eintritt, weil er nun als abgeleiteter der Methode angehört. Die Methode selbst erweitert sich durch dies Moment zu einem System."[3] Das ist ganz richtig, insofern die subjektivistisch thematisierte Methode „Alles" als Sinnstruktur betrachtet, den

---

[1] Hegel V. S. 204 f.

[2] Hegel V. S. 202.

[3] Hegel IV. S. 500. Sperrung des letzten Satzes von uns.

Sinn sowohl als auch das Sein. Auch das Gegebene betrachtet sie methodisch nur unter dem Gesichtspunkte des Sinns der Gegebenheit. So entsteht allerdings ein absolutes geschlossenes System der Sinnbestimmungen. Das System der urphaenomenalen Struktur der Begrifflichkeit. Hegel meint aber mehr, er interpretiert das „System" mit Beziehung auf das Moment des Inhalts. Logisches System und metaphysisches System sind ihm identisch.

Diese Gleichsetzung ist logisch nicht mehr begründbar. Wie aber kommt Hegel zu ihr? Der Grund liegt in der urphaenomenalen Struktur des Sinns, die sich in zwei Themata spaltet. Wir sahen, daß es im Sinn der doppelten Thematik nicht mehr möglich war, nach dem an sich Wirklichen zu fragen, weil eine doppelthematisierte Logik (im Gegensatz zur traditionellen Logik) nur hermeneutische Funktion hat. Sein und Sinn sind für eine solche Logik Deutungsprobleme. Der Denkgegenstand überhaupt kann nach Auffassung dieser Logik sowohl als Sinn wie als Sein gedeutet werden. Die Objektivität „ist" als Sein und „lebt" als Sinn. Nun ist aber eine solche Deutung stets nur „in" einem Sinne möglich, der logisch exakt definierbar sein muß, wenn sich die zu vollziehende Deutung der Objektivität in einem „bestimmten" Sinn auffassen lassen soll. Das war in dem Deutungsverhältnis zwischen Sein und Sinn dadurch möglich, daß sowohl „Sein" wie „Sinn" einseitige Momente am Denken, d. h. am Sinn überhaupt waren. Wir hatten das auch dahingehend formuliert, daß die beiden Grundthemata des Denkens als ideale Richtungen in der Einheit des Denkens enthalten seien. Deshalb müßte die subjektivistische Thematik sich selbst und die objektivistische Thematik als einander ergänzende Momente am Denken enthalten. Hegelisch ausgedrückt: die absolute Idee ist die „Einheit der subjektiven und objektiven Idee" und damit das „System der Totalität" — der Sinnmomente des Denkens nämlich.

Damit wissen wir „in" welchem Sinne «Sein und Sinn» korrelative Deutungsbegriffe sind. Sie sind es „im" Sinn des Systems der Totalität der Sinnbestimmungen. Der Standpunkt der übergreifenden subjektivistischen Thematik ist es, von dem aus die Objektivität als Sein oder als Sinn gedeutet werden kann.

Dieser „absolute“ Standpunkt gibt den Sinn an, „in“ dem die Deutung erfolgt.

Wie kommt nun Hegel zur metaphysischen Auffassung seines logischen Systems. Im Hintergrund steht der Gedanke von der Doppeldeutigkeit der Objektivität als Sein und Sinn. Nun liegt ihm im vollendeten logischen absoluten System die Objektivität als Sinn, und zwar als „absoluter“ Sinn vor. Und da gemäß den vorausgesetzten logischen Einsichten Sein in Sinn und Sinn in Sein umdeutbar ist, deutet er einfach das System des absoluten Sinns als System des absoluten Seins.

Wir fragen nun: ist diese Umdeutung berechtigt? Die Antwort kann nur lauten: nein! Denn jede Deutung erfordert ein übergreifendes System von Sinnbestimmungen, in welchem sich die Deutung vollziehen kann. Ein solcher übergeordneter Standpunkt, der angibt, *in* welchem Sinne der Sinn hier als Sein gedeutet werden kann, ist nicht mehr vorhanden. *Es ist völlig unmöglich, anzugeben, „in“ welchem Sinn das absolute System der Sinnbestimmungen als absolutes Sein gedeutet werden soll.* Eine irgendwie definierbare Bedeutung kommt dieser μετάβασις ins Metaphysische nicht mehr zu.

Man kann sich die logische Grenze, innerhalb der die Umdeutung von Sinn in Sein und Sein in Sinn berechtigt ist, am besten dadurch deutlich machen, daß man sich das Grundschema der Großen Logik vor Augen hält. Die Große Logik gliedert sich in drei Büchern in die Lehre

vom Sein
vom Wesen
vom Begriff.

Das erste Buch deutet den Sinn als Sein und das zweite Buch das Sein als (noch objektiven) Sinn. Diese Umdeutung aber wäre nicht möglich, wenn der Sinn in „einfacher Entgegensetzung“ dem Sein gegenüberstünde. Man kann das auch so ausdrücken: diese Umdeutung wäre nicht möglich, wenn die Hegelsche Logik mit der Lehre vom Wesen abschlösse. Denn man würde dann vergeblich nach dem logischen Standpunkt fragen, von dem aus die „einfache Entgegensetzung“ von Sinn und Sein in einander umdeutbar erscheint. Diesen Standpunkt gibt nun das dritte Buch der Hegelschen Logik, die Lehre vom

Begriff. Sie enthält das „höhere Allgemeine", welches über das niedere Allgemeine in seiner einfachen Entgegensetzung als „Sein" und „Wesen" logisch „übergreift". Das höhere Allgemeine ist also der Sinnbereich innerhalb dessen der „niedere" Sinn des Allgemeinen in Sein und umgekehrt das Sein in Sinn umdeutbar ist. Das höhere Allgemeine (oder den Sinn des Seins) aber wieder in ein absolutes Sein umzudeuten, ist nicht möglich, denn jetzt fehlt eine weitere noch in sich allgemeinere Sphäre, die den Sinnbereich abzirkelte, in dem die erneute Umdeutung von Sinn in Sein vollzogen werden könnte.

Nun wissen wir aber, daß Hegel diese Umdeutung des „absoluten" Sinns (d. h. des „Systems der Totalität" der Sinnbestimmungen) in ein absolutes Sein des Geistes vollzieht und um dieses Vollzugs willen Vieles in die Lehre vom Begriff hineingenommen hat, was dort nicht am Platze ist. Dazu ist vom formallogischen Standpunkt aus noch Folgendes zu sagen: Am Ende der Hegelschen Logik ist die Situation genau dieselbe wie am Anfang dieser Logik. Nur mit umgekehrten Vorzeichen. War dort das Denken 100%ig objektivistisch thematisiert, hatte es sich ans Sein verloren, sodaß es als Denken (für sich), d. h. subjektivistisch thematisiert „Nichts" war, so ist jetzt am Ende der absoluten Logik das Denken 100%ig subjektivistisch thematisiert. Es ist ganz in sich selbst versunken, es ist sich selbst Alles und das Sein ist ihm Nichts. Hegel selbst kennzeichnet die „logische" Valenz des Abschlusses seiner Logik in den letzten Zeilen so, daß die Idee hier „in den reinen Gedanken eingeschlossen, die Wissenschaft nur des göttlichen Begriffs" ist. Das Denken ist hier also logisch ausschließlich subjektivistisch thematisiert, im Sinne objektivistischer Thematik hat es keine Bestimmungen mehr, ist es „Nichts". — Eine bestimmte (also logisch definierbare) Bedeutung kann also hier dem Uebergang ins Sein nicht mehr zukommen, wie wir bereits feststellten.

Hegel hält allerdings für diesen Uebergang eine ganz verblüffende Begründung bereit. Die dritte Stellung des Denkens zur Objektivität „ist", so geht der Gedankengang, „das Unmittelbare, aber durch Aufheben der Vermittlung, das Einfache durch Aufheben des Unterschiedes, das Positive durch Aufheben des Negativen... Der Begriff selbst ist, für uns zunächst, sowohl das an sich seiende Allgemeine als das für sich seiende Negative als auch das dritte an und für sich Seiende, das Allgemeine, welches durch alle Momente des Schlusses hindurchgeht; aber das Dritte ist der Schlußsatz, in welchem er durch seine Negativität mit sich selbst vermittelt, hiermit für sich als das Allgemeine und Identische seiner Momente gesetzt ist. — Dies Resultat hat nun als das in sich gegangene und mit sich identische Ganze sich die Form der Unmittelbarkeit wieder gegeben. Somit ist es nun selbst ein solches, wie das Anfangende sich bestimmt hatte."[1] Daraus ergibt sich für Hegel der Schluß: da das Sein einfache Unmittelbarkeit und jetzt das logische Absolute als Resultat auch einfache Unmittelbarkeit ist, ist das logische Absolute auch absolutes Sein. Aber Hegel vergißt dabei ganz, daß nach seinen eigenen Worten das Absolute nur die Form der Unmittelbarkeit hat; der Inhalt dieser „absoluten Form" aber ist Vermittlung und nicht Unmittelbarkeit. Damit aber hat die Unmittelbarkeit hier nicht mehr die Bedeutung des Seins, sie ist vielmehr der Index der absoluten „Methode", jener Methode, die Hegel definiert als „der reine Begriff, der sich nur zu sich selbst verhält".[2] Diese Methode ist „für uns" als Form unmittelbar, an sich aber ist sie die Vermittlung. Die Gleichsetzung, die Hegel zwischen absolutem Sinn und absolutem Sein vollziehen will, erweist sich also auch hier als logisch vollkommen undurchsichtig, gegen die eigenen methodischen Voraussetzungen verstoßend, und deshalb als wissenschaftlich nicht gerechtfertigt.

Damit aber ist bewiesen, daß die logische Methode Hegels, d. h. das absolute System der Totalität (der Sinnbestimmungen) unabhängig von dem metaphysisch-spekulativen System des Absoluten ist. Das logische System und die ihm innewohnende Problematik kann und muß von uns übernommen werden, ohne daß wir damit gezwungen sind, uns dem metaphysischen Idealismus mit Haut und Haaren zu verschreiben. Geht doch die Unabhängigkeit der Hegelschen Logik von seiner Metaphysik so weit, das letztere überhaupt nur als willkürliche Interpretation

---

[1] Hegel IV. S. 498 f.

[2] Hegel IV. S. 504.

zu gelten hat, die Hegel an sein System des Logischen selbstherrlich anknüpft. Da aber der metaphysische Gesichtspunkt für Hegel der leitende ist und nicht der logische, treten die logischen Bestimmungen nie als rein logische, sondern stets im metaphysischen Gewande auf. So hat die Hegelsche Logik einen Aufbau (und stofflichen Inhalt), der ihrer eigenen begrifflichen Struktur widerspricht. Das Denken Hegels ist nur dann zu verstehen, wenn man weiß, daß es uns als metaphysische Pseudomorphose entgegentritt. Aber nicht die Logik ist bei Hegel von der Metaphysik abhängig, sondern die Metaphysik von der Logik. Bezeichnenderweise läßt sich der Terminus „absolut" bei Hegel als logischer Begriff sehr scharf definieren, während eine ontologische Definition völlig unmöglich ist, und dies nach den logischen Voraussetzungen auch sein muß. «Absolut» bedeutet in der Hegelschen Logik diejenige Form der Begriffsbestimmung, in der der Begriff den ihn bestimmenden Inhalt nicht mehr von „außen", durch ein Anderes erhält, wo er also im wörtlichen Sinne „abgelöst" von der Beziehung auf Fremdes sich durch sich selbst bestimmt. Sie ist die «absolute» Vermittlung, d. h. die Vermittlung, die sich selbst vermittelt. „Denn da sie die absolute Form, der sich selbst und alles als Begriff wissende Begriff ist, so ist kein Inhalt, der ihr gegenüberträte und sie zur einseitigen, äußerlichen Form bestimmte."[1]

Das Problem dieser absoluten Vermittlung aber, d. h. das Problem der Synthesis der inversen doppelten Thematik des Denkens ist ein systematisches Problem der reinen Logik überhaupt. Es läßt sich auf folgende Formel bringen. In unserem theoretischen Denken sind zwei logisch streng zu unterscheidende Strukturschichten vorhanden. Nämlich erstens die begriffliche Intention auf den Denkgegenstand, die jene Seite an ihm zu begreifen sucht, die wir als Fremdheit, als Andersheit, kurz als echte Objektivität, oder absolute Transzendenz denken und zweitens jene logische Intention, in der wir den Denkgegenstand als unseren wissen, in den wir mithin ihn als Nicht-Objektivität, als identisch mit der innerlichsten Tiefe unseres eigenen denkenden Ichs, kurz als echte Subjektivität verstehen wollen. Die exakten Einzelwissenschaften, soweit sie auf das

[1] Hegel IV. S. 501.

natürliche Sein gehen, kennen diese logische Zwiespältigkeit ihres Inhaltes nicht. Ihnen liegt allein die traditionelle Logik zugrunde. Anders verhält sich das aber (in stets steigender logischer Komplikation) bei der infinitesimalen Mathematik, den Geisteswissenschaften und der Philosophie. Die Wahrheit dieser Wissenschaften kann nicht mehr durch eine einseitige Thematik — indem man einfach von der zweiten logischen Strukturschicht abstrahiert — zureichend definiert werden. Die Logik der Philosophie und der Geisteswissenschaften (auch die infinitesimale Mathematik gehört als Geisteswissenschaft dazu) ist doppelthematisch. Dabei ist zwischen der Logik der Geisteswissenschaften und der Logik der Philosophie noch folgender Unterschied zu beachten. In der Logik der Geisteswissenschaften dominiert die „zweite" (subjektivistische) Thematik und die objektivistische klassische Thematik wird ihr untergeordnet. (Dieser Sachverhalt, der im Rahmen der Kategorienlehre längst festgestellt worden ist, wird von seinem Entdecker als „«Freiheit» der höheren Kategorien über den niederen . . . in der Einheit eines durchgehenden kategorialen Schichtungsverhältnisses" charakterisiert. Die Tatsache aber, daß „hinter" der Kategorienlehre neue formallogische Probleme liegen, wird leider noch übersehen.) Die logische Unterordnung der ersten Thematik unter die zweite, deren Index das Freiheitsproblem in den Geisteswissenschaften ist, ist aber nur Kennzeichen der Logik der Geisteswissenschaften. Die Logik der Philosophie kennt sie nicht. Hier werden beide Themata gleichgeordnet, denn wie wir sahen, muß das g a n z e System der Begriffe sowohl objektivistisch als auch subjektivistisch gedeutet werden können. Die beiden inversen Thematiken des Denkens bilden sozusagen zwei Koordinatensysteme des Sinnbeziehens, die unabhängig voneinander und, infolge ihres axiomatischen Charakters, gegeneinander selbständig sind. Da aber doch beide Systeme in der Einheit des Denkens aufeinander bezogen werden müssen, gilt es eine für jede Situation des Geisteslebens gültige Transformationsformel des Ueberganges aus dem einen Koordinatensystem in das andere zu finden. Das ist das Grundproblem der Logik der Philosophie überhaupt. Nämlich zwischen den beiden Koordinatensystemen zu „vermitteln". Und es ist auch das Grundproblem der Hegelschen Logik. Aber es kann behandelt werden, ohne daß man dabei auf Hegel selbst rekurriert. Wenn freilich es sich aus praktischen Gründen empfehlen wird, den von Hegel gegebenen Winken prüfend nachzugehen. Grundsätzlich notwendig aber ist das nicht. Im Begriff der Thematik (dem „Setzen") hat Hegel ein Problem aufgeworfen, das den Bereich des rein Logischen ganz ungeahnt über die von der traditionellen Logik gezogenen Grenzen zu erweitern berufen scheint. Dieses Problem ist „überstandpunktlich". Geschichtlich zwar ist es mit der Entwicklung des deutschen Idealismus aufs Engste verknüpft, sachlich aber hat es eine davon unabhängige zeitlose Bedeutung, die von der Stellung, die man sonst dem spekulativen Idealismus gegenüber einnimmt, vollkommen unabhängig ist.

Ueberblicken wir jetzt den Weg, den wir an der Hand Hegels zurückgelegt haben. Das Bemühen Hegels um die Logik ist unzweifelhaft an der Frage orientiert: wie verhält sich die Logik zur Philosophie? Und in welcher Gestalt ist sie Organon der Philosophie? Dieses Suchen nach einer Logik der Philosophie ist das treibende Motiv in Hegels logischen Versuchen. Aus ihm wird auch Hegels Verhalten zur traditionellen Logik am allerehesten verständlich. Sein Urteil über letztere läßt sich dahingehend zusammenfassen: *die traditionelle Logik ist kein zureichendes Organon der Philosophie.* Dieses Urteil begründete er damit, daß die traditionelle Logik eine viel zu enge Definition des Sinnes des Denkens liefere. Die Voraussetzung für seine Kritik an der logischen Tradition ist also eine neue Theorie des Denkens, oder des Begriffs, die er aufstellt und in seinem System des Absoluten praktisch anzuwenden bemüht ist.

Da uns diese Theorie bei Beginn unserer Arbeit noch unbekannt war — und im Grunde auch jetzt höchstens im Prinzip bekannt ist, da wir erst ihre Voraussetzungen kennen gelernt haben — hatten wir die Aufgabe, zuerst sein Urteil über die traditionelle Logik nachzuprüfen, denn die Möglichkeit einer neuen Theorie des Denkens beruht im wesentlichen darauf, ob die Anschuldigungen, die Hegel gegen die traditionelle Logik erhebt, zu Recht bestehen, oder ob sie daraus zu erklären sind, daß Hegel nur ein Zerrbild der traditionellen Logik bei seiner Kritik im Auge gehabt hat.

Aus der Rolle, die die klassischen Axiome in der Dialektik des Absoluten spielen, ließ sich nun unschwer erkennen, daß Hegel den Sinn des durch die traditionelle Logik definierten Denkens ganz richtig versteht, zugleich aber ließ sich feststellen, daß die traditionelle Logik den Begriff des Denkens zu eng faßt. Ihr einziges und ausschließliches Thema ist das Sein, der subjekthafte Sinn kann durch ihre naiv objektivistische Begriffsbildung nie erfaßt werden. Mit dieser naiv objektivistischen Struktur ging überdies Hand in Hand, daß alle philosophischen Versuche, die ausschließlich auf ihr beruhen, zwar das Wesen der interobjektiven Allgemeingültigkeit zu erklären imstande sind, daß aber die Möglichkeit intersubjektiver Allgemeinheit gänzlich unklar bleiben mußte.

So war es zu verstehen, daß Hegel nach einer neuen Definition des Denkens suchte. Soweit die spärlichen methodischen Bemerkungen Hegels darüber Aufschluß geben, beschreitet er dabei folgenden Weg. Dem naiv objektivistischen Denken der ersten Stellung des Gedankens zur Objektivität stellt er ein subjektivistisches Denken (oder auch reflektiert objektivistisches Denken — was dasselbe ist) gegenüber. Gegenüber der Auffassung der traditionellen Logik, für die das Denken einfach thematisch ist, behauptet er die Doppelthematik alles Denkens, soweit dasselbe philosophisches Denken sein will.

Die neue Struktur des Denkens, die die Doppelthematik erzeugt, wird nicht mehr durch Axiome, sondern durch ein neues eigenartiges logisches Gebilde definiert, welches Hegel „Vermittlung" nennt.

Bis hierher durfte diese systematisch-historische Arbeit, in der das Schwergewicht auf dem Historischen liegt, gehen. Es handelt sich darum, den geschichtlich bedeutsamen Versuch, eine Jahrtausende alte Theorie des Denkens durch eine neue zu ersetzen, in seiner historischen Bedingtheit und Gestalt darzustellen. Wieweit dieser Versuch geglückt ist und zu neuen positiven Resultaten geführt hat, ist vorläufig noch völlig offen. Nur seine theoretischen Voraussetzungen, nicht die Resultate hat Hegel als logische Theorie dargestellt. Wie das Resultat, wie die neue Theorie des Denkens, die im Begriff und Problem der Vermittlung dunkel verborgen ist, gestaltet ist, ist unbekannt, weil Hegel sie uns praktisch demonstriert, ihren logischen Nerv aber unerklärt läßt.

Historische Arbeit an der Hegelschen Philosophie hilft hier nur sehr wenig weiter. Denn über die logische Struktur der Vermittlung der beiden Grundthemata des Denkens lassen sich, solange wir nichts Näheres über das subjektivistische Thema wissen und keinen Begriff von seinem axiomatischen Aufriß haben, keine logisch relevanten Aussagen machen. Die Herausarbeitung dieser zweiten Thematik ist eine dringende Aufgabe der logisch-systematischen Arbeit der Zukunft. Aus ihr wird ganz von selbst die Problematik der „Vermittlung" herauswachsen und dann mag Hegel wieder Wegweiser der weiteren Arbeit an der Logik sein.

Eines aber ist sicher, mag man auf Hegel zurückgreifen oder nicht, die zweite Thematik und der Begriff der Vermittlung repräsentieren philosophische Probleme, die auch unabhängig vom spekulativen Idealismus ihren Wert und bleibende Bedeutung behalten werden.

Die Einsicht, daß die traditionelle Logik nur e i n e Seite des theoretischen Denkens repräsentiert, und daß der Bereich der e x a k t e n Rationalität unvergleichlich viel weiter reicht als eine mehr als zweitausendjährige Entwicklung der abendländischen Philosophie angenommen hat, möge die bleibende Frucht dieser Arbeit bleiben.

LITERATURVERZEICHNIS

Hegels Werke werden, soweit erschienen, nach der Lassonschen Ausgabe zitiert, sonst nach Glockner. Die Jugendschriften als „Nohl".

Aristoteles: Metaphysik. Die Zitierung erfolgt nach der Bekkerschen Zählung.

Bruno Bauch: Wahrheit, Wert und Wirklichkeit. Lpzg. 1923.

Alfred Brunswig: Hegel. Münch. 1922.

Ernst Cassierer: Das Erkenntnisproblem II. III. Bln. 1911—23.

Jonas Cohn: Theorie der Dialektik. Lpzg. 1923.

Benedetto Croce: Logik. Ges. phil. Schr. I. II. Tüb. 1930.

Wilh. Dilthey: Die Jugendgeschichte Hegels. Ges. Schr. IV. Lpzg. Bln. 1921.

Hugo Dingler: Philosophie der Logik und Arithmetik. Münch. 1931.

Hans Ehrenberg: Die Parteiung der Philosophie. Lpzg. 1911.

C. A. Emge: Hegels Logik und die Gegenwart. Karlsr. 1927.

Benno Erdmann: Logik. Bln. Lpzg. 1923.

J. G. Fichte: Sämtliche Werke. Her. v. J. H. Fichte, Lpzg. 1844.

Kuno Fischer: Hegel. Hdlbg. 1911.

Hans Freyer: Theorie des objektiven Geistes. Bln. Lpzg. 1928.

Herm. Glockner: Hegel I. Stuttg. 1929. Krisen und Wandlungen in d. Geschichte d. Hegelianismus, Logos XIII. 1925. Der Begriff in Hegels Philosophie. Tüb. 1924. Logos XVII. S. 229 ff.

Theod. L. Haering: Hegel I. Lpzg. Bln. 1929.

Rudolf Haym: Hegel und seine Zeit, Lpzg. 1927.

Nicolai Hartmann: Hegel. Bln. Lpzg. 1929. Aristoteles und Hegel. Beiträge zur Philos. d. dt. Idealismus. III. S. 1 ff. Grundzüge einer Metaphysik der Erkenntnis. Bln. 1925.

Betty Heimann: System und Methode i. Hegels Philos. Lpzg. 1927.

Ed. Husserl: Formale und transzendentale Logik. Halle 1930.

J. Fried. Herbart: Lehrbuch z. Einleit. i. d. Philos. Lpzg. 1912.

Paul Hofmann: Metaphysik oder verstehende Sinnwissenschaft, Bln. 1929. Das Problem des Satzes vom ausgeschl. Dritten. Bln. 1931.

I. Kant: Ges. Schriften. Akademieausg. Bln. 1910 ff.

Rich. Kroner: Von Kant bis Hegel. I. II. Tüb. 1921. Anschauen und Denken. Logos XIII. S. 90 ff. Die Selbstverwirklichung d. Geistes. Tüb. 1928.

Emil Lask: Ges. Schriften. Tüb. 1923.

Georg Lasson: Einleitungen zu seiner Hegelausgabe.

Hans Leisegang: Denkformen. Bln. 1928.

Arthur Liebert: Das Problem der Geltung. Bln. 1914.

Siegf. Marck: Die Dialektik i. d. Philos. d. Gegenwart. Tüb. 1929.

Willy Moog: Hegel u. d. Hegelsche Schule. Mün. 1930.

Novalis: Sämtl. Werke. Mün. 1924.

Plato: Sophistes (Schleiermacher, Platons Werke 3. Bd.).

Heinr. Rickert: Die Logik des Prädikats u. d. Problem d. Ontologie.

Hdlbg. 1930. Der Gegenstand d. Erkenntnis. Tüb. 1921. System d. Philos. I. Tüb. 1921.

Alois Riehl: Der philosoph. Kritizismus. III. Lpzg. 1926.

F. W. J. Schelling: Werke, Lpzg. 1907. Herausg. v. O. Weiß.

Heinr. Scholz: Die Bedeutung d. Hegelschen Philos. f. d. philos. Denken d. Gegenwart. Bln. 1921. Geschichte d. Logik. Bln. 1931.

K. Schilling-Wollny: Hegels Wissenschaft v. d. Wirklichkeit u. i. Quellen. I. Mün. 1929.

Chr. Sigwart: Logik. Tüb. 1921.

Eduard Spranger: Lebensformen. Halle 1922.

Oswald Spengler: Der Untergang d. Abendl. I/II. Mün. 1920/22.

Gerhard Stammler: Begriff, Urteil, Schluß. Halle 1928.

Ernst Troeltsch: Ges. Schriften II/III. Tüb. 1922.

Hans Wenke: Die method. Grundlagen d. Theorie d. objekt. Geistes i. Hegels Philos. Bln.er Diss. 1926.

Hermann Weyl: Philos. d. Mathematik u. Naturwissenschaft. Mün. Bln. 1927.

GOTTHARD GÜNTHER

Unter dem Titel „Selbstdarstellung im Spiegel Amerikas" gibt G. Günther in dem Band

Philosophie in Selbstdarstellungen II

herausgegeben von Ludwig J. Pongratz

einen unmittelbaren Einblick in die Entwicklung seines Lebens und Denkens. Man kann sich keine lebendigere Einführung in die zum Teil recht komplizierten Denkzusammenhänge wünschen. Der Band enthält außerdem noch Beiträge von D. von Hildebrand, L. Landgrebe, B. Liebrucks, F. Mayer-Hillebrand, W. Schulz, W. Weischedel und C. F. von Weizsäcker (1975, VI, 399 S. mit 8 Bildtafeln. Kart. DM 34,–).

Grundzüge einer neuen Theorie des Denkens in Hegels Logik

2., mit neuem Vorwort erweiterte Auflage 1978, XX, 228 S. Kart. DM 26,–

Im Rahmen einer ausführlichen Analyse von Hegels Theorie der Reflexion wird Hegels Kritik der klassischen, „formalen" Logik und ihrer metaphysischen Voraussetzungen eingehend behandelt. Die Untersuchungen münden in die These, daß die klassische „formale" Logik nur die Bedingungen des Denkens (des Abbildens) von Objektivität (Seiendem) formuliert, daß aber die Metaphysik des Deutschen Idealismus ein zweites logisches Fundamentalthema enthält: „Subjektivität, Reflexion und Vermittlung". Zu dessen exakter Darstellung bedarf es jedoch einer zweiten (transklassischen) Logik.

Idee und Grundriß einer nicht-Aristotelischen Logik

2., durchgesehene und mit einem neuen Vorwort erweiterte Auflage und einem Anhang „Materialien zur Formalisierung der dialektischen Logik und der Morphogrammatik 1973–1975" von Rudolf Kaehr. 1978. XXX, 417, 117 S. Kart. DM 84,–

Günthers Hauptwerk weist das Scheitern der klassischen, noch am aristotelischen Begriff des Wahren orientierten Versuche, eine mehrwertige Logik aufzubauen, nach und zeigt die Notwendigkeit einer Theorie der Reflexion als transklassischer „ontologischer" Fundierung mehrwertiger Logiken auf. Die Voraussetzung eines „universalen Subjekts" ist das Gemeinsame aller klassischen Weltbilder. Die Grundlage einer transklassischen Metaphysik ist in der Distribution des universalen Subjekts in Ich- und Du-Subjektivität zu suchen, die dreiwertige Logik in der Formalisierung des reflexiven Zusammenhangs von Ich, Du und Objektivität. Kaehrs Nachwort hat die Aufgabe, über den Stand der kalkültechnischen Ausarbeitung des Grundrisses zu berichten.

Der früher einmal geplante zweite Band wird durch eine dreibändige Aufsatzsammlung ersetzt:

Beiträge zur Grundlegung einer operationsfähigen Dialektik

Mit einem Nachwort von Max Bense

Band 1: Metakritik der Logik, nicht-Aristotelische Logik, Reflexion, Stellenwerttheorie, Dialektik, Cybernetic Ontology, Morphogrammatik, Transklassische Maschinentheorie. 1976. XVI, 365 S. Kart. DM 58,–

Band 2: Wirklichkeit als Poly-Kontexturalität, Reflexion, Logische Paradoxie, Mehrwertige Logik, Denken, Wollen, Proemielle Relation, Kenogrammatik, Dialektik der natürlichen Zahl, Dialektischer Materialismus. In Vorbereitung für 1978

Band 3: Philosophie der Geschichte und der Technik, Wille, Schöpfung, Arbeit, Strukturanalyse der Vermittlung, Mehrwertigkeit, Stellen- und Kontextwertlogik, Kenogrammatik, Theorie der Zeit. In Vorbereitung für 1979.

Diese Sammlung von Aufsätzen enthält alles Grundlegende, was der Verfasser zur Strukturanalyse der transzendental-dialektischen Theorie der Reflexion, Subjektivität und Vermittlung, des Willens, der Geschichte und der Zeit, zur Erschließung der Metaphysik des Deutschen Idealismus und zur Entwicklung des Dialektischen Materialismus geschrieben hat. Darunter zahlreiche leicht faßliche, einführende Arbeiten, die auch dem Nichtlogiker Einblick in die „polykontexturale“ Konzeption der (mehrwertigen und reflexiven) Logik geben. Während alle klassische Metaphysik die empirische Vielfalt auf eine jenseitige Einheit reduziert, zieht Günther die Schranke, die die Welt von ihrem jenseitigen, unerforschlichen Ursprung trennt, in das natürliche Universum hinein, indem er sie zugleich vervielfacht.

FELIX MEINER VERLAG HAMBURG